集群式供应链：创新管理

黎继子 著

武汉纺织大学学术著作出版基金资助项目

科 学 出 版 社

北 京

内 容 简 介

本书从实际应用角度出发，阐明和探讨了集群式供应链技术创新的具体运作和实务操作理论。首先，对集群式供应链的基本理论进行了说明，并基于组织衍续和知识流转，对集群式供应链技术创新机理进行了分析。其次，以不同的合作模式，探讨了基于单链的集群式供应链的技术创新补贴模型。再次，引入风险投资概念，分析了单链下的集群式供应链技术创新模式，以及在政府补贴和链内激励下，集群式供应链单链合作的技术创新方式。最后，为了对问题进行进一步剖析，从集群式供应链的横向企业间的合作出发，研究了集群式供应链的创新模式和路径，结合典型实例，从纵横两个维度分析了集群式供应链技术创新互动的关联性，以及具体的操作方法和运作思路。全书结合实例和数据分析，力求将理论融于实际，并在相应章节中附有案例，以便更加详细地阐述理论，进而突出可操作性。

本书可供企业决策层管理人员、供应链管理人士和政府官员学习参考，也可作为高等学校创新管理、产业经济、管理科学与工程、工商管理硕士（MBA）、企业管理等有关专业的本科生和研究生的参考书。

图书在版编目（CIP）数据

集群式供应链：创新管理/黎继子著. —北京：科学出版社，2015

ISBN 978-7-03-046423-1

Ⅰ. ①集… Ⅱ. ①黎… Ⅲ. ①供应链管理–创新管理 Ⅳ. ①F252

中国版本图书馆 CIP 数据核字（2015）第 276999 号

责任编辑：徐 倩/责任校对：贾伟娟
责任印制：霍 兵/封面设计：无极书装

科学出版社 出版
北京东黄城根北街 16 号
邮政编码：100717
http://www.sciencep.com
中国科学院印刷厂 印刷
科学出版社发行 各地新华书店经销

*

2015 年 12 月第 一 版 开本：720×1000 1/16
2015 年 12 月第一次印刷 印张：11 3/4
字数：300 000
定价：62.00 元
（如有印装质量问题，我社负责调换）

前　　言

　　集群式供应链理论是从产业集群和供应链耦合角度出发，并发展起来的一种理论。它是根据目前主流的供应链管理研究——从基于同一单链式供应链上的、纵向一体化的研究，延伸到不同供应链跨链间的、横向的研究，并将这种跨链的供应链与供应链竞争合作平台，独辟蹊径地建立在产业集群地域中。产业集群和供应链管理作为有效的区域经济发展载体和组织管理范式，正成为诸多地方经济实体和企业生存发展的关键。改革开放以来，国内很多地方政府和企业非常重视和强调区域经济和供应链管理的发展战略，但其实际运作起来的效果难尽人意。因而，如何搞好区域经济发展，促进产业升级的同时，又能使区域内中小企业运用供应链管理来提高自身的竞争力，并能与国外大企业一起参与全球竞争，达到"以小搏大""蚁象共舞"的目的，就成为了当今研究企业发展的一个重要课题。

　　集群式供应链理论研究是从 2004 年开始的，在此之前，国内研究基本上是对"产业集群"和"供应链"两个领域进行平行研究，极少有交叉探讨和融合分析。近年来，集群式供应链技术创新方面的理论发展十分迅速，并且实际应用也积极开展起来。相关理论研究文献呈现逐年递增趋势，并且这些文献频繁出现在经济类和管理类的主流期刊上，如 JIM、IJPE、IJPR、《管理工程学报》《中国管理科学》《工业工程与管理》《中国工业经济》《财经研究》《中国软科学》《科研管理》等。

　　基于集群式供应链技术创新的实际意义，本书在前人研究的基础上，对集群式供应链技术创新方面进行了分析和总结。首先，对集群式供应链的基本理论进行了说明，并基于组织衍续和知识流转，对集群式供应链技术创新机理进行了分析。其次，以不同的合作模式，探讨了基于单链的集群式供应链的技术创新补贴模型。再次，引入风险投资概念，进一步分析了单链下的集群式供应链的技术创新模式，以及在政府补贴和链内激励下，集群式供应链单链合作技术创新方式。最后，为了对问题进行进一步剖析，从集群式供应链的横向企业间的合作出发，研究了集群式供应链的创新模式和路径，结合典型实例，从纵横两个维度分析了集群式供应链技术创新互动的关联性，以及具体的操作方法和运作思路。本书结合实例和数据分析，力求将理论融于实际，并在相应章节中附有案例，以便更加详细地阐述理论，进而突出可操作性。

　　有关集群式供应链管理和应用问题的研究内容相当广泛，本书仅对技术创新方面的问题做了相关探讨，还有许多问题有待深入分析和研究。笔者之所以将目前的结果奉献给读者，其目的是抛砖引玉，引起讨论，以促进对集群式供应链管理问题的研究和应用。本书借鉴了大量文献，有些文献作者没能一一罗列，在这里向这些作者表示感谢。另外，笔者所指导的研究生袁琳、阮阿平、徐玲玲，也为本书的顺利出版付出了很多努力，在此也向他们表示感谢。

笔者从 2004 年开始对集群式供应链进行研究，并受到了多项基金的资助，其中包括国家自然科学基金（71171152，71472143）、湖北省教育厅重大哲学人文项目（15ZD026）、教育部人文社科项目（15YJA630035）等，以及武汉纺织大学出版基金和科学出版社的支持，在这里一并致以衷心的感谢！

由于自身水平有限，本书如有不足与遗漏，请读者给予批评指正。

黎继子

2015 年 9 月 27 日中秋之夜于武昌南湖畔

目　　录

第1章 集群式供应链基本理论

1.1 集群式供应链的提出

1.1.1 集群式供应链生产的背景

产业集群和供应链耦合发展不是偶然的，是组织内部条件和外部环境发生变化的结果，归纳起来体现在以下四个方面。

（1）环境不确定性促使企业按价值链柔性化进行合作。Zhang 等（2002）将企业所面临的环境不确定性分为：消费者不确定性、供应商不确定性、技术不确定性和竞争不确定性。面对环境的不确定性，集群企业可按产品研发柔性、生产制造柔性、物流柔性和跨度柔性的价值链/供应链的结构模式，把企业柔性优势（flexible competence）转化为企业柔性实际能力（flexible capability）。其中，柔性实际能力针对顾客的企业外在能力，被认为是集群企业间进行营销、生产制造和研发战略合作的纽带；而柔性优势是为支撑企业实现柔性实际能力而具有的优势，如生产工艺水平和设备等。更确切地说，柔性优势强调的是价值链中某一点和某一环节的技术和生产优势，而柔性实际能力则强调的是更为广泛的整个价值链/供应链的能力。所以，集群企业竞争能力的提高必须基于集群价值链/供应链的合作，才能避免集群企业面临的环境不确定加大，以及自身因集群中分工过细而产生的刚性加大、柔性减少的弱势。

（2）价值链中核心企业的地位不断得到分化和强化，初步具有主导和协调价值链环节中各个企业的实力和能力。例如，沃尔玛企业作为产品的最终销售者，不仅控制着销售渠道，而且在产品研发和品牌传播上也起到了重要作用。为了应付由于产品差异化和创新所带来的市场竞争加剧，产品的定制化要求比例不断提高，价值链中上下游企业的交易趋向复杂化，特别是企业对库存水平和交货提前期的苛刻要求，也使得核心企业不得不进行价值链管理。Gereffi 和 Korzeniewicz（1994）以美国服装销售采购商在全球化价值链中的地位，说明了发展中国家在价值链生产中处于被支配地位和利润末端的事实。

（3）人们对安全、环境和健康的重视，导致了信任物品（credence goods）的产生。由于在最终销售点购买产品时，很难确定所购买的产品是否卫生、合法、环保和安全，这就需要对产品在生产价值链的各个环节都进行检验和检测，以确保生产符合要求。例如，对食品行业来说，迫于消费者、政府和相关社会组织的需求，食品企业不得不按价值链的方式进行运作，按质量安全的食品供应链的信息进行追踪，也就是信息在食品供应链的追踪和回溯（向前和向后）。大部分企业在信息追踪和回溯时，只能一站式地向上游和下游追踪（one-up-one-back traceability）。那么，企业在信息追踪时是否跨越出一站式的范围，向食品供应链的上游和下游两个纵深方向追踪，就依赖于企业的目的和消费者对食品的要求。例如，对去掉咖啡因的信息追踪，将回溯到供应链上游的加工环节；对咖啡是否是公平贸易的信息追踪，将回溯到供应链上游的咖啡生产者和加工者的贸易条款等。具体见图 1.1。因此，基于质量安全的食品供应链的信息追踪深度，取决于质量安全问题在食品供应链的哪个环节容易产生，在哪个环节解决最为有效。另外，信息的追踪深度也在很大程度上决定了其宽度，因为宽度越大，相应的信息追踪深度就会越大。

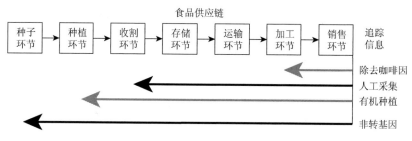

图 1.1　根据要求信息的（咖啡）食品供应链信息追踪深度

（4）分担风险和共享技术也是原因之一。亚洲金融危机前后，韩国家具产业集群中，家具企业呈现出从大企业向中小企业分化，以及结成价值链集群网络的发展趋势，因为基于价值链的合作有利于企业分散大企业失败带来的风险，达到节约成本，并实现避免为完成一项任务而投入较多专用性很强的资产。企业参与合作源于成本分担（cost-sharing）和技术共享（skill-sharing），企业在不同的环境条件下，其合作侧重是各不相同的，当企业的能力有限单一，或是将从事的项目较为复杂时，合作往往侧重于成本分担；当企业的能力包括很多内容时，合作则强调的是技术共享。

1.1.2　集群式供应链的概念

产业集群和供应链之间的耦合关系，在国内外很多地域的产业集群中都是客观存在的，并且在集群产业升级及集群企业核心竞争力提高上起到了重要的作用。

德国科隆大学经济和社会地理系教授 Rolf Sternberg，在对德国巴登、萨克森，以及汉诺威-布伦兹维克-越廷根地带的集群企业进行研究时发现，这三个集群地中的制造商、供应商、竞争商和研究机构之间有着强烈的区内联系倾向，这些联系的内部化是基于价值链基础上的连接。Rolf Sternberg 教授在调查制造业企业时还发现，1448 家企业在最近三年内取得了产品或工艺过程上的创新，其中 85.4%的企业有着在集群内部的合作伙伴，包括客户、供应商、竞争者和研究机构等；另外 14.6%的企业则没有任何在集群区域中的联系。Rolf Sternberg 在研究中发现，这种联系与企业所处的行业无关，因为在研究中涉及调查的行业，既有食品、纺织、木材、造纸、印刷等传统、创新性较差的行业，也有一些如电子、化学、机械等，被认为是创新性较强的行业。这些行业的企业创新效果与集群其他环节主体联系非常紧密，表明集群企业供应链的产业集群内部化与企业竞争力是呈正相关的，这也证实了在产业集群中集群式供应链的客观存在性。

另外，由国内学者魏江（2003）对产业集群的定义，可看出他对集群界定是以价值链作为基础的。魏江认为集群是"所有成员企业和相关成员要素（包括集群代理机构、公共服务机构）在地域上相互邻近，而且共同'锁定'于一个区域，具有显著地域相关特征。……该地域聚集的成员企业从事某个产业或相关产业的生产和服务，成员之间有着广泛的劳动分工和紧密的、基于长远关系的合作，并由此构成了产业生态系统，至于具体联系方式，可以是产业链，或供应商-客户关系，或其他竞争合作互动关系"。

为了证实产业集群供应商-客户关系的普遍存在，魏江对集群较为发达的浙江省产业集群进行了研究，发现浙江省产业集群在发展过程中，每个区域的大部分企业是以同一产业、或相关的产业为核心，围绕上下游的产品进行开发、生产和销售等经营活动，而且这些环节最常见的连接模式就是供应商-客户的协作模式。例如，在绍兴纺织产业集群中，出现化纤、织造、印染、服装一条龙的产品关联，并围绕该产业链出现了纺机、染料助剂、纺织技术服务等辅助行业，这些企业之间都是以相互协作的供应商-客户模式进行的。这些集群成员企业之间的供需关系，使集群企业实现了本地化的采购。由于每个价值链环节都是基于本地化的采购，从集群整体来看，集群企业就构成基于价值链的一体化供应链运作。同样，在温州柳市低压电器产业集群中，其配件生产、产品装配和销售之间形成了一条产业链，仅仅就低压电器的配套件来说，就涉及金属部件、合金材料、注塑部件、冲制、酸洗及模具加工等几十万种。这些零部件 70%能在柳市当地采购，而对于那些需要向外部采购的原材料和零部件，其供应商即使没有在当地进行生产，也在本地设立了零部件的销售网点。整体上来说，对于温州的柳市产业集群，其基于低压电器生产的所有采购都可以在五公里内实现，所以当地就有"五公里经济圈"之说。

虽然魏江没有对集群企业的供应商-客户的连接关系是以何种形式实现的进行说明，但仇保兴（1999）在对浙江产业集群研究的基础上，对这个问题进行了回答。仇保兴认为是以"信任和承诺"的形式来维系"供应商-客户"联结关系的。仇保兴在对产业集群研究时发现，产业集群是由一群彼此独立，但相互之间又有特定关系的中小企业组成的。这些中小企业隐含着专业化分工与合作的互动现象，从而获得马歇尔所说的"外部经济"，这类互动行为包括中小企业间的交换和相互适应。其中，交换行为的功能是为了有效地获得外部资源、销售产品和劳务，促进知识和技术的尽快积累；而相互适应行为则是为了谋求企业之间的关系能长期维持，从而及时解决成员间的不一致和环境的不确定性。这种中小企业间所形成的长期关系无需用契约来维持，而应以"信任和承诺"等人文因素来维持，并使其在面对外来竞争者时，拥有独特的竞争优势。可以看出，集群企业中各个供应链环节的连接，是通过根植在当地的"信任和承诺"联结成一个整体的。

综合国内外学者对产业集群和供应链耦合的分析，可以总结出"集群式供应链"的概念如下。

在特定集群地域中，存在围绕同一产业或相关产业价值链不同环节的诸多研发机构、供应商、制造商、批发商和零售商，甚至是终端客户等组织。这些组织都以供应商-客户关系，通过"信任和承诺"的非正式松散方式或契约的正式紧密方式进行连接，形成基于本地一体化的单链式供应链。集群地域供应链核心企业的非唯一性和生产相似性，导致在该地域中供应链的多条性和生产相似性，这样形成了每条单链式供应链企业不仅内部之间相互协作，而且不同单链的企业存在着跨链间的协调。与此同时，还游离着大量位于这些单链式供应链之外、但在集群地域之中的专业化配套中小企业，这些中小企业配合和补充着这些单链式供应链生产。这样一个敏捷性的网络组织系统就是集群式供应链（图 1.2）。

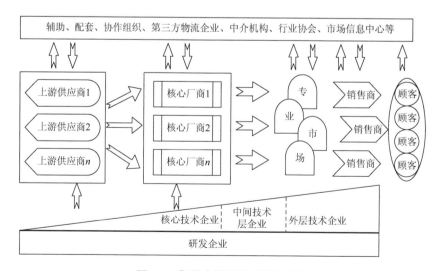

图 1.2　集群式供应链系统的结构

　　总之，集群式供应链其实是一种"源于企业，但不限于企业；依于集群，但不囿于集群"的组织。该组织呈现出纵向企业相互分工、协作高度发达，横向具有相对完整的产业链，即网络是这个组织的显形结构轮廓，在此背景基础之上是隐形、有向的链状架构。如果没有供应链特征的集群，组织内企业会产生同质化、无差异化产品的倾向，最终导致的结果是相互间的恶性竞争；如果没有网络特点的供应链系统，组织会因只有合作没有竞争而沦为低效率的组织。因此，集群式供应链的提出，为从产业集群角度来探讨供应链，或从供应链角度来分析产业集群，提供了一种较好的借鉴思路。

1.2　集群式供应链产业关联和地域范围界定

1.2.1　产业单一化和多样化

　　在集群式供应链中，产业集群的产业发展和演化是动态和多样的。这种集群地域中产业的多样化，并不是说这些产业毫不相关、完全迥异，相反地，它们之间是相互联系、相互支撑的。在这些相关产业中，可能有一类产业或几类产业在集群地域中占据主导地位，而其他产业则处于从属地位。

　　当然，在某些产业集群地域中也不能排除产业的单一性，特别是对外依附程度较强的"飞地"产业集群，在其发展的初期产业单一，其他附属辅助产业都来源于外部的直接介入。例如，墨西哥加入北美自由贸易协定（North American Free Trade Area，NAFTA）后，以前在与南加利福尼亚接壤相邻的、几乎没有任何纺织服装产业基础的墨西哥尤卡坦地区，马上成为了美国销售商、品牌商及制造商企业（如 J.C. Penney、Polo、Guess、Tommy Hilfiger、Gap、Limited 等）的服装加工集群产地，在墨西哥尤卡坦地区 90%以上的生产，源于美国这些全球价值链的购买者（Bair，2002）。这种作为一种产业"飞地"的地方集群表现为高度的单一性和依赖性，所有生产加工原材料、辅料和设备都来自位于全球价值链的核心企业。

　　从长期来看，集群式供应链在升级演变的过程中，单一产业必然衍生出其他的相关产业。根据产业集群地域中，这些产业的相关关系及其在集群式供应链的作用，可将集群式供应链的产业分为基本产业、辅助产业和附属产业三大类，如图 1.3 所示。

　　1. 基本产业

　　基本产业是指产业集群区域中，代表着产业集群的整体生产制造方向，或是

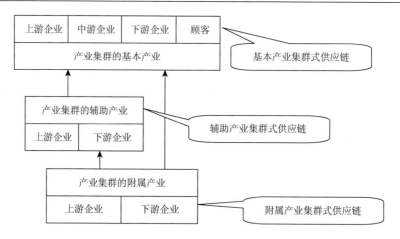

图 1.3　产业集群产业相互关系结构

属于集群地域中的主营业务，或是在集群地域的地方经济中，国内生产总值（Gross Domestic Product，GDP）的比例较大，能反映出当地经济实力和水平的产业。有时这种基本产业不仅只有一个，如较为典型的意大利阿鲁依纳瑙的皮革鞋业产业集群（Porter，1998a），该集群有着皮鞋和皮制品两类基本产业集群，这两类产业在意大利东北部产业集群的经济中都占据着重要的地位，另外该集群还有其他的从属产业，如模具产业，如图 1.4 所示。

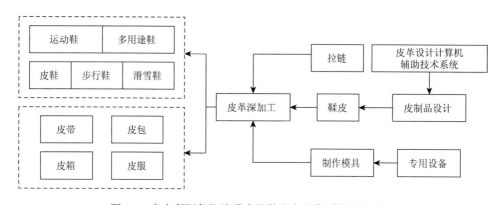

图 1.4　意大利阿鲁依纳瑙皮革鞋业产业集群的基本产业

2. 辅助产业

在集群发展过程中，特别是在社会分工协作水平比较高的背景下，基本产业要想基于本地一体化进行采购、生产、分销，以加强基本产业的集群式供应链快速灵活地进行运作，就需要辅助产业的企业与之配套和协作，这些配套和协作企业所处的产业就是辅助产业。所要说明的是，这些辅助产业的企业不参与基于基本产业的集群供应链企业产品的直接生产，而是直接提供相应的服务。例如，浙江绍兴纺织产业集群，其纺纱织造是基本产业，而纺织产业所需的纺机，其所形成的纺机制造产业（简称纺机业）则是辅助产业。纺机业是基本产业纺织产业能顺利进行的必需协作产业，它在集群中的存在，保证了纺织基本产业可以在任何时间、任何地点，获得其需要的任何类型的纺织制造设备、工艺装配、零配件和相应的技术服务。在绍兴纺织产业集群中，除了纺机业为辅助产业外，染料/助剂业也是其辅助产业，如图1.5所示。

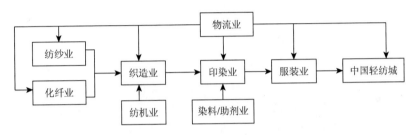

图1.5 浙江绍兴纺织产业集群的辅助产业

3. 附属产业

附属产业是为基本产业和辅助产业提供附属服务的企业所处的行业。从产业的相关程度上看，附属产业与基本产业的相关度没有辅助产业与基本产业的相关度高，但它也为产业集群中基本产业企业的运作提供了一个外部环境，如产业集群地域中的饮食行业、房地产产业、公共产业。

要说明的是，对于有些附属产业，有时由于同时服务于产业集群的基本产业和辅助产业，很难判定它到底属于辅助产业还是附属产业，如物流行业和建筑行业。集群地域中物流行业的企业不仅仅为基本产业的企业提供物流服务，如运输、装卸、存储、配送等，也为辅助产业的企业提供同样的物流服务，如运输、装卸、存储、配送等。同样，建筑行业也是为集群的基本产业和辅助产业提供相应建筑设施的，但是如果从参与基本产业的企业运作实际来考虑，建筑行业和基本产业之间提供基于间接的、一般的、局部的服务，而物流行业和基本产业之间涉及直接的、全程的服务，所以服务于基本产业的物流行业就是辅助产业，而建筑行业不管是服务于基本产业还是辅助产业都属于附属产业。

在基本产业、辅助产业和附属产业中，其价值链不可能都有着位于不同环节的企业，形成属于该产业的、完整的集群式供应链。但是，作为集群地域中的主导基本产业来说，有形成基本产业的集群式供应链的先天条件，特别是辅助产业从基本产业中不断分化、衍生出来，并对集群的基本产业的分工起到强力的推动作用，使在集群地域中形成基于本地一体化的采购、生产、分销和配送的体系。当然，在较为发达的集群中，每个产业可能存在其自身产业的集群式供应链，这些相关行业的集群式供应链相互融合并有机地集成在一起，特别是基本产业和辅助产业集群式供应链的协调配合，对集群式供应链整体效率水平的提高起到很大的作用。例如，基本产业和辅助产业（物流）的协调发展中，基本产业的集群供应链各个环节分工较为精细，造成物流环节多，对象繁杂，物流向不一致；而辅助产业（物流）提供专业的、一体化的物流辅助服务，将保证集群式供应链的物流运作畅通，使"弹性专精"能达到一个较高的水平。所以，集群式供应链中所涉及的产业应该是多样化和单一化的统一体。

为了方便后续分析，以便明晰在集群式供应链中的体系结构，以及在体系结构中各个单链式供应链的竞合关系，本书更多强调的是单一基本产业的集群式供应链，也就是狭义的集群式供应链的范畴。但这并不妨碍对多个相关产业集群式供应链的研究，其实单一基本产业的集群式供应链的研究，是进一步拓展到多个相关产业的集群式供应链研究的基础。例如，在后续研究中，除了研究基本产业的集群式供应链之外，还将研究与之密切相关的物流辅助产业。

从产业集群竞争动态角度来看，单一基本产业的集群式供应链的竞争力提高（如果忽视相关产业的配套和辅助作用）将会导致单一基本产业的集群式供应链同质化竞争。而产业集群要想进一步升级发展，只有实施集群式供应链的差异化策略，这种策略就是通过辅助产业甚至附属产业的发展，或是这些产业的集群供应链式的发展，只有如此，整个集群地域的合作才能更紧密、竞争更趋向理性，产业集群发展才能达到一种高级阶段。

影响产业集群产业多样性的因素有很多：产品特点（产品结构、产品种类、工艺水平）、企业竞争、社会分工协助水平等。

1.2.2　集群式供应链的地域范围

集群式供应链作为在集群区域中由多个单链式供应链相互竞争和合作而组成的系统，其所在的平台——集群，有着地域范围的认定，所以，对于集群式供应链来说，也同样存在着空间范围的划定。考虑到不同单链式供应链跨链间竞争和合作作用场势范围的有限性和边界性，可能存在有些未能融合到集群场势范围的单链式供应链。这些单链式供应链即使处于产业集群所恒定的"相临近的某一地域中"，因为它无法享有或充分享有集群所带来的范围经济和规模经济，从严格意义上讲，也不应属于集群式供应链系统中的有机组成部分，最多只能是边缘角色。因此，单纯从传统的地理空间和行政区域上分析集群式供应链的地域范围就显得不合适。

1. 传统一般意义上的范围界定

产业集群在研究一般意义时，对集群聚集地域的分析显得较为模糊，主要是没有考虑到产业集群是基于供应链的产业集群，只强调单个企业对集群整体形成的外部经济性的依赖，忽视这种外部经济的形式制约，单个企业以供应链形式的分工协作，制约着这些单个企业所处的单链式供应链之间的相互竞合。所以，一般意义的产业集群地域性研究不可能有一个统一的标准，一般来说，可从两个范围口径来大体衡量。

1）行政区划口径

行政区划口径是以所处的行政县（市）、镇、乡等来划定集群地域范围的。国内的产业集群普遍按照这种方式界定，在具体实际中有的集群可能位于一个镇，如浙江织里镇的童装产业集群，广东沙溪镇的休闲装产业集群；有的集群可能地域范围为一个县（市），如浙江绍兴的纺织产业集群。这种按照行政划定口径的形式之所以在我国较为普遍，是因为国内产业集群的发展在很大程度上依赖于集群当地政府的扶持、诱导和推动，这使得产业集群在地域的选择上往往是当地经济较为发达的行政隶属地，如县（市）政府、镇政府所在地，而不可能落地于经济欠发达的地域，更不可能有在别人的地盘上"圈地"的跨行政区域行为，否则就存在着管理和利益分割的难题。因此，在国内产业集群的地域中就有着"一乡一品""一镇一业"之说。

2）产业发展口径

对于自然或先天形成的产业集群，而后由于人为的行政区划，使得产业集群的地域范围突破既定的行政边界，这时的产业集群的地域划定则需要以产业的发展为界定口径。例如，苏州-昆山-无锡的信息技术（information technology，IT）产业集群；美国横跨新泽西州和宾西法尼亚州的药业产业集群；德国延伸到德语区的化工产业集群（Porter，1998b）都是这种形式。

2. 集群式供应链场势的界定

相对于上述一般传统意义上的集群地域界定，集群式供应链区域性的划定需要从地理区位、显性内部企业关联性和隐性内部企业关联性三个方面同时考虑，才能认定出正确的场势。

1）地理区位范围相对较小

集群供应链企业必须在地域内相对比较集中，特别是对于跨行政地域的产业发展口径来说，集群式供应链系统中的某些单链式供应链可能由于场势范围有限，而导致相互作用减弱。为了强化集群式供应链之间的竞合作用，需通过加入显性和隐性内部企业关联性约束条件来划定集群式供应链的地域范围。

2）显性内部企业关联性

显性内部企业关联性是指集群地域中已存在的企业间的联系。根据实证调查发现，这种显性内部关联形式有：正式契约横向合作，正式契约纵向合作，生产要素共享或互补为主导的关联（魏江，2003）。例如，在东莞 IT 产业集群中，台资企业像"台积""致伸"等企业均以正式契约纵向合作形式，将集群中其上下游企业联结在一起；广东沙溪镇休闲装产业集群中的"霞湖世家"和"剑龙"，以正式契约横向合作结成联盟来运作休闲装的配送业务。与前两类相比，以公共性投入和生产要素共享或互补为主导关联的企业最为松散，企业之间不表现为上下游合作的关系，也不表现为同一环节合作进行规模经营的关系，而是表现为共享相互资源的合作。例如，在浙江织里镇的童装产业集群中，镇政府为了提高集群产地企业童装生产的质量，实施绿色生产，牵头组织童装生产企业建立童装检测中心，通过共享外部资源的形式将集群内部的企业联结起来，一起提高童装质量。

3）隐性内部企业关联性

隐性内部企业关联性表明集群地域中当前企业之间没有内部关联性，但在未来发展中，具有趋向形成显性内部关联性的潜在可能，这种潜在的关联性与集群地域中的社会文化特征紧密相关。以浙江中小企业集群为例，义乌"鸡毛换糖"的货郎精神，永康"百工之乡"的传统优势，绍兴"日出华舍万丈绸"的传统经济，宁波"奉帮裁缝"的传统技艺，这些历史深远的本地交易底蕴，是在频繁交易几十年甚至百年间形成的经营文化理念，并通过亲缘、血缘、地缘和业缘而根植在本地集群地域中，固化为一种信任文化，弥漫和浸润着集群中的企业，使集群中具有这种品质的企业存在潜在的内部企业关联的可能性。当然，这种信任文化不可能存在于每个集群地域中，或一个集群地域的每个企业中，因为一旦某企业失信于人，则其将丧失隐性内部企业关联性和显性内部企业关联性，而最终被排斥在集群式供应链地域之外。

总之，集群式供应链地域的衡量是地理区位、显性内部企业关联性和隐性内部企业关联性的交集，如图 1.6 所示，图中斜线部分就是对集群式供应链的地域的界定，也可以说，是集群式供应链的场势范围和有效范围，在这有效地域中集群式供应链才能进行不同于一般传统的单链式供应链管理。

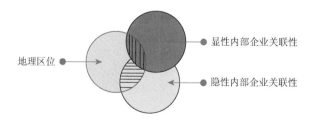

图 1.6　集群式供应链的地域范围示意图

1.3　集群式供应链的表征

1.3.1　基于本地一体化的完整性

　　集群式供应链是以产业集群为平台的网络式供应链,区别于传统意义上的供应链。传统意义上的供应链只是一种单链,其上游的供应商、制造商和下游的分销商、客户并不是以临近地域聚集为标准结成联盟,而是根据各自所拥有的资源和共同认定的价值观而建立起来的一个动态组织。在信息技术发展成熟和交通运输网络不断完善的情况下,传统意义供应链中的研发环节、生产制造环节和销售环节呈现出离散分布的状态。例如,Dell 在选择其上下游供应商的过程中,挟其品牌优势,首先要求电脑零部件供应商在生产质量、生产灵活性上符合既定要求;其次就是对供应商成本水平的约束。Dell 一般很少考虑电脑零部件生产厂商的地理分布,因为 Dell 在定制化运作模式中,电脑零部件体积相对较小、重量较轻,以及定制化时库存水平较低,所以,向供应商采购的电脑零部件都是通过航空货运运送到装配地,然后生产成成品通过联合包裹(united parcel service,UPS)、联邦快递(Fedex)、敦豪(DHL)、TNT 等第三方物流企业,配送到分布在世界各地的终端客户手中。在这种情况下,即使供应链上下游的企业分布较广,在时间上也能得到很大程度的压缩,并且有着分布各地的上下游企业,也可以通过 Internet、电子商务、电子数据交换(electronic data interchange,EDI)等形式共享信息,保证信息的畅通和对称,防止信息失真和时间的延误,所以,信息技术和运输业的发展促使供应链合作的地域被扩大和泛化。

　　集群式供应链强调的是供应链在集群地域中各个环节的完整性。一方面,作为专业化和劳动分工较为精细的产业集群,它为集群地域中某一类产品各个生产环节的分化和衍生提供了必要的条件,同时,产业集群地域所形成的外部经济性和创新网络也吸引集群外部环节的企业介入,为集群式供应链在集群地域中形成完整或近乎完整的、基于本地一体化的供应链奠定了基础。另一方面,基于本地一体化的完整性是集群式供应链中企业形成和维系其竞争力的客观现实要求,因为集群式供应链只有基于本地一体化的完整性,才能实现即时设计、即时采购、即时生产和即时销售及配送,才能使集群式供应链中的企业在运作过程中生产周期短、库存低、对市场响应速度快、运作成本低和协作同步。

　　在实际运作中,由于产业集群所涉及的产业特点、发展状况、地域差异、参与全球价值链协作程度等原因,集群式供应链基于本地一体化的完整性有着两种表现形式:一种是本地一体化完整(或近乎完整)的供应链;另一种是本地一体化相对完整的供应链。

1）本地一体化完整（或近乎完整）的供应链

所谓本地一体化完整（或近乎完整）的供应链，就是指在产业集群中包含了生产或制造某品类产品的所有或几乎所有的各个阶段的企业，集群企业在生产过程中基于当地采购和协作，而不依赖或较少依赖外部资源，就能设计研发、生产制造和销售。或者说这是基于集群地域为边界的、封闭的、自给自足的生产系统（但这并不是指没有和外界进行知识交流）。例如，对于季节性和时尚性强的服装产品，其产业集群就存在基于本地一体化完整（或近乎完整）的供应链。它将服装的设计、生产制造、分销和服务的整个供应链系统集成于集群地域，因为只有将面料和服装设计研发一起纳入集群式供应链体系中，才能使整个系统更加敏捷和快速，才能对市场需求反应更加敏感，以适应服装市场的季节性和流行性。

2）本地一体化相对完整的供应链

本地一体化相对完整的供应链是相对于本地一体化完整（或近乎完整）的供应链来说的，其整个价值链中某些环节可能缺失，因而在整个系统运作时，需要外部企业的协作和合作。本地一体化相对完整的供应链是一个开环的供应链系统。当然，在整个供应链中相对缺失的成分和环节所占的比例较少，不会影响到基于本地一体化的运作，不会对各个环节生产运作的比例性、连续性、节奏性和柔性产生较大影响，否则生产各个环节的企业运作容易陷于一种难以协调的混乱状态，无从谈起基于供应链的管理。另外，集群地域中这些缺失的生产环节和企业，其实是一种市场选择的结果，而非人为的分割和转移，所以并不会因为它们的缺失影响整体集群式供应链的效率，有时反而有利于集群式供应链和缺失环节的发展和竞争力的提高。例如，在高科技产业集群中，技术研发趋向从生产集群中分离出来形成技术研发集群，设立在科技研发先进的地域中，这是由于技术研发具有前趋性、领导性和传递便利性的特点，对供应链系统快速反应不会产生时滞影响；相反，这种分离模式更有利于整个供应链系统，因为知识密集型的技术研发和技术劳动密集型的生产制造在同一地域中不能充分发挥各自的潜能。

当然，并非所有的产业集群一开始就以基于本地一体化的完整性或相对完整性存在，在产业集群发展的过程，其内部往往缺失的环节较多，但是随着集群升级发展、外界压力增大和自我发展完善，产业集群必然沿着供应链向上下游进行延伸，直至形成基于本地一体化的完整性或相对完整性。

1.3.2　基于信任联结方式的根植性

集群式供应链的结构是由多个单链式供应链为基础组成的网络链，其复杂性决定了集群式供应链中上下游不同环节企业的合作联结方式，以及跨链间不同企业的跨链合作联结方式呈现出多样性。

1. 恐惧和权力方式

传统单链式供应链的合作，往往是以处于某个环节和主导地位的企业（供应商、制造商、分销商等）为基础。通过自己在供应链中所具有的主导优势，如品牌优势、专利技术标准优势、销售渠道优势等，使其他环节的企业不得不依赖核心企业。因此，传统单链式供应链主要通过一种正式契约形式联结在一起。由于传统单链式供应链各个环节企业的地位不对等，这种正式契约往往是一种基于恐惧和权力（fear and power）的正式契约。这决定了这种正式契约不可能是一种所谓的长期合作关系，因为一旦核心企业寻找到更好的上下游企业，则意味着原来合作联盟的解体；而非核心企业为了防止核心企业的背信弃约，往往在合作中牺牲自己的利益，迎合核心企业的苛刻要求。这虽然在短期内使核心企业的价值目标得以实现，但从长远看，核心企业将最终丧失竞争力。例如，丰田汽车公司为了严格按自己的刚性时间来约束供应商，要求供应商提供零部件，以实行准时（just in time，JIT）生产，这种基于威慑力的要求迫使零部件供应商不得不以高库存的形式来实现，以迎合丰田汽车公司的要求，所以，丰田公司在短时间内能采购到符合要求的、高质量低成本的零部件。但从长期看，供应商的高库存成本将最终在供应链的末端——顾客购买产品时的高价格中反映出来。后来，丰田发现了此问题后采用了弹性时间制，但这种基于 fear and power 的方式却或多或少地存在于传统单链式供应链上下游企业链节关系中。

2. 信任和依存方式

在集群式供应链产业集群平台上，由于集群临近地域存在各个环节的企业具有多个，并且相互之间信息对称，这使各个环节的企业在以供应链形式合作的对象上，有着更多的选择，而不像传统单链式供应链那样过分依赖于核心企业。当然，在集群式供应链中，就某条单链而言，其联结合作方式仍然由供应链中的核心企业所主导，但在对上下游企业的联结合作方式上趋向灵活，既可以是正式的契约形式，也可以是非正式的信任方式，这是与产业集群基于信任社会文化的根植性和本地一体化的完整性密切相关的。但不管是正式的契约形式，还是非正式的信任形式，联结集群式供应链中单链式供应链上下游的企业都是基于信任和依存（trust and dependency）的方式，不同于传统单链式供应链基于 fear and power 的方式。

集群式供应链中各个单链式供应链跨链间的企业联结方式，也是基于这种非正式的信任合作联结方式。因此，集群式供应链中不论是纵向维度的企业，还是横向维度的企业都是一种基于 trust and dependency 的合作，维系着整个集群式供应链企业的合作关系。在图 1.7 中可以看出，传统单链式供应链基于 fear and power 是一个倒置的供应链系统，物流逆向而上，自然导致速度慢，库存水平高；而集群式供应链基于 trust and dependency 则是一个顺置倾斜的供应链系统，物流顺流而下，生产速度快、库存低。

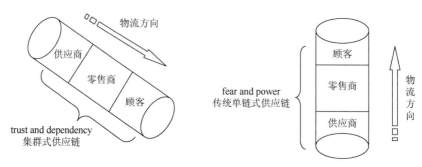

图 1.7 两种联结方式的比较

1.3.3 基于单链为基础的多核性

在集群式供应链中，每个单元企业专业化高度分工，在产业集群中每个单元企业与周围企业都形成了横向联系和纵向联系，呈现一张纵横交叉的协作网络，这是与传统线状单链式供应链系统最本质的区别之一。在这种网络中，不仅存在多个传统单链线状供应链系统，而且这些供应链系统中的每个单元企业是相互联系的，形成了以单链为基础的一种网络供应链。

传统单链式供应链虽然有些研究提及的供应链的"网络性"，但这个"网络"往往只含有一个核心企业，因核心企业合作的上下游企业为多个，而且在其两边分别呈扇形网络状，所以称之为网络供应链。不难看出，对该网络供应链起到主导作用的只是该单一核心企业，供应链其他链节的企业则处于从属地位，所以，这种表象为"网络"的供应链，从本质上仍然是单链式供应链。在现实竞争环境中，核心企业和供应链其他各链节一样，存在着多个对等的竞争对手或潜在的竞争对手，也就是说，存在着地位对等的、位于同一链节的多个核心企业，这些核心企业为了获得竞争优势，在专业化和劳动分工进一步发展的情况下，往往由单个企业间的竞争发展为以供应链为组织形式的竞争。因此，产业集群中多个核心企业的存在，对集群起到聚集和凝聚的作用，一是因为单一核心企业不可能在较大区域范围内吸引较多企业，并形成外部经济性；二是因为多个核心企业的存在，必然加剧相互之间的竞争，迫使核心企业从更高组织层次来进行竞争，即从供应链组织来进行竞争，这样才能形成集群式供应链。

总之，集群式供应链是纵向企业相互分工、协作高度发达，横向具有相对完整的产业链形成的组织，即网络是这个组织的显形结构轮廓，在此背景基础之上是隐形、有向的链状架构。如果没有供应链特征的集群，会导致组织内企业产生同质化、无差异化产品的倾向，最终的结果是相互间的恶性竞争；如果没有网络特点的供应链系统，组织会因只有合作而无竞争，沦为低效率的组织。因此，这里的集群网络和供应链是一种有机的融合，而不是简单的功能堆砌。

1.3.4　基于核心企业的延展性

集群式供应链在研发（research & development，R&D）、制造加工（manufacturing & processing，M&P）或市场信息等方面，具有无可比拟的优势。它能使某产品或产业根植于某地域，并不断吸引相关的企业加盟聚集，具有使集群不断地进行自我扩展和自我创新的功能。这种向心力的作用来源于具有上述优势的核心企业，它们是集群得以形成的基础。

国内学者魏后凯对产业集群进行了较为综合的分类，将产业集群分为两种：大中小共生性集群和小企业群生性集群。但不管是哪一种，在产业集群中必然存在核心企业，对于任何企业来说，由于企业的实力和所掌握资源的有限性（除非在完全垄断市场中），自己不可能拥有或生产制造出所有的零配件，并同时实现规模效益和低风险度。因此，核心企业通过外包（outsourcing）形式，将其供应链中无法实施和无需亲自实施的环节，让其他企业在同一地域进行经营，形成企业间密切而灵活的专业化分工协作。企业的"瘦身"使这些环节延展到产业集群中去，形成了大量的中小企业围绕核心企业，构建了一个有向网络供应链系统。因此，企业就有延展极化的发展趋势——具有核心竞争力的大企业和灵活的中小企业慢慢增多，介于两者之间的企业慢慢向核心和中小边缘化发展。核心企业随着集群的发展和扩张，最终形成规模大、创新和竞争力强、与外界联系较广的大企业，这些大的核心企业在集群式供应链系统中起到衔接和聚合的作用。

除了如同传统单链式供应链中的核心企业起到的作用一样，将上下游企业组织起来结成供应链合作联盟外，集群式供应链中的核心企业还起到企业"孵化器"和企业"黑洞"的功用，这两种功用将促进集群式供应链内部单链式供应链的纵向延伸和横向延伸（即更多的单链式供应链）。

（1）纵向延伸。产业集群的核心企业，在集群发展初期起到了"孵化器"的功用。它能不断孵化出新的核心企业来，为集群式供应链的多核心性打下了基础。例如，在台湾新竹集成电路（integrated circuit，IC）产业集群中，首先是由台湾工业技术研究院电子所孵化出"华联电子"，随后又孵化出"台湾积体电路制造公司"（简称台积），以及"华邦电子""华隆微电子"等核心企业。这些核心企业为集群地域中产生多条单链式供应链提供了前提条件。在国内传统地方产业集群中，核心企业的孵化功能更为明显，因为核心企业多为家族企业，在发展中往往是不断分化出来的。例如，在浙江温州打火机产业集群地中，以金朝松家族的鹿城打火机厂为原型核心企业，其家族成员不断孵化出多个其他的核心企业（程学童等，2005），如图 1.8 所示。

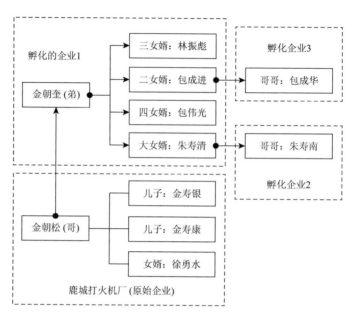

图 1.8　金氏家族的核心企业孵化流程

（2）横向延伸。集群式供应链中的核心企业具有"黑洞"功用。集群式供应链借助于核心企业所处的主导地位和优势环节，吸引其上下游的企业进驻产业集群，并与之协作配套。核心企业越多，实力越强，则其吸引力就越大，整个集群地域的场势范围就越广，边界就越大，集群式供应链的地域也随之延伸。同理，吸引到集群区域内聚集的、并与核心企业进行配套协作的上下游企业越多，反过来也会吸引越多的核心企业加盟。例如，在东莞 IT 产业集群中，存在着 2000 多家与电脑资讯产业相关的企业，据统计，在东莞每 2 平方公里内，外资企业就达到 3 家，所以在当地，其电脑零部件的供应配套率达到 95%以上，以致像国内"Lenovo""长城"等这些核心企业也将其生产环节搬迁南下，进驻东莞。总之，集群式供应链中核心企业的"孵化器"功用和"黑洞"功用相互影响，共同促进集群式供应链系统的不断延伸和完善。

1.3.5　基于主导产业物流的流向性

集群式供应链作为一种新型的供应链运作范式，虽然在结构上与传统单链式供应链存在着差异，但是在表现上，与单链式供应链一样具有有向性，即包含某一产业或某一产业中某品类的产品，从上游企业原材料投入到下游企业最终产出的产业链或产品链，体现出一种整体流向性，而不是一种无规则的发散流向。这反映出集群式供应链的单元企业在生产中是以产业关联集合在一起的。集群式供应链中涉及多个相关产业，在这些产业中包含基本产业、辅助产业和附属产业，其中，基本产业和辅助产业主导着整个集群式供应链的物流流向。

基本产业作为集群地域中占经济总量比例较大的产业，当集群中基本产业只有单一的行业时，集群式供应链的物流流向就是该单一产业物料的总体流向，而其他的辅助产业虽然在局部与集群式供应链的物流流向相佐，但最终会交汇于集群式供应链中基本产业的物流流向。例如，基本主导产业的物流流向是纵向的，而辅助产业的物流流向是与之垂直的横向物流流向，但在同基本主导产业物流流向交汇后，最终变为纵向的物流流向。因此，集群式供应链的物流方向性是由基本主导产业物流运作的方向所决定的。

当然，如果在产业集群中的基本产业并不唯一，也就是说在产业集群地域中存在着多个主导基本产业，这时集群式供应链的方向性也呈现出多样性，但这并不妨碍产业集群的发展和集群式供应链的形成。相反，如果理清各自基本产业的物流流向，以及辅助产业物流流向，将有助于整合整个集群式供应链的物流关系，特别是基本产业表现出一定的相关性时，可以借用共同的辅助产业，来协调和配合各个基本产业供应链的物流流量、流向和流程，促使具有多个基本产业的集群式供应链的物流趋于渐近发展，而不是背道而驰，渐行渐远，增加各自的运作物流成本。

1.3.6　基于共同市场放大的认知性

集群式供应链中，同一单链式供应链的各个企业之间，以及跨链间不同或同一环节的企业之间，都存在着竞争和合作的关系。当然在这种竞争和合作的关系中，首先以合作为目标，以竞争为基础，也就是说，集群式供应链是在竞争基础上的合作。因为只有集群企业之间的充分竞争，集群式供应链中各个企业才能在集群地域中寻找到合适的合作伙伴，才能进行高效率的合作，否则，集群企业间的合作只是一种"拉郎配"的合作，缺乏合作的基础和效率。而这种竞争基础上合作的结果是一种共赢的格局，因为合作的结果将使整体集群市场的需求不断放大。

集群式供应链同一单链中，不同环节的各个企业虽然是上下游的合作配套关系，但它们之间依然保持着竞争，如上游企业和下游企业面对一定水平的总体利润时，都会竭尽全力争取自己的最大利益，所以，竞争是在所难免的。但企业通过合作使共同的市场和利润同时放大，在没有改变原来利益格局的情况下，上下游企业的利润水平会同步放大。因此，面对市场放大的认知，集群式供应链同一单链各个企业之间的合作大于竞争。

集群式供应链跨链间的不同或同一环节的企业之间（如图 1.9 所示）其实是两个生产同质或同类产品的单链式供应链的竞争。在跨链间竞争的同时，也产生供应链跨链间的合作。例如，为了防止缺货，两条供应链进行库存合作，即跨链间的产品或部件紧急库存互补。就其供应链自身来看，集群地域的供应链合作是相互和双向的，一条单链式供应链向另一条单链式供应链提供紧急库存互补的同时，也为其在未来获得该供应链（或其他供应链）"回报式"的紧急库存互补打下基础。另外，从整个产业集群地来看，相互间的合作使集群企业，同没有聚集于产业集群中的企业相比，在产品的成本、质量和交货期等方面更具优势和竞争力（王缉慈和童昕，2001）。这在保证自身服务水平的同时，也提高了集群地域整个行业服务水平，最终促进了集群地域需求的同步放大（Pandit et al.，2002）。

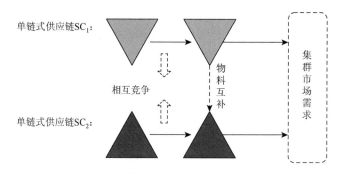

图 1.9　集群式供应链的竞合关系

正是由于集群地域临近、产业关联性，以及集群式供应链的企业具有"弹性专精"和信任合作的特点，不仅单链式供应链内部的各企业存在相互合作，而且不同单链的企业存在着跨链间的竞争和协调。这使得产业集群企业能很好地适应市场快速多变的需求，减少了客户的搜索成本，提高了客户的服务水平，扩大了客户对集群整体市场的认知。

1.3.7　基于时间竞争的大规模定制性

集群式供应链是一个纵横结构精巧，各个环节相互协调的生产系统。与传统单链式供应链一样，集群式供应链具有实施大规模定制化的基础。在集群式供应链中，上游企业通过预测，按 push 方式进行大规模生产运作；下游企业对市场即时需求，按 pull 方式进行定制化生产。如此就能实现大规模定制化，使整个集群式供应链系统获得大规模生产所具有的生产速度快、成本低，以及定制化所具有的对市场响应灵敏，按照客户要求进行柔性生产的优势。但是，最重要的是，集群式供应链隐含着比传统单链式供应链更有潜力的基于时间竞争的特点。

基于时间竞争是大规模定制化的一种表征，由于传统单链式供应链缺乏对应急事件的安排（如预先安排替代链的应急企业，或替代辅助性企业），如果传统单链式供应链某个环节一旦遇到突发事件（如因供给的物料发生中断，或某个环节企业的不可抗拒力而单方中止合同等），在没有替代企业的情况下，将导致传统单链式供应链的脆性加大，基于时间竞争将难以实现。有时即使传统单链式供应链有相应的应急安排，但如果替代性企业与之相距较远，不但运作成本急剧上升，而且势必延迟大规模定制化的生产周期。

对于集群式供应链而言，在集群地域中有供应链各个环节的诸多同质性企业，它们之间可以相互作为潜在的应急和替代，来应付各种突发和偶然事件，并且不需要正式制度的安排。由于近距离的各个环节的企业在临近区位的相对集中，其搜索成本和搜索效率，都将使得集群式供应链在灵活性上远高于传统单链式供应链。另外，在集群式供应链中存在的横向辅助产业的企业协作，也在很大程度上保证了集群式供应链基于时间竞争的大规模定制化的顺利实现和实施。

1.3.8　基于中小企业定位的普遍适用性

集群式供应链所在的产业集群地域中，往往存在着大量的中小企业，而大企业的数量很少，中小企业是产业集群中的主体。因此，从这个角度出发，集群式供应链是一种中小企业普遍适用的供应链。

由于传统单链式供应链各个环节的企业分布地域较为分散，要想使得供应链不同链节的企业运作能协调一致，就需要传统单链式供应链建立相应的信息系统，如库存管理信息系统（inventory management system，IMS）、运输管理信息系统（transportation management system，TMS）、订单管理系统（order management system，OMS）及基于作业成本法（activity based cost，ABC）的成本管理系统（cost management system based on ABC）等。所以，传统单链式供应链的建立，在客观上要求供应链的企业在前期进行大量的投入，并需拥有较强的基础实力，而这些是中小企业能力所不能及的，很难达到要求。因此，传统单链式供应链往往被认为是诸如 Dell、HP 这些大企业的专利，而中小企业则是"望链兴叹"。

集群式供应链作为中小企业普遍适用的供应链，在产业集群地域中，聚集众多同一产业、位于不同环节的企业，进行基于本地一体化的运作。由于地域的临近性，以及企业之间上下游的协作性，集群中各企业之间的信息是对称和畅通的，集群中各企业不建立严格和功能强大的供应链信息系统，也不会导致信息失真和传统单链式供应链中所出现的"牛鞭效应"（bullwhip effect）。这样无形中将中小企业实施供应链管理的障碍化为无形，使集群式供应链管理成为适用各类企业的通用模式。所以，集群中小企业通过非正式的 trust and denpendency 的形式联结成供应链，并基于此进行协调管理。

集群式供应链系统内部存在许多单个的、与大企业相比毫无竞争力的小企业，这些小企业通过与供应商、客户的上下游企业的合作，根据企业自身的特点，专门从事某一价值链环节。这些小企业在专业化经营中，通过规模经济、创新能力、企业品牌等，来实现价值增值，实现最优价值链的分工整合，其表现出来的竞争力就不再是"1+1=2"这种将所有单个企业竞争力的简单叠加，而是具有乘数效应的"1+1＞2"效应，能将原来弱小的单元企业的竞争力放大。在现实经济中，即使缺乏跨国公司和大企业的竞争优势，中小企业也可通过这种集群式供应链系统的互辅效应，实现与大企业进行"以小博大"的抗衡，将中小企业仅靠企业自身的资源参与市场竞争，转向将经营过程中的有关各方，如供应商、制造商、分销网络、客户等，纳入紧密的供应链系统中，利用一切市场资源。例如，广东虎门镇的服装生产，通过集群式供应链系统的互辅效应，以区域形式推广品牌，使虎门服装实现从品牌到名牌，再到国际名牌的"三级跳"，服装年销售额超过 100 亿元，服装出口超过 4 亿美元。

正如前文所提到的，集群式供应链不仅适用于中小企业，对大企业也并不排斥。总之，集群式供应链是一种企业通用的供应链管理模式，只不过它是产生在产业集群中，是定位于中小企业的一种供应链系统。集群式供应链为中小企业实施供应链管理提供了一种切实可行的范式，这对在我国国民经济中有着重要地位的产业集群有十分重要的意义。

1.4 集群式供应链管理的影响效应

1.4.1 集群式供应链管理的互竞效应

集群式供应链系统因其整体效应，能吸引许多企业聚集于同一区域，并参与竞争。充分的竞争有助于企业不断提高产品技术水平、降低生产成本，保证集群式供应链中的优势不断释放出来。在集群式供应链系统中，其互竞性表现为三个方面：集群式供应链层面、单链式供应链层面和单个企业层面。如图 1.10 所示。

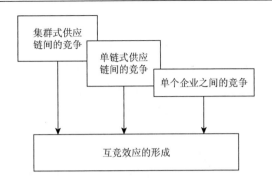

图 1.10　集群式供应链的互竞效应层级结构

1. 集群式供应链层面的互竞

集群式供应链依托于产业集群而存在，而同一类型的产业集群在数量上存在两个或两个以上，而且分布在不同的地域之中。特别是在中国这样幅员辽阔的国家，产业集群发展呈现出欣欣向荣的趋势，很多同类产业的产业集群镶嵌于各地不同的县级经济发展之中，而且在这些产业集群发展的初期，其定位方向往往雷同，倾向同质化发展。例如，江苏的横扇镇羊毛衫产业集群和浙江的妙桥镇羊毛衫产业集群，浙江的织里镇童装产业集群和广东的佛山环市镇童装产业集群。这些处于同一产业的产业集群面临着相互之间的竞争，这种竞争是一种基于集群式供应链整体的相互竞争，竞争的是整体产业技术实力、整体服务质量和整体产品层次等。激烈的竞争可能导致某个集群式供应链所处的产业集群萎缩或消亡，如浙江的妙桥镇羊毛衫产业集群在竞争中，由于竞争实力退化而渐渐衰败下去。

2. 单链式供应链层面的互竞

集群式供应链中多个单链式供应链是平行存在的，由于单链与单链处于产业集群地域中，从事相同产业品类的生产，竞争就在所难免。而且这种竞争要比在非集群地域中两条供应链之间的竞争激烈得多、直接得多，可以说是在其他条件一致的背景下，直接比较两条供应链之间的交货期、产品质量、价格和服务水平。所以，集群式供应链中，单链式供应链在面对顾客直接比较时，其优势和劣势一览无遗，这种互竞性表现在单链式供应链之间的整体实力的竞争，或者说供应链层次的竞争。例如，Lenovo 和 Dell 在东莞产业集群中的竞争，就是基于单链式供应链之间的竞争，比拼的是品牌、销售渠道、交货期和售后服务等，Lenovo 在售后服务比 Dell 好，但 Dell 的交货期比 Lenovo 要强。但某个环节的竞争优势并不代表最终企业的竞争优势，而最终企业的优势都需要体现在单链式供应链之间的竞争，所以 Lenovo 和 Dell 不约而同地将其生产环节搬迁到东莞，进行集群式供应链的整合，在中国国内市场中一争高下。

3. 单个企业层面的互竞

集群式供应链的互竞效应还反映在单个企业层面上，由于来自单链式供应链核心企业的要求压力，供应链上和非供应链上的企业就面临与其相同环节或链节对手企业的竞争。因为核心企业在进行基于单链式供应链合作时，对其合作企业都有着一定的要求标准，达不到标准的企业将被核心企业所剔除，所以为了达到所规定的标准，单个企业不得不提高自己的核心能力。这种核心能力的提高，就是在核心企业与集群地域内的对手，在相互竞争中一种自然选择的结果。

总之，这三层互竞效应形成了强有力的竞争氛围，比单纯来自供应链内部的推动力更能使企业注重自身核心竞争力的提高和长期保持。也正是互竞效应的存在，迫使集群式供应链系统中的企业进行结构组织重组，由金字塔形向扁平形方向发展，加快物流速度，减少库存，提高产品质量，以适应竞争的需要。

1.4.2　集群式供应链管理的互动效应

集群式供应链系统的互动效应是在产业集群中各个单元个体之间存在着的，在信息流、资金流和物流等方面相互流动，而不是单向移动效应，这种互动性使集群式供应链企业的技术外溢、工人生产熟练程度提高、集群内单元企业的运营管理方式改善、机器设备改进、市场信息传递速率加快和效率提高得到持续发展，如图 1.11 所示。

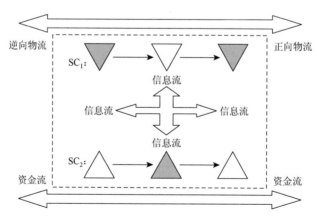

图 1.11　集群式供应链的互动效应

1. 信息流互动

集群系统中单元企业在空间上的短距离性和在业务上的关联性，使市场需求、生产工艺等市场信息由原来的点对点式溢出流通，变成一种面对面式的交互。这样，信息在集群式供应链系统中的每一个单元企业，在较短的时间能双向传播。因为人员流动的频繁性、产业和业务的相关性，以及地域的有限性，保证了集群式供应链系统中各市场主体的信息趋于对称，达到完全竞争或垄断竞争时的市场效率，降低企业间的信息搜索和交易成本。如果从集群式供应链的内部结构上看，单链式供应链运作是基于市场需求信息驱动的。单链式供应链上各链节的核心企业及辅助企业，通过信息自下而上，将信息传递给各个企业，而各个企业对市场信息做出反应，同时将相关各自产能、技术和设备等企业的内部实际生产信息自上而下传到下游核心企业进行综合平衡。信息不仅在单链式供应链是这种情形的互动，在单链式供应链的跨链间也存在同样的情况，如当单链式供应链在应急条件下，急需满足客户的即时订货要求时，可以通过跨链间的信息互通，将其他有同种品质库存的单链式供应链所生产的产品来进行应急处理，这就需要集群式供应链中单个供应链的信息互动，否则难以满足这种特殊订单的交货要求。

2. 资金流互动

集群式供应链中，各个企业以自有的联结方式组成利益共同体。集群式供应链中的各个企业都是以非正式的、基于信任为基础的合作关系，这种关系通过一种地缘、人缘、业缘、亲缘和血缘为纽带，已经根植于本地的经济中，加之集群式供应链中多为中小民营企业，在向外部资金融通方面存在着较大的障碍，所以，集群式供应链中企业的资金多源自内部性融资。程学童等（2005）在对浙江集群企业融资方式的调查中发现，24%左右的企业，其资金的来源主要靠民间借贷；18%的企业完全依靠自有资金，资金来源渠道有限。但这些企业资金的使用效率很高，资金在集群单链式供应链中流动速度快，且企业占用的资金较少，更主要的是各个企业之间的资金流相互流动，基于 ABC 方式进行核算。上游企业借用下游企业资金，下游企业赊销上游企业的物料，这些在同一供应链上基于业务流程的资金流，反映出供应链上下游企业的资金互动性强，资金的流动和速动比较快，保证了集群式供应链企业的"弹性专精"和抗风险能力。

3. 物流互动

集群式供应链是基于本地一体化的运作，直接体现在物流经过供应链中的每一个环节时，是从上游企业向下游连续快速进行的。虽然在集群式供应链中各个企业分工较为精细，但是这些企业都是基于本地集中的，在第三方物流企业专业化的组织和实施下，这种基于供应链的自上而下的正向物流（forward logistics）是一个维度的物流。另外，在集群式供应链中还存在着逆向物流（reverse logistics），它是在整个供应链系统中，存在着顾客退货、企业回收自己销售给顾客产品、顾客使用后的废弃物品、上游企业对下游企业所发现不合格的零部件进行回收和再利用等，这些都是基于供应链自下而上的逆向物流。所以，正向物流和逆向物流存在于集群式供应链各个环节中，并形成互动关系，保证了集群式供应链更具效率。

总之，集群式供应链系统的互动效应具有两方面的作用：一方面，缩短了企业进入集群的适应调整期，提高了供应链单元企业的敏捷性，改变了市场发展由原来"大鱼吃小鱼"变为"快鱼吃慢鱼"的游戏规则，为企业的衍生和发展提供了技术、资本、劳动力、企业家能力和市场拓展等完善的便利条件；另一方面，生产技能和管理经验在集群内迅速扩散，大大降低了新企业的经营风险。

1.4.3　集群式供应链管理的柔性效应

集群式供应链柔性效应是指其对外部环境的适应性，具体表现在柔性组织结构、柔性机器设备、柔性管理和柔性人员素质。集群式供应链的柔性效应是各个方面综合反应的结果，而不是强调单个方面的柔性，只强调单个方面的柔性不能使集群式供应链对外界的变化做出灵活、正确和快速的反应。如图 1.12 所示。

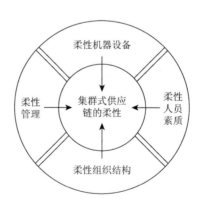

图 1.12　集群式供应链的柔性组成

1. 柔性组织结构

集群式供应链的组织结构受产业集群分工较为精细的影响，每个企业的专业性都较强，这些企业均从事自己具有核心竞争力的业务，将不擅长的业务和环节外包出去，这样集群式供应链中每个企业的组织结构就较为单一，层次较少，信息通透性好。在与上下游企业进行基于纵向一体化供应链合作时，集群式供应链中，单链式供应链的组织结构表现出扁平结构。扁平结构克服了层级复杂的金字塔结构的效率低下、信息失真和反应速度慢的弊端。特别是在集群式供应链中，各个单链式供应链是一个动态和开放的联盟，可以随时对自己的组织结构进行自我调整，因为在产业集群中存在着相关替代企业，所以集群式供应链的组织机构是一个动态扁平的柔性结构，能很好地应付外界环境和市场的变化。

2. 柔性机器设备

集群式供应链组织结构具有柔性，其组织结构所拥有的机器设备，或者说是单个企业的机器设备也具有柔性。企业的生产都是按照订货生产方式（make to order，MTO），而不是备货生产方式（make to stock，MTS）进行生产的。一般来说，生产的都是专用产品，生产批量小，生产按照单件小批方式进行，生产的稳定性和重复性较差。所以，对于集群式供应链内中小企业居多的组织，其使用的机器设备不可能是用于进行大量生产的专用高效设备，而是采用适应强、能进行不同作业的通用设备，这些设备可能自动化程度不高，手工操作的比例较大，刚好适应集群式供应链内的中小企业资金薄弱的特点。当然，设备自动化程度不高和手工操作比例大的特点，并不是说集群式供应链企业不能采用智能性和自动化设备，只要是技术适用经济可行，符合组织特点的，都能作为集群式供应链企业所用的机器设备。

3. 柔性管理

柔性组织机构和机器设备，都是从硬件来探讨集群式供应链的适应性和灵活性的。但这些硬件还需要软件要素的支撑，柔性管理作为软件要素，意味着企业在进行计划、组织、协调、指挥和控制时不能过于刚性，否则难以同集群式供应链的制造硬件要素相匹配。例如，在管理中计划制订得过于详细，在时间上具体到每一月、每一周、每一天，甚至每一班都将计划安排得十分妥当；而在空间维度上也具体到每个车间、每个工段、每个班组，甚至每个人都规定了具体的生产任务。这种安排在外界环境处于静态的条件下是没有任何问题的，但是如果外界市场条件发生变化，就会导致整个计划也随之变化，而由于原来计划的刚性就需要进行"牵一发而动全身"变化，这往往造成企业处于两难困境之中，因为改动计划的时间往往超过制订计划的时间，使得计划跟不上变化。如果计划安排得柔性，可以使近期计划安排较为周密，而长期计划较为弹性。这样就不存在那种"牵一发而动全身"的情形，那么对于其他的组织、协调、指挥和控制就有相应的运作余地。

4. 柔性人员素质

集群式供应链中不管是硬件还是软件都具有适应性和柔性，其人员素质也需要具有柔性。这些人员能够从事不同工种的工作，能对不同的机器设备进行操作，在集群式供应链所在的地域中，一般存在相关的培训机构，能有效为人员素质提供有力的技术支撑和智力支持。同时，集群区域中的频繁交流，以及员工在不同企业之间的流动，也使人员素质在互动的过程中得到提高。

集群式供应链的柔性效应在客观上实现了产业集群理论中的产业集群具有的"弹性专精"特点，具有进行大规模定制化生产的现实条件。

1.4.4 集群式供应链管理的规模经济效应

集群式供应链的功能表现之一就是它的规模经济效应，衡量集群式供应链的规模标准有很多，如固定资产、职工人数、产量、生产能力、利润水平等。这里所指的集群式供应链的规模经济效应，就是它经济盈利水平的大小，其来自两个方面：集群式供应链内部各个企业的内部规模经济和集群式供应链整体所形成的外部规模经济。对于集群式供应链来说，其规模经济效应更多是来源于集群式供应链的外部经济效应。

1. 集群式供应链的内部规模经济效应

集群式供应链内部规模经济效应，是指由于集群式供应链中的单个企业随着自身产量的增加，企业长期平均成本下降，企业利润增加。内部规模效应在不考虑企业自身内部条件下，由于企业位于产业集群区域中，极大地方便了顾客在集群中寻找到自己所需要的数量、质量、交货期及价格的产品，特别是搜索成本得到了极大的降低。如果一个顾客在非产业集群地域中进行采购，不仅花费大量的时间、金钱和人力，东奔西走地比较货物，并与生产商洽谈，而且很可能丧失稍纵即逝的商机，或是并不一定能够寻找到自己各个方面都比较满意的产品。正是这些原因，处于产业集群的企业就比非产业集群的企业，往往能够通过产业集群式供应链的聚集作用吸引到更多的顾客，接受到更多的订单，从而使企业制造产品的数量增加，形成集群式供应链内单个企业的规模效应比非集群内企业的效应更明显。

2. 集群式供应链的外部规模经济效应

集群式供应链外部规模效应，是指在同一地域的企业共享当地的辅助性生产、基础设施与服务、劳动力供给和培训所带来的成本节约。由于集群式供应链所在地域分工较为发达，原先在每个企业内部的一些设备整体不可分割性和生产活动的完整性，现在在产业集群中，设备不仅可以进行分割，而且可以共享；以前整个生产活动中被喻为是"铁板一块"的整体性，现在也朝着模块化、专业化、协作化和平台化的方向发展。这种发展结果就使集群式供应链的各个企业设备，能通过外包等方式被其他企业所共享，设备能够充分被负荷，最终使集群式供应链的整个固定成本，随着分摊到各个产品中去的平均成本而下降，从而为企业创造了更多的盈利空间。

1.4.5　集群式供应链管理的范围经济效应

集群式供应链功能还体现在范围经济上，衡量集群式供应链范围经济的标准有：产品种类、生产活动种类、工艺过程环节的多少和市场地理范围的覆盖程度。虽然范围经济也分为企业内部范围经济和外部范围经济，但对于集群式供应链来说，由于产业集群具有"弹性专精"的特定，在集群式供应链系统中，单个企业进行多角化经营的很少，企业所生产的产品多是基于专业化方向的产品，不可能进行与自己主营业务大相径庭的生产活动。所以，范围经济在集群式供应链中是一种外部的范围经济。

1. 集群式供应链的外部范围经济效应

集群式供应链的外部范围经济是在同一地域，单个企业生产活动专业化，多个企业分工协作组成的地方生产系统。外部范围经济是通过分工协作、交流与沟通所引起的成本节约。这种分工协作并不是对同一类产品进行的分工协作，否则这就等同于集群式供应链的规模经济；恰恰相反，这种分工协作是基于不同类型产品基础上的，因为集群式供应链作为一种能进行大规模定制化（mass customization）的生产系统，能够按照市场和客户的需求来进行生产。当按照市场和客户的需求来进行产品生产时，集群式供应链所生产的产品品类增多，而不是品种增多。品类是指与该产品相类似的产品簇，是指产品在结构和加工工艺上存在一定相似程度；而品种则可能在结构和工艺上完全不同。因此，集群式供应链才能够形成不同于规模经济效应的范围经济效应。

2. 集群式供应链的外部范围经济效应机理分析

为了分析集群式供应链的范围经济，假设有两家企业生产两个品类的产品 A 和 B，而且这两个品类的产品在某些方面存在加工的相似性，在计划期内要生产的产量分别为 q_A 和 q_B，产品 A 和 B 的价格分别为 P_A 和 P_B，生产的总成本分别为 $C_A(q_A,0)$ 和 $C_B(0,q_B)$，其利润分别为 π_A 和 π_B，因此如果这两家企业没有任何分

工协作的情况下，则有

$$\pi_A = q_A P_A - C_A(q_A, 0)$$
$$\pi_B = q_B P_B - C_B(0, q_B)$$

考虑企业的生产成本与产量之间存在着关联性，可将企业成本分为可变成本（variable cost）和固定成本（fixed cost），将上两式变为

$$\pi_A = q_A P_A - q_A V_A(q_A, 0) - F_A$$
$$\pi_B = q_B P_B - q_B V_B(0, q_B) - F_B$$

其中，$V_A(q_A, 0)$ 和 $V_B(0, q_B)$ 分别为两家企业生产 A 和 B 产品的单位可变成本；而 F_A 和 F_B 分别为它们的固定成本。虽然单位可变成本不随企业产量的变化而变化，但总可变成本是随着产量的变化而改变的，固定成本则是始终不变的。上述两家企业虽然有协作的可能（由于 A 和 B 存在着相似性），但如果假设它们之间没有协作，而是各自为政，自行生产自己的产品，则其总利润 $\pi_{总}^1$ 为

$$\pi_{总}^1 = \pi_A + \pi_B = q_A(P_A - V_A(q_A, 0)) + q_B(P_B - V_B(0, q_B)) - (F_A + F_B)$$

如果在集群式供应链系统中，生产 A 和 B 产品的两家企业就有协作的可能性，它们之间的协作意味着，两家企业在生产 A 和 B 产品中的相同和相似性零部件时，不必都购买生产这些相同零部件所需要的机器设备，也就是说只需要一家企业购买就可以，这样就节约了企业的费用，分摊的固定成本可以减少。在其他假设不变的情况下，两家企业协作时的总利润 $\pi_{总}^2$ 为

$$\pi_{总}^2 = q_A(P_A - V_A(q_A, 0)) + q_B(P_B - V_B(0, q_B)) - F_合$$

很显然，从上述分析中可知　　$F_A + F_B > F_合$

所以，则有　　　　　　　　　　　　　$\pi_{总}^2 > \pi_{总}^1$

这就证明了在集群式供应链中范围经济的存在性，当然这种范围经济是与各个企业生产的产量有密切关系的，这种关系为正相关性。证明如下，先对利润求 A 产品一阶导数，得到

$$\frac{\partial \pi_{总}^2}{\partial q_A} = P_A - V_A(q_A, 0)$$

一般来说，企业在经营时都有 $P_A - V_A(q_A, 0) > 0$，$\dfrac{\partial \pi_{总}^2}{\partial q_A} > 0$，同理 $\dfrac{\partial \pi_{总}^2}{\partial q_B} > 0$，所以，范围经济与企业规模经济是相互联系的，表现为相互强化的结果。

另外，A 和 B 产品的类似或相似程度，可以通过设备共享程度反映出来。如果产品相似度越高，设备共享程度越高，则意味着 $F_合$ 的值越小，范围经济性就越好。当然这种相似程度完全一致时，范围经济就完全变为规模经济了，如图 1.13 所示。

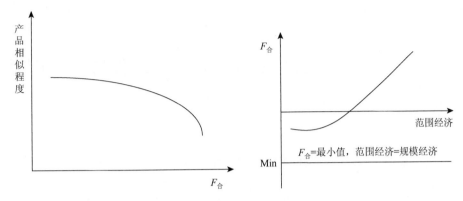

图 1.13　范围经济与产品相似程度和 $F_合$ 的关系

　　其实，产品相似程度的大小与集群式供应链的定制化程度也有着一定程度的联系，如果定制化程度高，则意味着产品的相似程度较差。这反映在集群式供应链中就是，范围经济越好，规模经济就越差。

第2章　基于组织衍续和知识流转的集群式供应链创新分析

2.1　集群式供应链组织衍续与创新关系分析

集群式供应链的构建过程就是一个产业集群供应链组织衍续的过程。集群式供应链组织衍续或构建的目的，就是提高供应链企业的运作效果和产业集群的竞争能力。而产业集群竞争能力的提高，关键表现在集群技术创新能力上。所以，本节将重点以"武汉·中国光谷"光电子产业为例，对集群式供应链组织衍续对技术创新的影响进行分析，以实证集群式供应链构建的重要作用。

2.1.1　线性创新和集群网络创新

在知识经济时代，技术创新能力大小成为企业生存和发展的根本。经营环境不确定性的加大、经济范式的更迭、产品更新节奏的加快，以及市场竞争的加剧，要求技术创新能力能高效、快速地为企业提供有力的技术支撑和相关的智力支持。但一方面，单个企业面临着知识呈几何级数的增长和快速多变的市场需求；另一方面，专业化不断加深，制造设备和工艺技术刚性加强，单个企业的技术创新能力范围也不断弱化，技术创新的难度加大，即使那些大的跨国行业也很难独行其是。随着美国硅谷、中国台湾新竹及日本筑波等地的成功，人们注意到技术创新单元已从单个企业走向了群体，并有转向网络化的发展趋势。

近年来，产业集群发展在我国国民经济中日益活跃，集群技术创新问题也引起了理论界的重视，有关研究日渐深入。产业集群技术创新是一种"网络创新范式"，不同于熊彼特（Schumpeter）在 20 世纪 70 年代所强调的、具有浓郁个人英雄主义的"线性创新范式"。"线性创新范式"将技术创新活动固化在单个企业内部，也就是说，技术创新活动过程所进行的规划—构想—发明—研发—设计等，是依靠企业自身的资源和能力所进行的，没有或很少有上游和下游企业的参与和合作。但随着技术创新的复杂性和市场的不确定性不断增强，以单个企业为主体的技术创新单元的技术创新风险也随之放大，迫使企业技术创新的边界延展到依托外部资源的"网络单元"，并与之互动，导致技术创新研究"网络创新范式"的兴起。"网络创新范式"最初应用在国家层面上，形成了"国家创新系统"理论，主要的代表人物有 Lundvall（1992）、Nelson（1993）等。随着全球化的发展和产业分工的加剧，产业在全球范围的转移往往以产业集群的形式发展嫁接于某个地域，在产业转移过程中所伴随的技术转移、更新、创造和创新就不可避免地发生。更重要的是，产业集群的网络状结构使集群内企业间的创新活动日渐频繁。因此，创新研究范畴从国家层面聚焦到了区域层面，特别是集群区域的创新上来。Rosefield（1997）将集群创新的研究内容在一定程度上等同于区域创新的研究内容，但是集群创新更具独特性，强调的是某一个产业或相关产业，而不是模糊、分散的产业；另外，集群创新空间更具收敛性。

目前，国内外研究文献对集群创新性的研究，大部分都是遵循 Porter（1998a，1998b）的思路和观点进行分析的，而且多集中在定性分析的基础上，对定量分析的研究较少。这些研究主要集中在两个方面，一方面是从微观企业层面出发，以集群内单个企业的相关数据（企业人员、企业年龄、专利数等）作为样本，来研究集群企业和集群创新能力（Beaudry and Breschi，2003；Beaudry，2001；Pandit et al.，2002；Baptista and Swann，1999）；另一方面是从中观区域层面出发，以集群区域整体企业的相关数据（R&D 经费投入、产出、总人员比例等），或通过相关人员对集群和创新指标的评定打分为基础，来判定集群的创新能力和影响因素（谢洪明等，2005；王宵宁，2005）。这些成功的研究，为集群及其企业技术创新能力提供了很好的理论指导。然而，产业集群技术创新不能简单地从微观企业层面或中观区域层面来进行研究和分析，如果单纯从微观企业层面上分析，意味着淡化或削弱了集群企业在空间聚集对企业创新的影响；而从中观区域层面上分析，则忽视了集群中创新主体核心企业和集群核心环节的创新主导作用。所以，本节综合两个方面，从产业集群的中观和微观层面出发，以"武汉·中国光谷"光电子产业为例来对集群创新能力进行实证分析，探讨集群的创新活动和能力。

本节结构安排如下：第一部分介绍了集群式供应链相关的基本理论；第二部分进行了文献评述；第三部分为理论的相关理论假设；第四部分描述研究方法，实证资料收集和处理；第五部分报告实证分析结论；第六部分是结论。

2.1.2　基于组织衍续的集群技术创新文献评述

人们认为企业在集群地域中比位于集群区域之外的企业，更具有创新能力。这样的观点有许多，归结起来，最基本的原因就是企业集群所带来的外部性（externalization），即集群企业能获得更多的福利，是依赖于该产业普遍发达的经济，而不是依赖该产业的个别企业资源、组织结构及效率的内部经济，对于这一点 Marshall（1920）清晰地阐明了观点。更进一步，Glaeser 等（1992）将集群这种外部性归为三类，第一类为 marshall－arrow－romer externalities（MAR 外部性），又称为本地经济性（localization economies），它是指集群产业存在较高的产业专业化（specialization），促进集群在某个技术领域中不断创新，也就是说集群中的主导行业，专业化程度高度发达，其创新主要来源于该行业，而其他行业发展则较为薄弱，所以这些弱质行业对集群产业的创新作用影响较小。第二类为 jacobs externalities（Jacobs 外部性），是指集群产业中各行业的完整性（variety/diversity），它们实力均衡，事实上，这里指的各行业的完整性，并不是指这些行业毫不相关，恰恰相反，它是指以集群主导行业为基础，与其相关的上下游产业，如其供应商、批发零售商、竞争对手、客户、第三方物流企业和服务配套企业，这些相关环节的存在很大程度上加快了知识流转和创意的采纳，其对集群创新的影响比 MAR 外部性更为广泛，不仅仅涉及某个领域的技术创新，还涉及相关技术领域的创新。第三类为 porter externalities（Porter 外部性），它是对 MAR 外部性和 Jacobs 外部性的一种综合，即集群产业的专业化和多样化都对集群技术创新带来影响。

在上述的每种情形下，由于集群地域上临近有利于技术转移，特别是在产品寿命周期的开始阶段或当一项技术较为复杂、不断变化时更是如此（Lundvall，1998），这是因为创新主导知识——隐性知识流转依赖于人们日常训练和面对面的交流。事实上，Audretsch 和 Feldman（1996）表明了隐性知识是集群创新活动中最重要的因素，特别是产业发展的初期更是如此，这也就是本节选择"武汉·中国光谷"光电子产业集群在发展初期作为实证分析的原因。另外，上述三种集群外部性中，Audretsch 和 Stephan（1996）认为集群产业的多样性比集群产业的专业性更有利于集群创新，也就是说，集群式供应链组织衍续对创新生产有较大的影响。

事实上，集群技术创新活动就是 MAR 外部性和 Jacobs 外部性综合影响的结果。从产业集群的动态发展角度来看，集群的发展和升级是一个渐进的过程，特别是对新兴的地方产业集群来说，往往首先是承接了其他区域产业转移过来的、底层的、非技术核心的生产加工环节，并在此基础上形成该环节该行业的高度专业化，因此，这时产业集群所具有的创新就是基于 MAR 外部性的创新。随着集群的升级，集群为了获得该产业的高附加值、核心技术的战略环节，必然沿着产业价值链向核心环节跃迁，这样，在集群地域中就形成了一个较为完整或近乎完整的上下游的供应链系统。Gereffi（1999）将此定义为"组织衍续"（organizational succession）。相类似地，Bair（2002）在研究墨西哥图瑞乐地区传统纺织产业集群中发现，其纺织服装产业集群从起初以出口为主的原料加工型（maquila sector），向着基于本地一体化的集群发展（full-package sector），实质上，这也是产业集群的组织衍续表现。这种本地一体化集群组织衍续，就是地方产业集群在同一地域形成完整或近乎完整的供应链整合，我们将其统一为"集群供应链组织衍续"，它对集群竞争力提高和集群技术创新起到重要跃升平台的作用，这也就是 Jacobs 外部性对集群技术创新的影响。

Gereffi（1999）、Bair（2002）的实证分析是从传统产业集群得出的结论，对于高新技术产业集群是否有着同样的结论呢？的确，不同产业之间由于创新涉及的知识类型不同，驱动企业进行创新需要的集群化程度和形态就会有所差异。Carrincazeaux 等（2001）发现，企业在技术复杂或合成复杂、学习难度较大的产业中，随着这些因素困难程度的加大，技术知识的可编码程度就会降低，其集群程度也会不断增加，相关创新主体的地理聚集就越迫切。因为集群企业的集中意味着专有知识在某个地域中的汇集，这吸引着更多的专业化人力资本、信息知识的交互，不仅有正式存在，而且非正式的交互也越来越频繁。Jaffe 等（1993）、Feldman（1994）对创新与知识溢出在空间上的紧密程度进行了研究，发现了这种关系存在很强的本地效应，无疑，该观点可以很好地解释高新技术产业集群的形成，以及创新对高新技术集群的重要作用（Audretsch，1995）。然而，高新技术产业（如计算机、生命科学、光电子产业等）所涉及的技术知识是多元的，更新速度很快，并且这些知识是附于集群供应链不同环节的组织载体。Swann 和 Prevezer（1996）对美国计算机行业进行分析时发现，集群供应链组织衍续对其技术创新有着正相关性，后来 Baptista 和 Swann（1999）、Pandit 等（2002）、Beaudry 和 Breschi（2003）运用相似的方法，对生物、航空等的产业分析也间接实证了在高新技术产业集群发展中，存在着基于本地一体化的集群供应链整合的趋向，即集群供应链组织衍续。

因此，本节的集群 MAR 外部性和创新效果，一方面是过去大量研究所认为的"产业聚集度"所带来的创新；另一方面，也是本节创新的基础。将 Jacobs 外部性的形成和创新效应看成是基于对集群供应链组织衍续性的体现。而在分析中，集群的"产业聚集度"对应的是微观企业层面，集群供应链组织衍续对应的是中观集群区域层面。因此，上述视角为我们结合微观和中观奠定了基础。

从产业聚集度和集群供应链组织衍续的角度出发，在前人大量的实证和理论观点中，归纳出便于构建微观（企业）和中观（区域）层面上的集群创新模型。Swann（1998）将集群对企业创新的影响归纳总结为两个方面：聚集经济性和拥挤外部性。他的分析也正好从需求方和供应方出发，与本节集群供应链中分析存在一定的耦合性，见表 2.1。

表 2.1　聚集对需求和供应方企业创新的影响

对比项	需求方	供应方
有利方面	赢得高端用户	知识溢出
	用户与供应方的沟通	拥有专业技能熟练劳动力和所需资源
	信息对称畅通	信息对称畅通
不利方面	竞争激烈	竞争激烈
	较强的关系连接	自我封闭和产业锁定

　　在集群技术创新过程中，对于集群需求方来说，主要体现在集群技术创新能赢得和维持高端用户和产业带来的大量需求（Malerba，2002），而且集群地域中成功企业技术创新的示范效应，以及消费者较低的搜索成本也是企业集群的重要因素。另外，在创新过程中，消费者和用户是企业创新活动等的源泉和起点，一个好的创新点子往往来源于一体化集群供应链中的用户和供应方的沟通和交互（Hippel，1988；Lundvall，1988）。集群企业通过在集群的"用中学、干中学"和"出口中学"（Learning by exporting），获得创新的机会，以解决生产中的问题，满足消费者要求，提升集群的竞争能力。另外，集群在需求方面也产生不利的影响，因为集群企业的过度集中导致产出市场竞争过度激烈，使集群企业的边际利润降低，直接影响到企业对 R&D 的投入。更重要的是，激烈的竞争也使得企业不得不更专注自己的核心环节，而将非核心环节剥离开来，在这种情况下，企业生产具有更大的柔性，迫使企业为了应付外部环境变化，而不断进行技术创新和集群供应链组织衍续（Zhang et al.，2002）。

　　对于集群供应方来说，Jaffe（1993）认为技术知识能更好地在集群空间中传播，这种技术知识是一种隐性的、不能编码的知识，需要通过人们面对面沟通才能流转（Audretsch，1995）。因此，企业在集群中比游离于集群外更能分享到创新活动中所需的隐性知识，获得相关的技术、诀窍和专利等。除了知识溢出效应之外，空间的聚集及经营的同一产业，也使得集群内的企业不仅存在着合作，也存在着激烈竞争。这些都迫使企业不断进行技术创新，通过技术创新来扭转由于信息对称造成的集群企业竞争对手间的技术易于模仿、易于仿造的劣势和被动局面。更重要的是，外部经济性是集群吸引和产生大量专业化、技术熟练的工人的源泉，这一点很难在基于分散产业的企业和地域中做到，而且集群供应链也形成很多专业化、本地化的供应商、批发零售商、第三方物流，这样使得集群企业获得较低的制造成本，提高了企业的运作效率（Feldman，1994）。从负面效果上讲，集群市场的过度拥挤和竞争会产生负面的外部经济性，体现为地价和劳动力成本的上升，这些不利的方面更多是针对集群整体，而不是针对集群供应链的某个环节，特别是对于内生性的产业集群，缺乏与外界沟通和联系，容易满足现状，本能抵制外部技术，造成集群的技术锁定，阻止技术创新。

　　总之，在上述的影响中，供应方和需求方的有利方面是对针对微观企业和中观集群而言的，而不利方面则更多是针对中观集群区域来说的。

2.1.3　集群式供应链技术创新的理论假设

　　在过去的文献中，Beaudry（2001）、Baptista 和 Swann（1999）等针对发达国家（如意大利、美国（电脑、生物行业）和英国（飞机、广播行业））的高新技术产业进行实证分析发现，集群中的环节和技术创新呈现出正相关性。但这些研究只是针对发达国家，是在高新技术产业集群较为成熟的情况下进行的分析，也就是说，这些分析是针对集群供应链发展较为完整，并且在集群中已经具有供应链/价值链的核心、高附加值的战略环节的情形下，得出的结论。但对于像中国这样的发展中国家，自集群发展初期，集群供应链不完善，缺失供应链的核心环节，发展趋向底层环节的专业化时，是否也能支持这一假设呢？

由此，我们展开了不同于 Beaudry（2001）、Baptista 和 Swann（1999）等的假设分析。根据上述产业集群集中度的定义，可知它是指产业集群供应链中主导行业的集群企业数量和实力的反映，而不是指产业集群中其他行业的企业在某个地域的聚集程度。因此，产业集群供应链中某个行业主导地位的确立，意味着该行业在该地域比其他行业集中度高，该行业是此地域集群的优势环节，形成了该环节在集群中的 MAR 外部性。集群中主导行业的同类企业在同一地域中交流和沟通的频繁，增强了技术创新主要因素共同隐性知识的共享和流转，减少了对技术创新知识的搜索成本，以及缩短了技术创新转化为现实需求的过渡周期。同时，集群中除了存在属于自身产业的企业外，还存在其他行业的企业，而其他行业企业处于从属地位，数量较少、实力较弱，集群集中度较低。由于这些非主导行业企业占用了主导行业企业的资源，使得集群创新性减弱，对整个产业集群来说，集中度较低的环节比集中度较高的环节对集群的技术创新的贡献要小。因此，非主导行业的企业比集群主导行业的企业对技术创新的影响要小。基于此，得到第一个假设。

假设 2.1a　产业集群中集中度高的主导行业企业对集群技术创新呈正面效应，而产业集群中其他行业的企业对集群技术创新呈负面效应。

假设 2.1b　基于集群产业的企业比基于非集群产业的企业对产业集群创新影响效果大。

对于产业集群来说，集群技术创新需要一个积累过程（Feldman，1994），所以，创新活动倾向于在发展时间长、创新活跃的地域或技术市场发达的地域存在，而不在乎产业生产和销售市场份额的大小，即创新活动在乎和依赖发明者、供应商、技术中介结构、风险投资企业等提供技术创新导向、转换和孵化的机构，以及集群中诱发创新的战略核心环节，这些组织在产业集群技术创新中发挥着重要的作用。所以，在集群供应链组织衍续过程中，集群供应链存在着技术创新主导战略环节，它的存在和发展，能有效触发聚集同一产业的产业集群技术创新的爆发，形成丰富的相关技术和技能，或为其他相关企业提供所需要的替代技术，同时也为技术创新在整个集群供应链中寻找到合适的应用机会提供可能。

另外，集群创新与集群企业的核心竞争力和高素质的人力资本是密不可分的，也就是说，并不是集群中的每个企业和每个员工都能产生和迸发出相同的创新能力。一般来说，只有高素质的人力资本和具有创新能力的企业才能在创新中起到作用，基于此，得到我们的第二个假设。

假设 2.2a　企业生产的集中对集群企业创新的影响不是充分必要条件，集群供应链的战略核心环节是集群技术创新的充分必要条件。

假设 2.2b　不管是何种行业，企业创新趋向在有创新知识积累的条件产生时，创新性企业对集群的技术创新呈正面效应，而非创新则可能导致集群的拥挤效应，呈负面效应。

考虑到产业集群的发展升级，必然沿价值链附加值低的、非核心战略环节，向附加值高、核心战略环节跃迁（Humphrey and Schmitz，2002），而进行的集群供应链组织衍续，衍生出其他上下游环节或相关产业，在集群地域形成了基于本地一体化的完整集群供应链，完整的集群供应链也会对产业集群企业的创新活动产生影响，这就出现了 Jacobs 外部性。结合第二个假设，考虑到涉及集群供应链中每个环节都存在着创新企业和非创新企业之分，因此，集群供应链中的非创新企业在集群中可能加剧集群的拥挤性；而集群供应链创新企业的存在，则由于不同环节企业有着技术知识、需求、分销渠道等的相关性（Porter，1998a），对集群企业技术创新活动带来很大的推动作用。因此，形成本节的第三个假设。

假设 2.3a　在集群供应链组织衍续中，集群供应链的完整性比集群供应链的离散性更能促进集群技术的创新。

假设 2.3b　在集群供应链组织衍续中，每个环节的创新企业与集群创新有着直接和正面效应，而非创新企业则起到负面效应的作用。

2.1.4　集群式供应链技术创新的研究模型和方法

1. "武汉·中国光谷"简况

"武汉·中国光谷"是在武汉东湖高新开发区光电子产业的基础上，2001 年由国家科技部、国家发展和改革委员会批准，建设的第一个国家光电信息产业化基地。随着光通信、激光、消费光电子产品等领域核心企业的发展，到目前为止，"武汉·中国光谷"聚集了 7100 多家企业，其中高新技术企业 1600 多家，并逐步沿产业链不断延伸。从产业大类来说，光电子产业正从激光、光通信等投资领域向光存储、光显示、新一代移动终端等消费领域拓展；从小范围来说，也表现出同样的效应。例如，激光产业的发展，正从激光器、激光应用系统向激光加工产业（激光汽车零部件加工）发展；光通信产业在上游的下一代网络（next generation networks，NGN）、全光网络领域发展的同时，下游由光交换、光传输向光纤到户、软交换领域延伸。2004 年，"武汉·中国光谷"的光电子企业从 1999 年的 143 家迅速增加到 677 家。目前，在全球产业分工中，"武汉·中国光谷"光电子产业集群中核心企业的技术水平和产业规模都达到了世界先进行列。自 2001

年以来,"武汉·中国光谷"成长了一批具有核心竞争力的产业。2004 年,"武汉·中国光谷"的光电子产业规模达到 320 亿元,如长飞光纤光缆位居全球前 3 位,全球市场占有率达到 12%;武汉邮电科学研究院的光电器件位居全球第 6 位,全球市场占有率为 4%,整个"武汉·中国光谷"光电子器件的全球市场占有率为 6%,位居全球第 3 位;烽火通信的光传输系统居国内第 3 位,技术水平居全球前列;激光企业的技术也紧密跟随国际先进水平,差距不断缩小。而在国内市场中,2004 年,光纤光缆占全国市场的 50%,光电器件占 40%,光传输设备占 10%,激光设备占 30%。

更重要的是,"武汉·中国光谷"聚集了一批拥有自主创新能力的企业,目前,区内拥有专利的高新技术企业高达 500 多家。2004 年,申请专利 1500 多项,其中发明专利 700 项,占武汉当年发明专利申请总量的 60%。其中,属于光电子产业技术创新的重大专利有 8 项,如目前烽火通信推出了传输容量为 1.6TB/s 的传输系统,成功成为国际标准的 3 项 IP 网络技术标准等。

2. 研究设计和数据来源

根据我国国民经济行业分类与代码(GB/T 4754～2002)的分类标准,结合"武汉·中国光谷"光电子产业发展的实际,将其产业集群供应链的环节分为 7 类:光电子设备制造、光电子元件生产、光电子器件生产、软件生产、光电子消费品生产、分销和配套服务,见表 2.2。在实际中,企业的经营业务可能涉及集群供应链的多个环节,有时将某个企业归类到具体某个环节有些困难,因此,我们在数据处理时主要根据其业务占销售额比例的大小,或与其创新能力紧密相关的业务来进行判断归类。

表 2.2　光电子产业所属环节

光电子行业所属的环节	企业数/家	所占比例/%	含义
光电子设备制造	100	21.23	通信传输设备制造,通信交换设备制造,激光器设备,通信终端设备制造,移动通信及终端设备制造,其他通信设备制造
光电子元件生产	61	12.95	光电子元件及组件制造,印制电路板制造
光电子器件生产	58	12.30	电子真空器件制造,半导体分立器件制造,集成电路制造,光电子器件及其他电子器件制造,电线电缆制造,光纤、光缆制造,绝缘制品制造,其他电工器材制造
软件生产	86	18.29	包括与光电子产业相关的基础软件服务,应用软件服务

续表

光电子行业所属的环节	企业数/家	所占比例/%	含义
光电子消费品生产	43	9.12	光电子终端消费产品，包括手机、激光产品、存储器、MP3 等
分销	23	4.88	专业市场、销售渠道、专业销售企业
配套服务	100	21.23	研发、孵化、融资、物流
总计	471	100	—

用以检验本节研究假说的数据来源于三个方面：专利数据、企业数据和集群区域数据。大部分数据来源是与"武汉·中国光谷"的主要研究机构——东湖高新区战略发展研究院合作，从武汉市各个市局派驻东湖高新技术开发区的相关单位所获得的。其中，专利数据来源于武汉市知识产权局东湖高新技术开发区分局；企业性质和销售利税等数据来源武汉市工商局东湖高新技术开发区分局和武汉市国家、地方税务局东湖高新技术开发区分局。企业有两类信息需要作为分析模型考虑的原始数据：用销售额来衡量企业规模和企业主营业务，因为企业主营业务的确定是判定企业在整个供应链环节的依据。

在"武汉·中国光谷"光电子产业中，我们将属于光电子产业的 677 家企业作为选择样本，并对 677 家企业所有的专利数据、企业数据和集群区域数据进行了一一匹配，将数据存在缺漏，以及数据在调查中有很大误差，存在争议的企业剔除开来。同时，还考虑到在这个过程中，规模非常小的企业，在技术创新中创新概率非常小，为了防止检验发生偏差，故将其忽视。另外，我们将企业成立的年限加入考虑范围，研究的样本企业必须是在 2002 年之前成立的企业，因为企业成立的年限过短，集群对其产生的外部性所引起的创新影响较小。对于一些被兼并和重组而成立的新企业，由于以前的数据也延续到新企业，其以前技术创新的信息也包含在新企业中，不会影响到检验结果的偏差。最终，符合要求上述要求的企业为 471 家，这作为我们实证分析的样本数。同时，为了研究的需要，我们选择了位于"武汉·中国光谷"的非光电子产业。属于高新技术产业的其他企业，也通过同样的筛选方法，得到的分析样本数为 233 家。

在"武汉·中国光谷"光电子产业集群供应链中，根据企业数量（表 2.2）可以发现，光电子设备制造环节的企业和配套服务环节的企业数量最多，均为 100 家；其次是软件生产环节的企业，为 86 家，三者加起来几乎占到"武汉·中国光谷"光电子行业企业的大半，占总样本比例的 60.75%。而且，光电子消费品生产环节和分销环节的企业数量较小，其比例分别为 9.12% 和 4.88%，但光电子设备制造、光电子元件生产和光电子器件生产环节的企业数量较多，所占比例分别为 21.23%、12.95% 和 12.30%。在调查的样本企业中，绝大多数企业是没有专利的，在 1992 年到 2002 年期间，没有申请专利的企业为 87.0%，见表 2.3。本节在研究时，没有考虑这些企业专利的分类，虽然不同的专利其创新层次和深度不一样，但在这里我们将它们同等看待。专利的数量与企业创新潜力及能力是密切联系的，往往创新数量多的企业，其创新的技术深度也强，这在一些创新很强的大企业中得到了验证。

表 2.3　1992～2002 年光电子企业申请专利的数量统计

单个企业专利数	企业的数量/家	比例/%
0	410	87.0
1	21	4.5
2	18	3.8
3	10	2.1
4	5	1.0
5～9	3	0.6
10～19	4	0.8
20～29	2	0.4
30～39	3	0.6
40～49	1	0.2
50～99	2	0.4
100 及以上	1	0.2
总计	471	100

3. 实证模型和变量定义

本节考虑选择的模型为较为适合离散计数的负二项回归模型（negative binomial regression）或泊松回归模型（Poisson regression），但考虑到泊松回归模型将条件期望值和期望方差作为相等处理，这会将集群供应链各个环节的差异忽略，所以，本节选用了负二项回归模型作为实证分析的模型。本节的计量模型在很大程度上借用了 Beaudry（2001）、Baptista 和 Swann（1999）的方法。实证模型中的因变量，是样本企业 1992～2002 年的专利数，因为企业专利数是一个有限正整数变量，而且对绝大多数企业来说，其创新的专利数为零，如果使用简单的回归分析将会使检验的结果生产偏差，所以负二项回归模型是一种较为合适的方法，模型等号右边包含有光电子集群企业的微观和行业区域环节的中观相关变量。

负二项分布是一种离散型分布，该分布有两个参数，即 μ 和 k^2。其中，μ 为期望计数；k 为聚集指数，是用来衡量分布的离散程度的，即聚集趋向程度。k 值越小，分布的方差与均数的比值就越大，负二项分布的概率函数如下，其中 $Y=0$，1，…。

$$p(Y) = \frac{\text{Gamma}(Y+k)\left(\dfrac{\mu}{k}\right)^Y}{\text{Gamma}(Y+1)\text{Gamma}(k)\left(1+\dfrac{\mu}{k}\right)^{(Y+k)}}$$

一般认为，有聚集的线性样本或方差大于均数的样本，可以尝试拟合负二项分布。实际中，负二项分布常用于描述生物在空间、时域的聚集性，如螺钉在土壤中的分布、昆虫的空间分布等；在医学和车祸等方面的应用也有报道；在经济管理领域也有应用。

如果设 y_i 为某事件发生的计数，计数受诸多因素的影响，假设计数呈负二项分布，那么负二项回归模型定义为

$$\ln \lambda_i = \beta_0 + \beta_1 x_{i1} + \beta_2 x_{i2} + \cdots + \beta_j x_{ij} + \sigma \varepsilon_i$$

其中，λ_i 为变量 y_i 的期望计数；x_{ij} 为解释变量；β_j 为相应的回归系数，$j=1, 2, \cdots, k$；$\sigma \varepsilon_i$ 为误差项。

基于此，本节所用实证模型的基本模型为

$$\begin{aligned}
\text{Patent}_c &= \beta_0 + \beta_1 \text{TURNOVER}_c + \beta_2 \text{OWNTURN}_i + \beta_3 \text{OTHERTURN}_i + \beta_4 \text{PAT}_{prev} \\
&\quad + \beta_5 \text{KACCUMCOMPANY}
\end{aligned} \quad (2.1)$$

在式（2.1）的右边影响集群技术创新的微观企业相关变量中，其主要变量为企业规模。虽然企业规模对企业创新的影响，还没有达到盖棺定论的地步（Cohen，1995），但是企业规模可以反映出集群供应链某个环节企业的实力大小，也可以从侧面反映出集群的 MAR 外部性。在基本模型式（2.1）中，考虑到分析对象是高新技术的光电子行业，Beaudry（2001）、Baptista 和 Swann（1999）用企业员工的人数来衡量高新技术企业规模的大小似有不妥之处，因为高新技术人员相对较少，特别是有些企业创新与人员数可能成反比，故本节使用企业 1992~2002 年的平均销售额来进行测度（TURNOVER）。另外，仅凭企业的规模优势，不能很好地反映企业在技术创新方面的差异性。例如，如果两家企业在样本期间的专利数都为10，而且规模（平均销售）相差不大，那么企业的创新差异性就很难判定。但由于企业创新需要知识积累，它是一个知识积累的过程，如果从实证样本期的短期来进行判定是不符合实际的，因为积累强的企业其创新持续性好于积累性差的企业，所以我们使用企业以前的创新信息来说明企业创新基础，这能反映出集群不同创新企业的差异。所以，本节用了两家企业相关的控制变量，第一个控制变量为样本前期单个样本企业的知识积累，它是指 1985~1992 年（"武汉·中国光谷"成立的基础是在 1985 年全国第一个民营激光企业——楚天激光集团，后来 1988 年与荷兰菲利普合作成立的长飞光纤光缆有限公司）样本企业的专利总数，随时间老化性，假定知识积累按每年 0.3 的递减衰退（KACCUMCOMPANY）。第二个控制

变量为哑变量（dummy variable）。如果涉及企业以前的创新活动，那么以前具有创新活动则为 1，否则为 0（PAT_{prev}）。这里需要指出的是，这些在基本模型式（2.1）中的变量是用来控制企业之间创新差异的，所以，包含单个企业以前创新信息变量的负二项回归实证模型，就很好地解决了企业过于离散和企业创新具有差异化的矛盾。

除了微观的企业变量外，还包括集群区域变量。首先是衡量集群区域内整个光电子行业实力的变量（OWNTURN），它是通过样本初期样本企业的总销售额来衡量的；其次考虑到集群供应链中其他高新技术行业对光电子行业的影响，我们也用变量（OTHERTURN），也就是用其他行业总销售额来衡量其实力的大小。

对基本模型式（2.1）进行上述的实证检验分析是不够的，为了说明问题，还需按下面的步骤进行进一步分析。

首先，将两个集群区域变量加入其中，一个是光电子行业所有企业以前创新信息的知识积累（KACCUMOWN）；另一个是除光电子行业外，其他所有行业企业以前创新信息的知识积累（KACCUMOTH），故在式（2.1）的基础上演变为

$$\begin{aligned} Patent_c = {} & \beta_0 + \beta_1 TURNOVER_c + \beta_2 OWNTURN_i + \beta_3 OTHERTURN_i \\ & + \beta_4 KACCUMOWN_i + \beta_5 KACCUMOTH_i + \beta_6 PAT_{prev} \\ & + \beta_7 KACCUMCOMPANY \end{aligned} \quad (2.2)$$

然后，将光电子行业中，具有创新的企业和非创新的企业分开，对非光电子行业的企业也按具有创新的企业和非创新的企业分开，对式（2.1）进行调整分析，得到

$$\begin{aligned} Patent_c = {} & \beta_0 + \beta_1 TURNOVER_c + \beta_{2a} OWNTURN_{inn} + \beta_{2b} OWNTURN_{non} \\ & + \beta_{3a} OTHTURN_{inn} + \beta_{3b} OTHTURN_{non} + \beta_4 KACCUMCOMPANY \\ & + \beta_5 PAT_{prev} \end{aligned} \quad (2.3)$$

最后，对光电子行业集群供应链的六个环节进行分析，考察集群供应链组织衍续对集群技术创新的影响，在式（2.1）的基础上进行调整，得到

$$\begin{aligned} Patent_c = {} & \beta_0 + \beta_1 TURNOVER_c + \beta_{2a} OWNcomponent\&parts + \beta_{2b} OWNsoftware \\ & + \beta_{2c} OWNproduction + \beta_{2d} OWNdistribution + \beta_{2e} OWNservice \\ & + \beta_3 OTHTURN_i + \beta_4 KACCUMCOMPANY + \beta_5 PAT_{prev} \end{aligned} \quad (2.4)$$

2.1.5　分析和结论

1. 分析

对于产业集群的创新性分析是从式（2.1）和式（2.2）出发的，表 2.4 中的两列

系数分别是式（2.1）和式（2.2）的负二项分布回归系数。从式（2.1）的回归系数可以看出，在不考虑"武汉·中国光谷"光电子产业集群本行业及其他行业的知识积累，不考虑集群在供应链组织衍续所形成的不同链节企业对技术创新所引起的差异的情况下，单纯从集群企业角度分析发现，集群企业的相关变量与技术创新呈正效应关系，用以反映集群企业规模的变量平均销售额（TURNOVER）的相关变量为 0.704，表现出正相关。而另外一个变量——企业知识积累（KACCUMCOMPANY）虽然为正，但其相关度较弱，只有 0.513。但实证得出，企业的技术创新是一个积累的过程，需要一定的时间和市场的摔打才能形成，当然这种积累在集群中更能得到实质性的提高，所以创新知识积累多的企业比知识积累少的企业的创新能力更强。这种趋向被另外一个变量——在样本期前是否有创新活动的哑变量（PAT_{prev}），进一步证实与集群企业技术创新呈正效应，以及技术创新有积累性，哑变量系数为 0.023。

表 2.4　集群对技术创新影响的基本回归分析

变量	式（2.1）的回归系数	式（2.2）的回归系数
TURNOVER	0.704[a] (0.028)	0.397[a] (0.027)
KACCUMCOMPANY	0.513[a] (0.412)	0.410[a] (0.342)
PAT_{prev}	0.023 (0.11)	0.017 (0.012)
OWNTURN	−0.016 (0.24)	−0.166[b] (0.25)
OTHERTURN	−0.025	−0.281[b] (0.22)
KACCUMOWN	—	0.027[c] (0.024)
KACCUMOTH	—	0.031[b] (0.75)
Constant	−1.100 (0.697)	−0.017 (0.769)
α^2	7.147[a] (0.319)	7.097[a] (0.317)
样本数	471	471
Log-Likelihood	−7274.1	−7268.7
Likelihood ratio	11632.1	11525.5
Test of $\alpha=0$	—	—
Pseudo R^2	0.214	0.216
Likelihood ratio test	3982.4	3993.1

注：a，b，c 分别表示显著水平为 0.01，0.05 和 0.1

上述从微观企业变量进行考察，对集群技术创新的影响表现出正效应，而式（2.1）的两个中观集群相关变量却相反，对集群技术创新呈现出负效应关系，虽然较弱。其中，"武汉·中国光谷"的主导行业光电子行业的总销售额（OWNTURN）系数为–0.016，非光电子行业的企业总销售额（OTHTURN）系数为–0.025，这表明"武汉·中国光谷"主导的光电子行业和非光电子行业产业集中度对集群技术创新的影响很微弱。当然，这种结果是从行业的销售额或生产能力大小来衡量对集群技术创新能力影响的，虽然这有一定的说服力，但对于属于高新技术的光电子产业集群"武汉·中国光谷"来说，更能反映出集群集中度是其各个行业中集群创新知识积累的集中度，而不是集群生产能力集中度。

式（2.2）是在考虑产业集群主导光电子行业及其他行业知识积累的情况下，由式（2.1）演化而来的，由表 2.4 中式（2.2）的回归系数可以看出，增加的两个变量——光电子行业企业创新知识积累（KACCUMOWN）和非光电子行业企业创新知识积累（KACCUMOTH），它们与集群企业技术创新呈正效应，系数分别为 0.027 和 0.031。而这时的光电子行业和非光电子行业，用以反映其规模的销售额或生产能力的系数分别变为–0.166 和–0.281，表现出与集群企业技术创新的负效应，这是由于高新技术产业集群中创新知识集中度和生产能力集中度这两种集中度同时作用于集群。而这时反映集群企业规模的集中度，在创新知识集中度影响下，其回归系数进一步变小，对集群创新起到负面作用，因此可以认为，产业集群创新知识集中度比生产能力集中度更有利于集群技术创新。这也证明了假设 2.2a 和假设 2.2b 的成立，说明集群企业的简单聚集不一定为集群企业的技术创新带来正面效应，而带来正面效应的是技术创新知识的聚集。另外，主导光电子行业的知识积累集中度系数较小，并且影响力小于其他非光电子行业知识积累对产业集群的影响，这说明"武汉·中国光谷"的初步发展阶段仍然缺乏创新性强的企业，其创新的源头较为分散，表现为产业集群技术的专业化程度不高。

创新的知识积累和集中度的重要性，使式（2.1）中的光电子行业和非光电子行业中具有创新行为的企业从中分离出来，分别形成两个部分，在进行分析时发现，不管是企业知识积累变量（KACCUMCOMPANY），还是企业以前是否具有创新行为的哑变量（PAT_{prev}），都表现出相同的结果，即光电子行业和非光电子行业的创新企业板块对集群创新呈正效应，因为它们的系数 $OWNTURN_{inn}$ 和 $OTHTURN_{inn}$ 为正（表 2.5）。而非创新企业板块对集群创新则呈负面影响，这与式（2.1）中将两个行业的创新和非创新企业混为一体进行分析时，都呈现出对集群技术影响的负相关相比（因为它们的系数 $OWNTURN_{non}$ 和 $OTHTURN_{non}$ 多为负数，见表 2.5），更能揭示在产业集群中创新企业都会对技术创新生产积极影响。

表 2.5　集群创新企业和非创新企业对技术创新影响的回归分析

变量	式（2.1）的回归系数	式（2.2）的回归系数
TURNOVER	0.827[a] 0.024	0.498[a] 0.45
KACCUMCOMPANY	—	0.508[a] 0.444
PAT_{prev}	—	0.032[a] 0.44
$OWNTURN_{inn}$	0.024 0.58	0.021 0.445
$OWNTURN_{non}$	−0.077[b]	−0.054[b] 0.01
$OTHTURN_{inn}$	0.013 0.023	0.011 0.14
$OTHTURN_{non}$	−0.093	−0.113[a] 0.55
Constant	−2.636[a] （0.617）	1.149[a] （0.704）
α^2	11.889 （0.459）	6.532 （0.293）
样本数	471	471
Log-Likelihood	−7633.7	−7152.2
Likelihood ratio	25759.2	11392.4
Pseudo R^2	0.176	0.228
Likelihood ratio test	3263.0	4226.1

注：a，b 分别表示显著水平为 0.01 和 0.05

　　在产业集群发展的初期，创新企业的总体创新能力未能真正超过非创新企业所带来的负面效果，这提示我们在发展高新技术产业集群的初期，创新性企业的引入比非创新性企业的引入要好；主导行业企业的引入比非主导行业企业的引入要更有积极意义。

　　为了方便进一步考察集群供应链组织衍续对产业集群技术创新的影响，对"武汉·中国光谷"光电子主导行业的七个环节进行归并，将光电子行业中的光电子元件生产和光电子器件生产合并为一个环节；将分销和配套服务环节合并为一个环节。也就是将 OWNTURN 分为：OWNcomponent&parts、OWNmachine、OWNsoftware、OWNproduction、OWNdistribution&service 五个分析环节，分别考察这五个环节对产业集群技术创新的影响，即集群式供应链组织衍续对集群创新的作用。从表2.6中可以看出，光电子元、器件生产环节、光电子设备制造环节、分销及配套服务环节的回归系数为正，呈现出对技术创新的积极影响，特别是光电子元件生产环节和光电子器件生产环节的影响最大。但其他环节的软件生产环节和光电子消费品生产环节的回归系数为负，即对集群技术创新产生负面影响。从上述分析中，只有集群式供应链部分环节对集群技术创新有积极影响，这并不能说明集群式供应链组织衍续的完整性对集群创新产生正面影响。但是如果仔细分析每个环节企业的数量就会发现，对集群技术创新产生正面效应的环节往往是企业数量多，创新企业强的环节——光电子元、器件生产环节和光电子设备制造环节，而对于分销及配套服务环节的企业，虽然企业数量较多，但其创新性弱于上述两个环节。而其他环节作为光电子行业的外层辅助协作环节，还没有软件生产环节、光电子消费品生产环节与光电子产业核心部分联系紧密，但对集群技术创新却表现出正效应，这也从侧面说明了集群式供应链任何一个环节，对集群创新性均存在影响。由此，没有理由不相信集群供应链组织衍续的完整性对集群技术创新影响不大于非完整集群式供应链所生产的"1+1＞2"的效应。

表 2.6　集群供应链组织衍续对技术创新影响的回归分析

变量	式（2.1）的回归系数	式（2.2）的回归系数
TURNOVER	0.881[a] 0.55	0.743[a] 0.69
KACCUMCOMPANY	—	0.028[a] 0.33
PAT$_{prev}$	—	0.012 0.75
OWNcomponent&parts	0.039 0.44	0.023 0.022
OWNmachine	0.011 0.204	0.014 0.446
OWNsoftware	−0.130 0.691	−0.078 0.145
OWNproduction	−0.270 0.32	−0.220 0.55
OWNdistribution&service	0.027 0.22	0.022 0.45
OTHTURN	−0.14 0.001	−0.26[b] 0.021
Constant	−1.100 (0.697)	−0.017 (0.769)
α^2	7.147[a] (0.319)	7.097[a] (0.317)

续表

变量	式（2.1）的回归系数	式（2.2）的回归系数
样本数	471	471
Log-Likelihood	−7274.1	−7268.7
Likelihood ratio	11632.1	11525.5
Pseudo R^2	0.214	0.216
Likelihood ratio test	3982.4	3993.1

注：a，b 分别表示显著水平为 0.01 和 0.05

2. 结论

高新技术产业集群式供应链组织衍续，对集群技术创新存在影响。这种影响在高新技术产业集群初期是一种 MAR 外部性，主要是由于在产业集群发展初期主导产业还没有形成完整的供应链组织形式，更多的是通过集群供应链主导行业的整体来推动产业集群技术创新的发展。当然，主导行业在推动集群技术创新发展时，非主导行业的创新性企业对集群技术创新依然产生积极作用。另外，集群技术创新中，并非所有属于主导行业的企业对集群技术创新都带来正面效应。有时恰恰相反，没有创新性的主导行业聚集在产业集群中，一方面使集群地域显得过于拥挤，导致土地成本、交易成本上升；另一方面，这些没有创新的企业聚集在一起生产同质的、低技术含量的产品，形成企业之间的恶性竞争，扰乱集群地域市场信誉，使集群区域品牌受到负面影响，从而波及技术创新性强的企业进入或影响其生存和发展的空间。另外，企业对集群技术创新的推动作用，或对产业集群发展升级的作用，并不是以该企业的市场规模或者其生产能力来衡量的。对于高新技术产业集群来说，企业的大小是次要的，最主要的是企业的创新活力和创新行为，这对高新技术产业集群所在的当地政府来说，在发展过程中不是要"贪大贪全"，而是要做到"求新求精"。

在高新技术产业发展到一定阶段，向主导行业的核心技术环节跃迁过程中，其产业集群的供应链组织衍续将起到主导作用，这时表现出来的是一种 Jacobs 外部性，这时集群供应链的各个环节都将对集群技术创新都产生正面影响，特别是越完整的集群供应链本地一体化，越能产生聚集作用。当然，不完整的集群供应链组织衍续产生的技术创新影响，并不是对每个环节都表现出积极影响，有时可能产生负面作用，负面作用主要是该环节成为集群技术创新发展的"瓶颈"，从而阻碍了技术创新的发展。这也从侧面反映出另外一个问题，就是集群主导行业的企业技术创新性和集群式供应链组织衍续的完整性都对集群技术创新起到了重要作用，前者已经被大多数人所认识；而集群式供应链组织衍续的完整性对集群技术创新的影响,人们认识的却较少。所以,这里强调的是集群式供应链组织衍续的完整性对集群技术创新的重要作用。

本节还存在着很多有待改进的地方,首先,没有将集群式供应链组织衍续和集群主导行业的创新企业分别加以分析,找出哪个影响较为显著,在什么时候存在这种情况?其次,没有通过比较方式将高新技术发展较为发达的产业集群和处于发展初期的高新技术产业集群进行比较,分析集群式供应链组织衍续完整的产业集群和组织衍续不完整的产业集群在对产业集群技术创新发展时所表现出来的差异。

2.2　基于知识流转的集群式供应链技术创新网络分析

2.2.1　集群式供应链技术创新网络的特征

集群式供应链是一种新的技术创新网络组织形式。根据集群式供应链的特点,可以看出集群式供应链技术创新网络具有如下一些特征。

1. 以信任为基础

技术创新是集群式供应链中企业核心竞争能力形成的重要内容,为了提升和维护企业的核心竞争能力,单个企业往往不愿将技术诀窍、技术方法等技术成果公布于众或与合作伙伴分享,以免自己丧失这种特有的能力而在竞争中处于弱势。因此,集群式供应链的网络组织进行技术创新时,相互高度信任是非常重要的。信任在网络组织中被认为是一种治理方式,有了信任做前提,机会主义及其带来的技术创新风险才能被降到最低限度,竞争合作的技术创新方式才能得以维系。

2. 以核心企业为驱动力

技术创新需要广泛的专业支持,集群式供应链的创新网络不管是政府主导还是自发形式,不管是紧密型还是松散型,都存在核心主导企业。这些核心企业提供着技术创新的后台,通过网络组织中处于行业价值链不同环节的企业,利用自己的专业优势获取技术创新在整体上的突破,以达到技术创新的连续性和系列性,来缩短技术创新周期。如果没有核心企业提供的技术后台,集群式供应链技术创新网络会因缺乏技术基础底蕴和技术持续创新前景,而导致合作动力不足,创新网络就有随时夭折的可能。同时,技术创新网络是非法人结构,除了彼此信任外,还需要核心企业通过有效的规章和公正的程序来协调和整合。

3. 以提高核心竞争力为目的

集群式供应链创新网络中，每个成员企业能从网络中分享利益，从而使自己技术创新提升到通过自身的努力难以达到的水平。各成员企业通过交流、学习和合作，利用各成员企业技术创新资源，包括人才、资金、设备、技术专利、技术诀窍等，互通有无，提高资源和知识的协同效应来形成和巩固自身的核心竞争力。

4. 以动态开放性为表现形式

集群式供应链技术创新网络组织形式不同于一般群体组织形式，它由许多技术单元企业组成，其纵向维度企业间具有技术竞争性，横向维度企业间具有技术互补性。因此，集群式供应链技术创新网络结构和功能的形成不可能一蹴而就，技术的创新不仅需要不同专业技术成员的加盟，还需要供货商、销售商及用户的参与。动态性和开放性能保证技术创新网络与外界保持信息、知识的交流和沟通，不断优化和扩大合作伙伴和合作水平及规模，形成真正既竞争又合作的网络式结构，否则，集群式供应链技术创新网络就会沦为一个没有活力的单元个体。

2.2.2　集群式供应链与技术创新战略组织形式

1. 集群式供应链技术创新网络与交易成本费用

技术创新是一种企业经济行为，也是一项风险投资活动，预期收益的多寡、交易成本的大小和风险的高低都会影响技术创新的全过程。威廉姆森（D. E. Williamson）的交易成本理论认为，商品（包括技术和知识）具有资产专用性高，交易不确定性大，交易频率频繁，并且存在高额交易成本等特点。依靠市场或企业的方式对技术进行创新和交易并不一定是最佳途径，其创新交易成本费用往往高于介于市场与企业之间的创新交易方式——网组织方式。另外，随着时代的发展，创新投入费用成倍增长，企业创新风险也陡增，根据美国盖普勒调查公司的调查发现，技术创新从研制成功到被市场接受，并能为企业创造价值的概率只有10%～30%。利用集群式供应链网络组织形式，在信任的基础上通过适度规模和对网络的有效管理，可以达到降低企业技术创新成本费用、分散技术创新风险的目的，避免企业单独面临高额的技术 R&D 费用和潜在风险。虽然集群式供应链技术创新网络是依赖规模来获取低成本的，但其规模不能过大也不能过小，过小难达到降低成本，化解风险的目的；过大则容易引起对网络管理的协调难度，降低技术创新所带来的边际收益，最终影响技术创新成员的预期利润水平。

2. 集群式供应链技术创新网络与资源互补

集群式供应链技术创新依赖于企业所拥有的资源，企业可以说是不同种类资源的集合体，一般来说，可将资源划分为以物料、机器设备、资金等组成的以产权为基础的显性资源，以及以信息获取能力、技术知识、组织文化、企业品牌等以知识为基础的隐性资源。企业的技术创新需要以上两个方面的充足资源作为保障。任何一家企业，无论大小，它所拥有的资源是有限的，难以满足技术创新的需求，且一家企业所拥有另一家企业所缺乏的资源，对于这两家企业来说，往往具有不可流动性、不可触摸性和不可替代性，尤其是那些隐性、互补性资源更是如此。集群企业只有通过集群式供应链技术创新网络的途径来获取优化资源，使资源的价值达到最大化。Glaister 和 Buckly（1996）研究发现，获得互补资源是企业形成网络组织的原因，而不是分担风险或是形成经济规模的需要。这从侧面反映出集群企业组建集群式供应链技术创新网络的动因之所在。因此，只有通过协作和合作创立集群式供应链技术创新网络，资源在创新网络中的使用价值才能超出被售出或内部使用的价值。

3. 集群式供应链技术创新网络与组织学习

集群式供应链技术创新网络有效地为企业创造一个便于技术知识分享、合作的环境，通过人员的交流、不同技术交叉、不同知识内化，将技术创新知识有效地移植到各成员企业中，进而更新或强化企业的核心技术能力。集群中的单个企业作为一个学习型组织，可以通过内部"干中学""用中学"，但其学习效率和学习速度却远低于集群式供应链技术创新网络组织的"组织合作中学""知识溢出中学"等途径。集群式供应链技术创新网络的动态开放性，使组织学习层次从单环学习方式升华到双环及三环学习方式。这就是说，在竞争合作环境中，各成员企业从不断调整组织的策略和行为，到进一步实时调整组织结构和学习方法来满足技术创新的要求，这样才能循环不断地提高系统技术创新能力，提高系统的竞争优势。

2.2.3 集群式供应链技术创新网络的隐性知识流转

1. 隐性知识是技术创新形成核心竞争力的基础

在整个集群式供应链技术创新网络资源体系中，知识被认为是最有价值的战略性资源。知识已经替代劳动力、物资、资金、信息等成为第一生产要素，只有知识才是企业维持长久竞争优势的一切来源，技术创新正是通过企业内外知识的识别、获取和流动转化形成的。知识可分为显性知识和隐性知识，在技术创新中所学习和利用的显性知识只不过是冰山一角，而真正在技术创新中起主导作用的是隐藏于水面下的冰山——隐性知识。显性知识很容易通过文字和数字表达，容易被掌握理解、传播和共享；而隐性知识是高度专有，很难确切表达的，是由理念、信念、心智和组织文化组成的，不易被模仿。隐性知识在技术创新中所起的主导作用和难于学习的特点，与 Prahald 和 Hamel 将核心竞争力定义为有价值、不可完全模仿、不能完全替代和独特性的资源和能力的特点相耦合。因此，集群企业通过集群式供应链创新网络隐性知识流转获得技术上突破的过程，其实是企业获得核心竞争力的过程。在集群式供应链技术创新网络中，隐性知识的流动转化对企业取得技术创新和核心竞争优势就显得尤为必要和重要。

2. 集群式供应链技术创新网络中隐性知识流动转化结构模式

集群式供应链网络组织中，技术创新源于隐性知识和显性知识两类知识的相互作用和相互转化，而隐性知识流动转化是技术创新的起点和关键。集群式供应链技术创新网络作为一个开放动态的组织，其隐性知识的流动转化存在着三个递进的层次，基于此，形成了技术创新网络中隐性知识流动转化的结构模式，如图 2.1 所示。

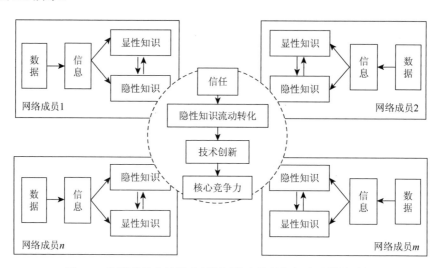

图 2.1　集群式供应链技术创新网络中隐性知识流动转化结构

（1）企业内隐性知识挖掘识别层。隐性知识依附于载体，存在企业员工头脑中，在发挥其潜能之前，需企业技术人员对数据进行分析、校对、总结，得出有价值的信息。并在此基础上，通过联系上下文、融入经验、翻译、讨论，从信息中识别和挖掘出隐性和显性知识。

（2）企业内隐性知识流转层。在企业内部隐性知识的流动转化包括三种方式。①隐性知识在企业内不同个体之间的转移、共享和转化，如技巧、诀窍、技能等通过不断模仿、实践和学习来实现隐性知识到隐性知识的流转。②隐性知识向显性知识流转。这种方式是通过有效的手段将难以表达的隐性知识表达出来，如用符号、比喻等实现隐性知识的外化（externalization）。③显性知识向隐性知识的流转，即知识的内化（internalization）过程。这是创新人员对显性知识的感悟和理性认识，是企业技术创新的第一步。

（3）集群式供应链技术创新网络内隐性知识流转层。在充分挖掘网络各成员企业隐性知识的基础上，基于互信的原则下，将具有互补性的各企业隐性知识进行交叉传播。隐性知识可以在集群式供应链技术创新网络中，各企业不同层次知识主体之间流动转化，也可以在集群式供应链技术创新网络外流动转化，使不同主体的隐性知识发挥出各自原有企业难以实现的价值。

隐性知识流转的上述三个层次其实也是技术创新网络中实施隐性知识管理的步骤，缺少这三个层次其中的任何一个环节，集群式供应链技术创新网络就难以发挥隐性知识在技术创新中的作用，也不可能带来技术创新及其形成的核心优势。

3. 集群式供应链技术创新网络中隐性知识流动转化的运作手段

集群式供应链技术创新网络的建立为隐性知识流转提供了一个平台，但隐性知识不同于显性知识能用精确的文字、定理、数据及公式等直接表达出来。在实际中，难以对隐性知识进行识别、存储、交流和学习，并且隐性知识具有即时性、个体性和依赖于载体性。另外，隐性知识拥有者往往存在垄断和独占的心理，因此，隐性知识在技术创新网络中的流动转化必然存在障碍，需要为之设计一套运作手段和相关制度。

首先，营造良好的跨组织文化。打破不同企业间的互相猜疑和不信任感，消除彼此在知识管理中存在的冲突和偏差，树立相互信任、合作精神和共赢观念，形成各成员企业和技术创新人员对技术创新网络的认同感、归属感和责任感。在技术创新过程中，要容许技术创新人员"干错"的行为，但绝不容忍"不干"的行为。

其次，设计出促进隐性知识流动转化的激励机制。由于隐性知识的流动转化所产生的技术创新是螺旋上升式的，有失败和周期跨度大的可能，故不能单纯从结果上进行衡量。而要将整个过程作为对象，通过规范的考核体系，将隐性知识在流动转化过程中的表现行为、态度及结果加以评价，通过物质和精神上的激励措施，对那些贡献出隐性知识的员工、团队和部门进行相应的奖励。

再次，搭建有利于隐性知识流动转化的扁平式平台。传统的金字塔式的管理组织模式存在知识传递层次多、响应慢的问题，不利于隐性知识"人到人"的直接交流。因为隐性知识间接交流是一种"人到文档再到人"的交流，脱离了隐性知识所依赖的载体，造成了隐性知识的失真，特别是对于多主体构成的技术创新网络，传统的金字塔模式对实现隐性知识无障碍流转来说是一个无法克服的矛盾。而扁平式结构平台的开放、交互、网络的特性，为依附于众多主体的隐性知识交流的快捷、无障碍进行提供可能。

　　最后，为隐性知识的载体——人，包括各环节的人员（零售商、用户、竞争对手、网络组织成员等），提供各种交流方式，包括面对面、网络上的 BBS、聊天室等。鼓励员工提出看法，并组织员工进行观摩、竞赛、讨论、培训等，使得隐性知识的流转成为一种日常活动，为技术创新网络的技术创新行为提供有力保障。

第3章 不同合作模式下基于单链的集群式供应链技术创新补贴模型

3.1 国内外文献综述

3.1.1 技术创新内涵及相关研究

技术创新是指一种新工艺或新产品的产生过程，从研发、生产到销售的一系列过程的总称。美籍奥地利经济学家熊彼特将企业创新归纳为三个方面：管理创新、技术创新和组织创新。企业创新具体表现在五个方面：获得一种原材料或半成品的新供给来源；采用一种新生产方法；提供一种产品的新质量或引入一种新产品；开辟一个新市场；实施一种新组织构架。技术创新作为一个生态系统，为了保持系统的生机与活力，必须要与外界不断地进行物质、能量和信息的交流。蔡铂和聂鸣（2002）认为技术创新的实质是知识的创造过程与应用过程，企业技术创新的成功不只取决于它内部的研发活动，还取决于企业自身与外部其他机构间的相互作用。Freeman 和 Rothwell 认为创新不是单个企业的活动，与外部知识资源的关联同样是创新的主要因素，即网络与系统整合是创新的重要动力。

社会资本在企业创新中具有重要作用。技术创新不是涉及单个企业的行为，而是众多企业基于信息和知识交流的相互融合作用，依靠自身的资源进行技术创新，所获技术通过技术外溢效应转化为其他企业的新技术。技术外溢效应造成了社会上一些企业"搭便车"的心理，使技术成果不能完全归研发投资企业所有，这使得许多企业不愿过多地投资技术创新活动。而且技术创新的高投资、高风险、长周期，使一些企业不敢投资创新活动。但技术创新作为企业竞争力的源泉又使企业不得不投入，于是社会上越来越盛行技术研发联盟。所谓技术联盟是指由两个及以上有同等经营实力和共同战略目标的企业，通过各种协议或契约而结成优势互补、风险共担及生产要素双向或多向流动的一种合作模式，以达到由技术创新而拥有市场、共同使用研发资源等战略目标。

3.1.2 链内激励下技术创新的研究

王冰和张子刚（2003）以供应链内制造商对供应商的创新活动提供研发补贴、

降低自身成本为前提，构建了一个供应商和一个制造商的供应链合作创新模型，分析了供应链企业合作创新的条件，并得到了一个合作区间。该研究得出，制造商的补贴对供应商参与创新具有激励作用，并且在不同的市场需求结构下，价格需求弹性对供应链的稳定性有重要作用。李勇等（2005）构建了供应链单链中供应商和制造商进行新产品合作研发的博弈模型，并采用 Rubinstein 的讨价还价模型来分配剩余利润，获得了最优的可行帕累托有效合作新产品的研发方案。该研究还得出在同时行动非合作博弈时，制造商不会提供补贴给供应商。而在序贯行动非合作博弈时，当制造商与供应商边际效益比值较高时，制造商会给供应商提供补贴；当该比值较低时，制造商不会给供应商提供补贴。艾凤义和侯光明（2004）针对供应链网络中一个下游垄断企业和多个上游寡头企业组成的二层市场结构进行了分析，对由上下游共同投资、下游研发的合作模式，提出了两种成本分担机制和一种收益分配机制。

　　不同于以往仅从研发阶段来研究合作研发的问题，也不同于以往仅以单一供应商及制造商为主体来建模，本章把供应商数量拓展到两个，更系统地研究了企业从研发阶段到产出阶段的决策过程。并依据供应链企业的不同合作模式，给出了不同合作关系下供应链企业从研发阶段到产出阶段的最优决策方案。

3.1.3　风险投资下技术创新的研究

　　关于风险投资，国外许多机构有各自的定义。风险投资是指以高新技术为基础，生产与经营技术密集型产品的投资。美国风险资本协会（National Venture Capital Assiation，NVCA）定义的风险投资为：由职业金融家投入到迅速发展的、新兴的、具有巨大竞争潜力的企业中的一种权益资本。经济合作与发展组织（Orgnization of Economic Cooperation and Development，OECD）对风险投资的定义有以下三种：一是专门购买在新技术和新思想上有特色的中小企业的股份，以促进这些企业成立的投资；二是向具有发展潜力的新建企业或中小企业提供股权资本；三是对以高科技知识为基础，生产与经营技术密集型的创新产品或服务的投资。英国风险资本协会（British Venture Capital Assiation，BVCA）认为，风险资本是对未上市企业注入的权益资本。欧洲投资银行（European Investment Bank，EIB）认为，风险资本是为了建立专门从事某种新技术生产或新思维的小型公司而持有一定股份的资本。美国企业管理百科全书定义的风险投资为：对不能从银行、股票市场和其他传统融资渠道获得资本的工商企业的投资行为。

　　国内对风险投资定义的讨论也众说纷纭。在风险投资的定义中，成思危（1991）对风险投资的定义较有影响力，他认为风险投资是对蕴藏着较大失败风险的高新技术研发进行投资，以期研发成功后获得高收益的商业投资行为。他对风险投资归纳出五大特点：有风险、长期投资、权益投资、组合投资、专业投资。另一种观点认为，风险投资是指，向具有成长潜力的科技型中小企业和高新技术企业提供股权资本，并为其提供咨询服务和经营管理，以期在被投资企业发展成熟时，通过股权转让获得中长期资本增值收益。上述观点也认为风险投资具有股权投资和高成长性，但它强调了咨询服务和经营管理的重要性。而这正是风险资本与其他任何形式资本的关键区别，管理和资本相结合是知识经济时代风险资本的独特性。

综合各家之言，目前对风险投资的定义表现在以下四个方面：第一，风险投资一般投资于新创企业及中小企业；第二，风险投资所投产业具有高科技、创新、高成长性的特征；第三，风险投资是一种权益投资；第四，在投资过程中风险投资会与咨询、管理相结合。

对于风险投资对技术创新和企业发展的作用，Kortum 等（2003）研究表明风险投资对企业技术创新的贡献是常规技术创新贡献的三倍。还有研究表明，风险投资可促进技术创新。Jeffry 等（1986）实证研究了风险投资对技术创新的促进作用，研究表明，风险资本家在早期培育技术和创新中具有举足轻重的作用。Richard 等（1988）的研究表明，风险投资提供帮助和资金给高科技企业，加快了美国科技革新的进程，并且与其他企业、大学的合作，增加了共同抵抗风险的能力，达到了双赢。John 等（2002）描述了风险资本的融资过程，指出了风险资本对创新的作用，并分析了创新中不同利益者的作用。

Barbara 和 Hosimt（2005）描述了技术创新和风险资本间的关系适应概念，指出风险资本可促进技术的快速创新，并有潜在的高回报。Bygrave 等（2001）研究了半导体、计算机硬件和无线三个高技术产业，得出高技术产业销售收入与风险投资存在正相关关系。Jain 和 Kini（1995）研究了有风险投资企业和无风险投资企业，发现有风险投资企业的现金流和销售额比无风险投资企业的相应指标增长更快。Hellmann 和 Puri（2000）研究了 173 家硅谷高新技术企业，发现风险投资可以增加企业上市的可能性，并且能缩短企业把产品推向市场的时间。

（1）控制权、股权分配与转移的研究。在对风险企业控制权的研究中，Dush-nitsky 和 Lenox（2005）发现，对创业企业进行股权投资，风险投资公司能获得潜在收益，并能推动创业企业技术进步。同时，他们还发现创业企业获得的风险投资的增多是与企业自身专利的增多呈正相关的。风险投资家对创业企业进行投资，会占有一定的股权，但还会要求得到一部分创业企业的控制权，以减少信息不对称，提高投资收益率，达到保护其利益的目的。风险资本家和风险企业在每一轮投资决策中都要谈判投资额度及控制权，因为控制权能对风险企业进行激励并使投资有效。Hellmann（1998）认为，控制权是一个完整整体，只能由其中一方完全拥有或者完全转移。Berglof（1994）基于现金流量权认为当风险企业经营状况好时，风险企业家拥有控制权；而当风险企业经营状况不好时，则风险投资家拥有控制权。Kaplan 和 Stromberg（2002，2003）实证研究得出，控制权是可分割的，并得出如果风险企业往期的经营状况良好，风险投资家会降低对企业的控制权；而如果经营状况不佳，为了获得下一步投资，风险企业家会转移部分控制权给风险投资家。安实等（2002）构建了风险企业家和风险投资家的效用函数，并对投资过程中控制权分配进行建模，给出了控制权分配的均衡解，分析了控制权在两者间分配的博弈过程。王培宏和刘卓军（2008）构建了多阶段风险投资的时序模型，归纳出风险投资各阶段的特点，并量化研究了控制权转移，得出各阶段从风险企业家转移给风险投资家的控制权范围。Kaplan 和 Stromberg（2002，2003）实证研究发现，创业者平均约占 30% 的权益，风险投资家约占 50%，其他投资者占 20%。

（2）风险企业资本结构的研究。在理想的世界中（无信息不对称、无税收），企业采用何种融资形式不重要，企业资本结构与企业价值无关，所以企业的财务结构没有特定模式，是随机离散的。但在市场经济高度发达的国家，高科技创业企业依靠风险投资家融资，企业外部权益资本中风险资本约占 2/3，由此可知创业企业是有特定的融资方向的。另外，一些学者在不同的信息条件下，运用双边道德风险模型研究了风险投资契约，并提出了不同的最优资本结构。

（3）双重道德风险与激励合同设计的研究。由张卫国等（2005）的研究可知，风险投资中双重道德风险表现在：风险投资家同时投资竞争者并给予其更多帮助；风险投资家为窃取风险企业的商业机密或技术而投资；风险投资家以是否继续投资作为威胁条件要提高利润率；风险投资家的投入不足；企业家不够努力；风险企业把资金投于风险过高的项目；风险企业为了得到投资而进行装饰；风险企业将资金投于无效益但有私人利益的项目等。William（1990）发现，风险投资家与风险企业间存在逆向选择问题和双重道德风险，风险投资家利用分段投资、股票期权等措施，激励风险企业努力，并减少双方信息不对称。Romano（1994）、Kim 和 Wang（1998）研究了代理人和委托人有不同风险偏好时的最优激励合同设计，但仅研究了单阶段投资过程。Neher（1999）研究发现，分阶段风险投资可解决套牢问题，能保证风险投资家的重新谈判能力。Kockesen 和 Ozerturk（2004）发现在分阶段投资中，风险投资家可利用首次融资协议，来防范企业的道德风险，避免企业获得风险投资的初期投资后，再寻找其他融资渠道而导致首位风险投资家的投资损失。赵炎和陈晓剑（2003）研究了短期信息不对称、短期信息对称、长期信息不对称、长期信息对称下的最优风险企业努力水平及最优合同设计，验证了隐藏的道德风险。郑君君等（2005）将监控信号引入委托代理模型，建立了最优股权激励模型，并得出了最优股权激励解的区间。

（4）其他相关研究。房汉廷和王伟光（2004）认为资金不足是科技型小企业发展的瓶颈。我国绝大多数科技型小企业利润有限，仅靠自身积累无法快速发展，而风险投资能有效解决该问题。姚丰桥和陈通（2010）运用演化博弈理论研究了风险投资家和风险企业间的行为选择，研究表明技术创新中的巨大风险是双方能否合作的核心因素。尹庆民和许长新（2007）在知识经济下研究了风险投资与技术创新的博弈策略选择。

上述文献研究了风险企业控制权、股权分配与转移问题，风险企业资本结构问题，双重道德风险与激励合同设计问题等，鲜有文献量化研究风险投资机构与研发联盟的投资额度决策及控制权分配问题。本书第 4 章运用博弈论来定量研究风险投资机构与研发联盟的投资决策，得出最优的投资额度和控制权比例，为各参与主体提供一套可行的决策方案。

3.1.4　政府干预下技术创新的研究

Hagedoorn 和 Narula（1996）认为机会主义导致了企业"搭便车"的心理，而道德风险会引起技术联盟的研发失败，损害技术联盟的创新效果。机会主义及高风险使许多企业都不愿投资技术创新，或过分依赖技术联盟合作伙伴而丧失创新的积极性。政府给予一定补贴会激励企业积极参与技术联盟，聚合各种创新资源，帮助企业突破技术创新阀值、达到创新所需投入的初始规模，保证技术联盟的顺利进行。在政府对技术创新的作用上，Cairney 等（2002）认为针对不同类型的集群，政府应制定不同的政策。对于高端集群，政府应着重指导集群的技术创新及交流、竞争策略和目标规划，帮助企业建立协作网络。另外，政府政策对产业集群起到一定作用，政府促进新企业的增长和新技术的研发，必须建立专门的技术研发中心及交流中心，并通过结构性激励政策鼓励风险投资和促进技术溢出。陶良虎和陈得文（2008）建立了基于产业集群的创新动力模型，提出地方政府、社会资本、企业间竞合关系、知识资本、中介组织、市场需求是集群创新的六大动力因素。研究认为，作为制度创新主体的政府是集群创新系统的重要支点，政府为集群创新提供资助或减免税收、对产学研合作的推动、为集群创新营造公平的竞争环境等做法都有利于促进集群创新，并引导集群内不同主体建立竞合网络关系。

在定量研究方面，Qiu 和 Tao（1998）研究了企业进行研发竞争时的政府补贴政策。Spencer 和 Brander（1983）研究了两家位于不同国家的企业进行研发竞争时的政府补贴政策。刘卫民和陈继祥（2006）构建了国际化供应链上游企业的研发补贴模型，分析了国内最优研发补贴对市场的影响。霍沛军等（2003）构建了一个垄断上游企业和 n 个下游企业的两层供应链博弈模型，研究了政府对上游垄断企业的研发补贴策略。孟卫军和张子健（2010）构建了三种不同博弈关系下，政府对一个供应商和一个制造商合作研发进行补贴的博弈模型。霍沛军等（2002）基于双寡头在研发阶段和生产阶段是否合作，给出了完全不合作、半合作和完全合作下政府的最优研发补贴率。生延超（2008）构建了三阶段博弈模型，分析了政府创新产品补贴和创新投入补贴。范波等（2010）研究发现，当技术溢出较大时，政府宜运用研发投入补贴；当风险较高及创新难度较大时，政府宜运用研发产品补贴。Judd（1997）研究了不完全市场竞争上政府对研发投资的最优补贴率，得出政府的最优补贴率、产品价格与边际成本呈正相关。Geert 等（2001）研究了政府对技术联盟的研发补贴，得出政府补贴可刺激企业的创新投入，且刺激的乘数效应为 2.3，即政府的创新补贴每增加 1 单位，企业的创新投入增加 2.3 单位。

除了以上基于链内激励、风险投资及政府干预下技术创新的研究外，还有一些学者研究了企业的技术创新。Aspremont 和 Jacquemin（1988）构建了存在研发溢出的两阶段双寡头博弈模型（又称 AJ 模型），奠定了研究不完全市场竞争下合作研发的基石。Suzumura（1992）将 AJ 模型推广到多寡头市场竞争的模型。黄波等（2008）构建了供应链上下游企业在纵向溢出效应下的博弈模型，运用逆向归纳法得出均衡解，并提出上下游企业在研发和生产完全合作时的利润分配机制。Brod 和 Shivakumar（1999）构建了包含产品差异度的模型，指出当双寡头企业在研发阶段不合作，而在产品市场合作时，与完全不合作相比的情况下，生产者和消费者可能同时受益、同时受损，或者一个受益而另一个受损。Beath 等（1998）将研发溢出当做两阶段过程，分析了同一和互补研究途径，比较了各情况下的独立研发和组建研发联盟（research joint venture），指出研发联盟比独立的双寡头更具备优势。Kamien 等（1992）构建了两阶段博弈模型，研究了在研发竞争、研发卡特尔、竞争研发联盟、卡特尔研发联盟下，社会福利与技术进步的多寡问题。Bondt 等（1992）研究了技术溢出程度与研发有效率时所需的竞争企业数量。Banerjee 和 Lin（2001）研究了垂直合作研发的风险问题。Gilbert 和 Cvsa（2003）研究了上游供应商对价格的战略性承诺对供应链下游企业创新的刺激作用。Poyago-Theotoky（1998）研究识别出企业间的内生溢出，分析了内生溢出对合作研发的影响。Atallah（2002）以两个垂直相关的双寡头作为研究对象，研究了 Kamien 等提出的四种竞合模式，分析了改变水平和垂直溢出系数对社会福利及企业研发投入的影响。Toshihiro 研究发现，企业投资研发要关注研发的不确定性和技术溢出效应这两个主要问题。

从上述文献可知，以往学者大多都仅从政府补贴或仅从链内激励的视角来研究合作研发问题，鲜有文献从政府补贴和基于单链的集群式供应链链内激励的双重视角来研究供应链企业合作研发活动的，但现实中却不乏案例，如大唐 TD-SCDMA 技术研发，它是以大唐移动为核心，联合众多上游企业和下游企业组成的研发联盟，研发联盟内部企业互相资助以防止"木桶效应"。在技术研发初期，政府为了促进高新技术发展和提高社会福利，应出台一系列的扶持政策。

3.2　模型的假设及描述

基于单链的集群式供应链研发联盟内部企业间的技术外溢，使得单个企业不仅由于自身的研发投入获得了技术的提高，而且由于技术溢出效应使其获得了其他企业的研发成果，该企业获得的研发绩效能够降低生产制造成本。基于单链的集群式供应链上下游企业，在技术研发阶段和产出阶段合作形成了不同的合作模式，合作模式的不同决定了链内激励措施的不同。那么，在不同的合作模式下，研发企业该确定多大的研发绩效？链内其他企业该采取何种程度的激励，才能使研发效果最好，供应链企业利润最大？这都成为了企业要决策的问题，也是本章要研究的问题。

假设在产业集群中，供应链内有两个供应商和一个制造商，制造商每生产一单位的最终产品，需要供应商 1 的一单位中间产品和供应商 2 的一单位中间产品。两个供应商各自投入资本进行合作研发，获得生产成本降低的制造商，为了鼓励上游供应商进行合作研发活动而对它们进行补贴，相关模型如图 3.1 所示。

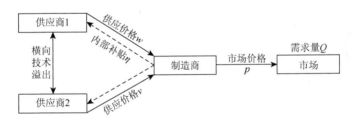

图 3.1　集群式供应链的供应商合作研发内部补贴模型

3.2.1　研发成本函数

假设基于单链的集群式供应链的供应商 1 确定自身的研发绩效水平为 e_{s1}，供应商 2 确定自身的研发绩效水平为 e_{s2}。而企业所确定的个别研发绩效水平越高，它的研发成本越高。根据 Aspremont 和 Jacquemin（1988）的研究，供应商 1 和供应商 2 的研发成本函数为

$$C_{s1}\left(e_{s1}\right)=\frac{1}{2}r_{s1}e_{s1}^{2} \tag{3.1}$$

$$C_{s2}\left(e_{s2}\right)=\frac{1}{2}r_{s2}e_{s2}^{2} \tag{3.2}$$

其中，$C_{s1}(e_{s1})$ 和 $C_{s2}(e_{s2})$ 分别为供应商 1 以研发绩效 e_{s1} 进行研发和供应商 2 以研发绩效 e_{s2} 进行研发时的研发成本；r_{s1} 和 r_{s2} 分别为供应商 1 和供应商 2 的研发效率系数，它们的数值越小，表示供应商的研发效率越高，且 $r_{s1}>0$，$r_{s2}>0$。

3.2.2　产品市场价格

最终产品的市场价格与它的市场需求量是简单的线性关系，可以表示为

$$p = a - bQ \tag{3.3}$$

其中，a，b 是大于 0 的常数；且有 $Q \leqslant \dfrac{a}{b}$。

3.2.3　企业利润函数

根据以上的假定，分别得出制造商和两个供应商的利润函数。
制造商利润：

$$\pi_m = \left[(a-bQ)-w-v-c_m\right]Q - \left(\frac{1}{2}r_{s1}e_{s1}^2 + \frac{1}{2}r_{s2}e_{s2}^2\right)\eta \tag{3.4}$$

供应商 1 的利润：

$$\pi_{s1} = \left(w-c_{s1}+e_{s1}+\mu e_{s2}\right)Q + \frac{1}{2}r_{s1}e_{s1}^2(\eta-1) \tag{3.5}$$

供应商 2 的利润：

$$\pi_{s2} = \left(v-c_{s2}+e_{s2}+\mu e_{s1}\right)Q + \frac{1}{2}r_{s2}e_{s2}^2(\eta-1) \tag{3.6}$$

其中，w 为供应商 1 的中间产品价格；v 为供应商 2 的中间产品价格；c_m 为制造商的边际生产成本；c_{s1} 为供应商 1 的边际生产成本；c_{s2} 为供应商 2 的边际生产成本；μ 为外溢系数，由于两个供应商是对称的，故它们的外溢系数相同，且 $0 \leqslant \mu \leqslant 1$；$\eta$ 为制造商对两个供应商的研发补贴率，且 $0 \leqslant \eta \leqslant 1$。

两个供应商的研发活动降低了各自的边际生产成本，同时通过横向技术溢出，也能降低对方的边际生产成本。

3.3　不同合作模式下集群式供应链技术创新博弈

3.3.1　完全不合作博弈

在完全不合作博弈的情况下，基于单链的集群式供应链中三个企业在研发阶

段和产出阶段都不合作。在研发阶段，制造商确定对两个供应商的研发补贴 η 以最大化自身利润，然后两个供应商分别确定研发绩效水平 e_{s1} 和 e_{s2} 以最大化自身利润。在产出阶段，两个供应商分别确定中间产品价格 w 和 v 以最大化自身利润，然后制造商确定产量 Q 以最大化自身利润。

在产出阶段，依据基于单链的集群式供应链的两个供应商的中间产品价格，制造商确定最优产量以最大化自身利润。本书中，变量右上角的 1，2，3 表示各博弈模型中的不同博弈阶段；*表示最优变量值；变量正上方的符号 –，^，~ 用来区分不同博弈均衡的变量值。对式（3.4）求 Q 的偏导数并令导函数为零，可得

$$\frac{\partial \pi_m}{\partial Q} = a - w - v - c_m - 2bQ = 0 \qquad (3.7)$$

求解式（3.7），可以得到使制造商利润最大的最终产品产量：

$$\overline{Q} = \frac{a - w - v - c_m}{2b} \qquad (3.8)$$

基于单链的集群式供应链的两个供应商，同时确定各自的中间产品价格，以最大化自身利润。将式（3.8）代入式（3.5）和式（3.6），并分别求 w 和 v 的偏导数并令导函数为零，可得

$$\frac{\partial \pi_{s1}}{\partial w} = \frac{1}{2b}(a - c_m + c_{s1} - e_{s1} - \mu e_{s2} - 2w - v) = 0 \qquad (3.9)$$

$$\frac{\partial \pi_{s2}}{\partial v} = \frac{1}{2b}(a - c_m + c_{s2} - e_{s2} - \mu e_{s1} - w - 2v) = 0 \qquad (3.10)$$

求解由式（3.9）和式（3.10）组成的方程组，可得供应商 1 最优的中间产品价格和供应商 2 最优的中间产品价格为

$$\overline{w} = \frac{1}{3}\left[a - c_m + 2c_{s1} - c_{s2} + (\mu - 2)e_{s1} + (1 - 2\mu)e_{s2}\right] \qquad (3.11)$$

$$\overline{v} = \frac{1}{3}\left[a - c_m - c_{s1} + 2c_{s2} + (1 - 2\mu)e_{s1} + (\mu - 2)e_{s2}\right] \qquad (3.12)$$

在研发阶段，依据制造商的研发补贴，基于单链的集群式供应链的两个供应商确定各自的研发绩效水平以最大化自身利润。把式（3.8）、式（3.11）、式（3.12）代入式（3.5）、式（3.6），并分别求 e_{s1} 和 e_{s2} 的偏导数，再令求导函数为零，可得

$$\frac{\partial \pi_{s1}}{\partial e_{s1}} = \frac{1 + \mu}{9b}\left[a - c_m - c_{s1} - c_{s2} + (1 + \mu)(e_{s1} + e_{s2})\right] + r_{s1}(\eta - 1)e_{s1} = 0 \qquad (3.13)$$

$$\frac{\partial \pi_{s2}}{\partial e_{s2}} = \frac{1 + \mu}{9b}\left[a - c_m - c_{s1} - c_{s2} + (1 + \mu)(e_{s1} + e_{s2})\right] + r_{s2}(\eta - 1)e_{s2} = 0 \qquad (3.14)$$

求解由式（3.13）和式（3.14）组成的方程组，可得到使基于单链的集群式供应链的供应商 1 和供应商 2 各自利润最大时的研发绩效水平为

$$\overline{e}_{s1} = \frac{r_{s2}(1+\mu)(a-c_m-c_{s1}-c_{s2})}{9br_{s1}r_{s2}(1-\eta)-(r_{s1}+r_{s2})(1+\mu)^2} \tag{3.15}$$

$$\overline{e}_{s2} = \frac{r_{s1}(1+\mu)(a-c_m-c_{s1}-c_{s2})}{9br_{s1}r_{s2}(1-\eta)-(r_{s1}+r_{s2})(1+\mu)^2} \tag{3.16}$$

制造商确定对两个供应商的研发补贴 η 以最大化自身利润，把式（3.8）、式（3.11）、式（3.12）、式（3.15）、式（3.16）代入式（3.4），求 η 的偏导数并令导函数为零，可得

$$18br_{s1}r_{s2}\eta = (r_{s1}+r_{s2})(1+\mu)^2 \tag{3.17}$$

求解式（3.17），可得使制造商利润最大时的最优研发补贴率为

$$\overline{\eta}^* = \frac{(r_{s1}+r_{s2})(1+\mu)^2}{18br_{s1}r_{s2}} \tag{3.18}$$

为了便于计算和比较，且 r 作为一般的参数变量，不影响最后的结论，所以这里设 $r_{s1}=r_{s2}=r$。通过以上计算可得，在完全不合作下，基于单链的集群式供应链的制造商和两个供应商的最佳决策方案为

$$\overline{\eta}^* = \frac{(1+\mu)^2}{9br} \tag{3.19}$$

$$\overline{e}_{s1}^* = \frac{(1+\mu)(a-c_m-c_{s1}-c_{s2})}{9br-3(1+\mu)^2} \tag{3.20}$$

$$\overline{e}_{s2}^* = \frac{(1+\mu)(a-c_m-c_{s1}-c_{s2})}{9br-3(1+\mu)^2} \tag{3.21}$$

$$\overline{w}^* = \frac{1}{3}\left[a-c_m+2c_{s1}-c_{s2}-\frac{(1+\mu)^2(a-c_m-c_{s1}-c_{s2})}{9br-3(1+\mu)^2}\right] \tag{3.22}$$

$$\overline{v}^* = \frac{1}{3}\left[a-c_m-c_{s1}+2c_{s2}-\frac{(1+\mu)^2(a-c_m-c_{s1}-c_{s2})}{9br-3(1+\mu)^2}\right] \tag{3.23}$$

$$\overline{Q}^* = \frac{1}{6b}\left[a-c_m-c_{s1}-c_{s2}+\frac{2(1+\mu)^2(a-c_m-c_{s1}-c_{s2})}{9br-3(1+\mu)^2}\right] \tag{3.24}$$

在完全不合作的情况下，从式（3.8）、式（3.11）、式（3.12）、式（3.15）、式（3.16）、式（3.18）、式（3.20）、式（3.21）、式（3.24）中，可得以下命题。

命题 3.1a 基于单链的集群式供应链制造商的产品产量与两个供应商的中间产品价格是呈负相关的。

命题 3.1b 若外溢系数 $0.5<\mu\leqslant1$，则两个供应商的中间产品价格与它们的研发绩效水平是呈负相关的；若外溢系数 $0\leqslant\mu<0.5$，那么供应商的中间产品价格与其自身的研发绩效水平是呈负相关的。

命题 3.1c 两个供应商的研发绩效水平与制造商对它们的研发补贴率是呈正相关的。

命题 3.1d　制造商对两个供应商的研发补贴率与外溢系数是呈正相关的。

命题 3.1e　两个供应商的研发绩效水平与外溢系数是呈正相关的。

命题 3.1f　制造商的产品产量与外溢系数是呈正相关的。

命题 3.1a 说明，当基于单链的集群式供应链的两个供应商提高它们的中间产品价格时，制造商由于采购成本的升高而适量地减少它最终产品的产量，这是符合实际情况的。

命题 3.1b 说明，当两个供应商之间技术溢出较大时，若它们提高研发绩效水平，则两个供应商都会降低中间产品价格。这种情况的可能原因是，当基于单链的集群式供应链两个供应商之间技术溢出较大时，若供应商提高研发绩效水平，那么由于技术溢出，两个供应商都获得技术上的进一步提高，促进它们的生产成本降低，进而引起中间产品价格的降低。

命题 3.1c 的依据为 $\dfrac{\partial e_{s1}}{\partial \eta} > 0$（由于式（3.8）中的产量大于零，可知 $a-w-v-c_m>0$，而 $w>c_{s1}$，$v>c_{s2}$，从而 $a-c_m-c_{s1}-c_{s2}>0$）和 $\dfrac{\partial e_{s2}}{\partial \eta}>0$，该命题说明，当制造商对两个供应商的研发补贴率增大时，基于单链的集群式供应链的两个供应商愿意确定更大的研发绩效水平，愿意投入更多的费用在研发上。因此，制造商可以通过确定研发补贴率来调控两个供应商的研发活动，以便两个供应商能够按照制造商自身的意愿来进行研发投资活动。

命题 3.1d 说明，两个供应商之间的技术溢出越大，制造商对它们的补贴越多，可见制造商是鼓励两个供应商之间进行技术交流的，鼓励它们相互学习对方的技术，以降低自身的生产成本，进而降低中间产品的价格。原因是当技术外溢增大时，基于单链的集群式供应链中的两个供应商，更能借鉴对方的技术来降低自身的生产成本，进而降低中间产品的价格，这样就降低了制造商的原材料采购成本。因此，制造商为鼓励两个供应商增大技术溢出，它愿意提供更高的研发补贴率。

命题 3.1e 的依据为 $\dfrac{\partial e_{s1}^*}{\partial \mu}>0$ 和 $\dfrac{\partial e_{s2}^*}{\partial \mu}>0$，该命题说明，当基于单链的集群式供应链的两个供应商之间技术外溢增大时，两个供应商都会提高它们的研发绩效水平。可能的原因是，若两个供应商提高技术外溢水平时，在一定研发绩效水平下，基于单链的集群式供应链的一个供应商能够从另一个供应商处获得更多的技术，从而能够促进该供应商生产成本的进一步降低。同时，该供应商的技术通过技术外溢被另一个供应商利用，它们之间的技术流通是相互的，对双方都起到激励作用，良性循环有利于加大研发投入。另外，技术外溢的增加会提高两个供应商对知识产权保护的敏感度，外溢系数较大的情况下，若一方减少研发投入，那么会引起另一方也减少研发投入，或者是研发投入较大的一方会降低技术外溢的程度。

因此，在外溢系数较大时，企业要降低自身的生产成本，必须投入较大的研发资金以提高自身的研发绩效水平。

命题 3.1f 的依据为 $\frac{\partial \overline{Q}^*}{\partial \mu} > 0$，该命题说明，当基于单链的集群式供应链的两个供应商之间提高技术外溢水平时，一定研发绩效水平下两个供应商都能获得较大的技术支持，从而双方都能提高自身的制造技术进而降低生产成本。两个供应商生产成本的降低有利于降低它们的产品价格，使制造商获得更低价的原材料供应，而制造商生产成本的降低会促进它产量的增加。

根据基于单链的集群式供应链制造商和两个供应商的决策方案，可得它们在完全不合作下的利润及供应链总利润：

$$\overline{\pi}_m = \frac{1}{9b}\left[\frac{1}{4} + \frac{(1+\mu)^2}{9br - 3(1+\mu)^2}\right](a - c_m - c_{s1} - c_{s2})^2 \tag{3.25}$$

$$\overline{\pi}_{s1} = \frac{1}{9b}\left\{\frac{1}{2} + \frac{27br(1+\mu)^2 - 7(1+\mu)^4}{18\left[3br - (1+\mu)^2\right]^2}\right\}(a - c_m - c_{s1} - c_{s2})^2 \tag{3.26}$$

$$\overline{\pi}_{s2} = \frac{1}{9b}\left\{\frac{1}{2} + \frac{27br(1+\mu)^2 - 7(1+\mu)^4}{18\left[3br - (1+\mu)^2\right]^2}\right\}(a - c_m - c_{s1} - c_{s2})^2 \tag{3.27}$$

$$\overline{\pi}_{sc} = \frac{1}{9b}\left\{\frac{405b^2r^2 - 126br(1+\mu)^2 + 5(1+\mu)^4}{36\left[3br - (1+\mu)^2\right]^2}\right\}(a - c_m - c_{s1} - c_{s2})^2 \tag{3.28}$$

在完全不合作下，由式（3.28）可得以下命题。

命题 3.2 基于单链的集群式供应链总利润与两个供应商间的技术外溢系数是呈正相关的。

命题 3.2 的依据为 $\frac{\partial \overline{\pi}_{sc}}{\partial \mu} > 0$（由于供应商的研发绩效水平大于零，从式（3.20）可知 $3br - (1+\mu)^2 > 0$），该命题说明，若基于单链的集群式供应链的两个供应商之间提高技术外溢水平，那么供应链系统的总利润会随之增大。可能的原因是，一方面，当两个供应商之间提高技术外溢水平时，一个供应商能从另一个供应商处获得更多的技术支持，从而降低自身的制造成本，进而降低制造商的生产成本，整体成本的降低使供应链系统更有竞争力；另一方面，制造商成本的降低能促进产量的增加，从而带动两个供应商产量的增加，增产可为企业带来更多的收入。

3.3.2 半合作博弈

在半合作博弈的情况下，基于单链的集群式供应链中三个企业在研发阶段合作，在产出阶段不合作。在研发阶段，制造商确定对两个供应商的研发补贴 η；然后两个供应商确定研发绩效水平 e_{s1} 和 e_{s2} 以最大化供应链总利润。在产出阶段，两个供应商分别确定中间产品价格 w 和 v 以最大化自身利润；然后制造商确定产量 Q 以最大化自身利润。

在产出阶段，基于单链的集群式供应链的两个供应商同时确定中间产品价格 w 和 v 以最大化自身利润；制造商确定最优产量 Q 以最大化自身利润。此时，制造商的产量和两个供应商的中间产品价格与在完全不合作下是一样的。因此，可得使制造商利润最大的产量和使两个供应商利润最大的中间产品价格为

$$\hat{Q} = \frac{a - w - v - c_m}{2b} \tag{3.29}$$

$$\hat{w} = \frac{1}{3}\left[a - c_m + 2c_{s1} - c_{s2} + (\mu - 2)e_{s1} + (1 - 2\mu)e_{s2}\right] \tag{3.30}$$

$$\hat{v} = \frac{1}{3}\left[a - c_m - c_{s1} + 2c_{s2} + (1 - 2\mu)e_{s1} + (\mu - 2)e_{s2}\right] \tag{3.31}$$

在研发阶段，根据制造商确定的研发补贴 η，两个供应商分别确定研发绩效水平 e_{s1} 和 e_{s2} 以最大化供应链总利润，而供应链总利润为

$$\pi_{sc} = \left[(a - bQ) - c_m - c_{s1} - c_{s2} + (1 + \mu)(e_{s1} + e_{s2})\right]Q - \frac{1}{2}r_{s1}e_{s1}^2 - \frac{1}{2}r_{s2}e_{s2}^2 \tag{3.32}$$

对式（3.32）分别求 e_{s1} 和 e_{s2} 的偏导数，并令导函数为零，可得

$$\frac{\partial \pi_{sc}}{e_{s1}} = \frac{5}{18b}(1 + \mu)\left[a - c_m - c_{s1} - c_{s2} + (1 + \mu)(e_{s1} + e_{s2})\right] - r_{s1}e_{s1} = 0 \tag{3.33}$$

$$\frac{\partial \pi_{sc}}{e_{s2}} = \frac{5}{18b}(1 + \mu)\left[a - c_m - c_{s1} - c_{s2} + (1 + \mu)(e_{s1} + e_{s2})\right] - r_{s2}e_{s2} = 0 \tag{3.34}$$

求解由式（3.33）和式（3.34）组成的方程组，可得使基于单链的集群式供应链总利润最大的两个供应商的最优研发绩效水平：

$$\hat{e}_{s1}^* = \frac{5r_{s2}(1 + \mu)(a - c_m - c_{s1} - c_{s2})}{18br_{s1}r_{s2} - 5(r_{s1} + r_{s2})(1 + \mu)^2} \tag{3.35}$$

$$\hat{e}_{s2}^* = \frac{5r_{s1}(1 + \mu)(a - c_m - c_{s1} - c_{s2})}{18br_{s1}r_{s2} - 5(r_{s1} + r_{s2})(1 + \mu)^2} \tag{3.36}$$

把式（3.35）、式（3.36）代入式（3.29）、式（3.30）、式（3.31），可得基于单链的集群式供应链的两个供应商的最优中间产品价格和制造商的最优产量：

$$\hat{w}^* = \frac{1}{3}\left[a - c_m + 2c_{s1} - c_{s2} + \frac{5(1 + \mu)(a - c_m - c_{s1} - c_{s2})(r_{s1} - 2\mu r_{s1} - 2r_{s2} + \mu r_{s2})}{18br_{s1}r_{s2} - 5(r_{s1} + r_{s2})(1 + \mu)^2}\right] \tag{3.37}$$

$$\hat{v}^* = \frac{1}{3}\left[a - c_m - c_{s1} + 2c_{s2} + \frac{5(1 + \mu)(a - c_m - c_{s1} - c_{s2})(\mu r_{s1} - 2r_{s1} + r_{s2} - 2\mu r_{s2})}{18br_{s1}r_{s2} - 5(r_{s1} + r_{s2})(1 + \mu)^2}\right] \tag{3.38}$$

$$\hat{Q}^* = \frac{3r_{s1}r_{s2}(a - c_m - c_{s1} - c_{s2})}{18br_{s1}r_{s2} - 5(r_{s1} + r_{s2})(1 + \mu)^2} \tag{3.39}$$

在半合作的情况下，从式（3.29）、式（3.30）、式（3.31）、式（3.35）、式（3.36）、式（3.39），可得以下命题。

命题 3.3a 基于单链的集群式供应链制造商的产量与两个供应商的中间产品价格是呈负相关的。

命题 3.3b 若外溢系数 $0.5 < \mu \leqslant 1$，则两个供应商的中间产品价格与它们的研发绩效水平是呈负相关的；若外溢系数 $0 \leqslant \mu < 0.5$，供应商的中间产品价格与其自身的研发绩效水平是呈负相关的。

命题 3.3c 两个供应商的研发绩效水平与外溢系数是呈正相关的。

命题 3.3d 制造商的产品产量与两个供应商间的技术外溢系数是呈正相关的。

命题 3.3c 的依据为 $\dfrac{\partial \hat{e}_{s1}^*}{\partial \mu} > 0$ 和 $\dfrac{\partial \hat{e}_{s2}^*}{\partial \mu} > 0$，该命题说明，当基于单链的集群式供应链的两个供应商间提高技术外溢水平时，两个供应商会提高研发绩效水平。

命题 3.3d 的依据为 $\dfrac{\partial \hat{Q}^*}{\partial \mu} > 0$，说明若两个供应商之间的技术外溢增大时，制造商的产品产量也会相应增加。可能的原因是，在一定研发绩效水平下，若基于单链的集群式供应链的两个供应商的技术外溢增大，一个供应商能够从另一个供应商处获得更多的技术支持，从而能更大幅度地降低供应商的生产成本，进而降低制造商的采购成本，使制造商增加产品产量。

把式（3.35）~式（3.39）代入式（3.4）~式（3.6），可得在半合作的情况下基于单链的集群式供应链各企业的利润及供应链总利润：

$$\hat{\pi}_m = \frac{9br_{s1}^2 r_{s2}^2 (a-c_m-c_{s1}-c_{s2})^2}{\left[18br_{s1}r_{s2}-5(r_{s1}+r_{s2})(1+\mu)^2\right]^2} - \frac{25r_{s1}r_{s2}(1+\mu)^2(a-c_m-c_{s1}-c_{s2})^2(r_{s1}+r_{s2})}{2\left[18br_{s1}r_{s2}-5(r_{s1}+r_{s2})(1+\mu)^2\right]^2}\eta \quad (3.40)$$

$$\hat{\pi}_{s1} = \frac{18br_{s1}^2 r_{s2}^2 (a-c_m-c_{s1}-c_{s2})^2}{\left[18br_{s1}r_{s2}-5(r_{s1}+r_{s2})(1+\mu)^2\right]^2} + \frac{25r_{s1}r_{s2}^2(1+\mu)^2(a-c_m-c_{s1}-c_{s2})^2}{2\left[18br_{s1}r_{s2}-5(r_{s1}+r_{s2})(1+\mu)^2\right]^2}(\eta-1) \quad (3.41)$$

$$\hat{\pi}_{s2} = \frac{18br_{s1}^2 r_{s2}^2 (a-c_m-c_{s1}-c_{s2})^2}{\left[18br_{s1}r_{s2}-5(r_{s1}+r_{s2})(1+\mu)^2\right]^2} + \frac{25r_{s1}^2 r_{s2}(1+\mu)^2(a-c_m-c_{s1}-c_{s2})^2}{2\left[18br_{s1}r_{s2}-5(r_{s1}+r_{s2})(1+\mu)^2\right]^2}(\eta-1) \quad (3.42)$$

$$\hat{\pi}_{sc} = \frac{5r_{s1}r_{s2}(a-c_m-c_{s1}-c_{s2})^2}{2\left[18br_{s1}r_{s2}-5(1+\mu)^2(r_{s1}+r_{s2})\right]} \quad (3.43)$$

基于单链的集群式供应链系统在半合作的情况下获得的总利润一定要大于在完全不合作下获得的总利润，即会产生合作剩余 $\Delta\pi_{sc} = \hat{\pi}_{sc} - \bar{\pi}_{sc}$，否则合作就难以持续。对于合作剩余的分配，为了体现公平原则，基于单链的集群式供应链各企业达成协议采用投入比例分配法进行分配，即根据研发过程中各自的研发投入占总研发投入的比例来进行分配。通过以上分析，可得以下方程：

$$\bar{\pi}_m + \eta\Delta\pi_{sc}^1 = \hat{\pi}_m \tag{3.44}$$

求解式（3.44），可得在半合作的情况下，基于单链的集群式供应链的制造商对两个供应商的研发补贴率 η，若 $r_{s1} = r_{s2} = r$，则有

$$\hat{\eta} = \frac{4374b^3r^3 - 2673b^2r^2(1+\mu)^2 + 180br(1+\mu)^4 + 75(1+\mu)^6}{24\,786b^3r^3 - 18\,225b^2r^2(1+\mu)^2 + 3600br(1+\mu)^4 - 125(1+\mu)^6} \tag{3.45}$$

将式（3.45）代入式（3.40）～式（3.42），可得在半合作的情况下基于单链的集群式供应链各企业的利润及供应链总利润，化简后可得

$$\hat{\pi}_m = \frac{\left[\begin{array}{c}223\,074b^4r^5 - 273\,375b^3r^4(1+\mu)^2 + 99\,225b^2r^3(1+\mu)^4 \\ -5625br^2(1+\mu)^6 - 1875r(1+\mu)^8\end{array}\right](a-c_m-c_{s1}-c_{s2})^2}{4\left[24\,786b^3r^3 - 18\,225b^2r^2(1+\mu)^2 + 3600br(1+\mu)^4 - 125(1+\mu)^6\right]\left[9br - 5(1+\mu)^2\right]^2} \tag{3.46}$$

$$\hat{\pi}_{s1} = \frac{9br^2(a-c_m-c_{s1}-c_{s2})^2}{2\left[9br - 5(1+\mu)^2\right]^2} + \frac{25r(1+\mu)^2(a-c_m-c_{s1}-c_{s2})^2\left[\begin{array}{c}-5103b^3r^3 + 3888b^2r^2(1+\mu)^2 \\ -855br(1+\mu)^4 + 50(1+\mu)^6\end{array}\right]}{2\left[9br - 5(1+\mu)^2\right]^2\left[\begin{array}{c}24\,786b^3r^3 - 18\,225b^2r^2(1+\mu)^2 \\ +3600br(1+\mu)^4 - 125(1+\mu)^6\end{array}\right]} \tag{3.47}$$

$$\hat{\pi}_{s2} = \frac{9br^2(a-c_m-c_{s1}-c_{s2})^2}{2\left[9br - 5(1+\mu)^2\right]^2} + \frac{25r(1+\mu)^2(a-c_m-c_{s1}-c_{s2})^2\left[\begin{array}{c}-5103b^3r^3 + 3888b^2r^2(1+\mu)^2 \\ -855br(1+\mu)^4 + 50(1+\mu)^6\end{array}\right]}{2\left[9br - 5(1+\mu)^2\right]^2\left[\begin{array}{c}24\,786b^3r^3 - 18\,225b^2r^2(1+\mu)^2 \\ +3600br(1+\mu)^4 - 125(1+\mu)^6\end{array}\right]} \tag{3.48}$$

$$\hat{\pi}_{sc} = \frac{5r(a-c_m-c_{s1}-c_{s2})^2}{36br - 20(1+\mu)^2} \tag{3.49}$$

在半合作的情况下，从式（3.49）中可得以下命题。

命题 3.4　基于单链的集群式供应链的总利润与两个供应商间的技术外溢系数是呈正相关的。

命题 3.4 的依据为 $\dfrac{\partial\hat{\pi}_{sc}}{\partial\mu} > 0$，说明当两个供应商提高技术外溢水平时，基于单链的集群式供应链系统的总利润会随之增加。

在半合作的情况下基于单链的集群式供应链的制造商和两个供应商最佳的决策方案可化简如下：

$$\hat{e}_{s1}^* = \frac{5(1+\mu)(a-c_m-c_{s1}-c_{s2})}{18br - 10(1+\mu)^2} \tag{3.50}$$

$$\hat{e}_{s2}^* = \frac{5(1+\mu)(a-c_m-c_{s1}-c_{s2})}{18br-10(1+\mu)^2} \tag{3.51}$$

$$\hat{w}^* = \frac{1}{3}\left[a-c_m+2c_{s1}-c_{s2}-\frac{5(1+\mu)^2(a-c_m-c_{s1}-c_{s2})}{18br-10(1+\mu)^2}\right] \tag{3.52}$$

$$\hat{v}^* = \frac{1}{3}\left[a-c_m-c_{s1}+2c_{s2}-\frac{5(1+\mu)^2(a-c_m-c_{s1}-c_{s2})}{18br-10(1+\mu)^2}\right] \tag{3.53}$$

$$\hat{Q}^* = \frac{3r(a-c_m-c_{s1}-c_{s2})}{18br-10(1+\mu)^2} \tag{3.54}$$

3.3.3 完全合作博弈

在完全合作博弈的情况下，基于单链的集群式供应链的三家企业在研发阶段和产出阶段都合作。在研发阶段，制造商确定对两个供应商的研发补贴 η；然后两个供应商确定研发绩效水平 e_{s1} 和 e_{s2} 以最大化供应链总利润。在产出阶段，基于单链的集群式供应链的两个供应商确定中间产品价格 w 和 v 以最大化供应链总利润；然后制造商确定产量 Q 以最大化供应链总利润。

在产出阶段，基于单链的集群式供应链的制造商确定最优产量 Q 以最大化供应链总利润，对式（3.32）求 Q 的偏导数并令导函数为零，可得

$$\frac{\partial \pi_{sc}}{\partial Q} = a-c_m-c_{s1}-c_{s2}+(1+\mu)(e_{s1}+e_{s2})-2bQ = 0 \tag{3.55}$$

求解式（3.55），可得在完全合作下制造商确定的产品产量为

$$\tilde{Q} = \frac{a-c_m-c_{s1}-c_{s2}+(1+\mu)(e_{s1}+e_{s2})}{2b} \tag{3.56}$$

在研发阶段，基于单链的集群式供应链的两个供应商确定各自的研发绩效水平 e_{s1} 和 e_{s2}，以最大化供应链总利润，把式（3.56）代入式（3.32），对 e_{s1} 和 e_{s2} 求偏导数并令导函数为零，可得

$$\frac{\partial \pi_{sc}}{\partial e_{s1}} = \frac{1}{2b}\left[a-c_m-c_{s1}-c_{s2}+(1+\mu)(e_{s1}+e_{s2})\right](1+\mu)-r_{s1}e_{s1} = 0 \tag{3.57}$$

$$\frac{\partial \pi_{sc}}{\partial e_{s2}} = \frac{1}{2b}\left[a-c_m-c_{s1}-c_{s2}+(1+\mu)(e_{s1}+e_{s2})\right](1+\mu)-r_{s2}e_{s2} = 0 \tag{3.58}$$

把式（3.57）和式（3.58）联立方程组，解方程组可得在完全合作的情况下，两个供应商最优的研发绩效水平：

$$\tilde{e}_{s1}^* = \frac{r_{s2}(a-c_m-c_{s1}-c_{s2})(1+\mu)}{2br_{s1}r_{s2}-(1+\mu)^2(r_{s1}+r_{s2})} \tag{3.59}$$

$$\tilde{e}_{s2}^* = \frac{r_{s1}(a-c_m-c_{s1}-c_{s2})(1+\mu)}{2br_{s1}r_{s2}-(1+\mu)^2(r_{s1}+r_{s2})} \tag{3.60}$$

把式（3.59）和式（3.60）代入式（3.56）中可得在完全合作下制造商的最优产量：

$$\tilde{Q}^* = \frac{r_{s1}r_{s2}(a-c_m-c_{s1}-c_{s2})}{2br_{s1}r_{s2}-(1+\mu)^2(r_{s1}+r_{s2})} \tag{3.61}$$

若 $r_{s1}=r_{s2}=r$，在完全合作的情况下基于单链的集群式供应链制造商和两个供应商最佳的决策方案可化简如下：

$$\tilde{e}_{s1}^* = \frac{(1+\mu)(a-c_m-c_{s1}-c_{s2})}{2br-2(1+\mu)^2} \tag{3.62}$$

$$\tilde{e}_{s2}^* = \frac{(1+\mu)(a-c_m-c_{s1}-c_{s2})}{2br-2(1+\mu)^2} \tag{3.63}$$

$$\tilde{Q}^* = \frac{r(a-c_m-c_{s1}-c_{s2})}{2br-2(1+\mu)^2} \tag{3.64}$$

把式（3.62）～式（3.64）代入式（3.32）中可得在完全合作的情况下，基于单链的集群式供应链总利润为

$$\tilde{\pi}_{sc} = \frac{r(a-c_m-c_{s1}-c_{s2})^2}{4br-4(1+\mu)^2} \tag{3.65}$$

在完全合作的情况下，从式（3.62）～式（3.65）可得以下命题。

命题 3.5a　基于单链的集群式供应链的两个供应商的研发绩效水平与它们之间的技术外溢系数是呈正相关的。

命题 3.5b　制造商的产品产量与两个供应商间的技术外溢系数是呈正相关的。

命题 3.5c　基于单链的集群式供应链总利润与两个供应商间的外溢系数是呈正相关的。

命题 3.5a 的依据为 $\frac{\partial \tilde{e}_{s1}^*}{\partial \mu}>0$ 和 $\frac{\partial \tilde{e}_{s2}^*}{\partial \mu}>0$，这说明在完全合作的情况下，当基于单链的集群式供应链的两个供应商之间技术外溢水平增大时，它们会提高研发绩效水平。

命题 3.5b 的依据为 $\frac{\partial \tilde{Q}^*}{\partial \mu}>0$，这说明两个供应商之间技术外溢水平的增大，会促使制造商提高产品产量。

命题 3.5c 的依据为 $\frac{\partial \tilde{\pi}_{sc}}{\partial \mu}>0$，这说明当两个供应商提高技术外溢水平时，基于单链的集群式供应链系统的总利润会随之增加。

基于单链的集群式供应链系统在完全合作的情况下获得的总利润要大于在半合作的情况下获得的总利润，产生合作剩余 $\Delta\pi_{sc} = \tilde{\pi}_{sc} - \tilde{\pi}_{sc} > 0$（在式（3.65）

中，由于供应链总利润不能为负，所以可得 $br-(1+\mu)^2>0$ ），否则，基于单链的集群式供应链各企业在研发阶段和产出阶段都合作的情形就难于持续下去。对于合作剩余的分配，必须使各企业在完全合作的情况下获得的利润大于在半合作的情况下获得的利润，即 $\tilde{\pi}_m>\hat{\pi}_m$，$\tilde{\pi}_{s1}>\hat{\pi}_{s1}$，$\tilde{\pi}_{s2}>\hat{\pi}_{s2}$。为了体现分配的公平性，基于单链的集群式供应链各企业协议采用投入比例分配法对合作剩余进行分配，即根据研发阶段各自的研发投入占总研发投入的比例来进行分配，可得

$$\tilde{\pi}_m=\hat{\pi}_m+\eta\left(\tilde{\pi}_{sc}-\hat{\pi}_{sc}\right) \tag{3.66}$$

$$\tilde{\pi}_{s1}=\hat{\pi}_{s1}+\frac{\frac{1}{2}re_{s1}^2(1-\eta)}{\frac{1}{2}re_{s1}^2+\frac{1}{2}re_{s2}^2}\left(\tilde{\pi}_{sc}-\hat{\pi}_{sc}\right) \tag{3.67}$$

$$\tilde{\pi}_{s2}=\hat{\pi}_{s2}+\frac{\frac{1}{2}re_{s2}^2(1-\eta)}{\frac{1}{2}re_{s1}^2+\frac{1}{2}re_{s2}^2}\left(\tilde{\pi}_{sc}-\hat{\pi}_{sc}\right) \tag{3.68}$$

其中，$0\leqslant\eta\leqslant1$。

由式（3.66）～式（3.68）可保证 $\tilde{\pi}_m>\hat{\pi}_m$，$\tilde{\pi}_{s1}>\hat{\pi}_{s1}$，$\tilde{\pi}_{s2}>\hat{\pi}_{s2}$。

为了便于各情形下制造商和两个供应商均衡值及利润的比较，下面对各参数变量进行赋值，得出各均衡值和利润的数值，进而对各情形下相对应的均衡值及利润进行比较，得出结论。

3.3.4　算例分析

前面分三种情况分析了基于单链的集群式供应链中，制造商与两个供应商的研发补贴问题，并得出了各情况下制造商与两个供应商的均衡值及利润。下面对各参数进行赋值，以便更直观地比较制造商和两个供应商在三种情况下的均衡值及利润。

根据设定的限制条件，对模型中的参数赋值：$a=2000$，$b=4$，$c_m=250$，$c_{s1}=150$，$c_{s2}=200$，$r=2$。设基于单链的集群式供应链各企业的合作越紧密，两个供应商间的技术外溢系数越大，即在完全合作的情况下最大，在半合作的情况下次之，在完全不合作的情况下最小。设第一组在完全不合作情况下的外溢系数为 $\mu_{NC}=0.1$，在半合作情况下的外溢系数为 $\mu_{HC}=0.4$，在完全合作情况下的外溢系数为 $\mu_{TC}=0.7$；第二组在完全不合作、半合作、完全合作情况下的外溢系数分别为 $\mu_{NC}=0.2$，$\mu_{HC}=0.5$，$\mu_{TC}=0.8$；第三组在完全不合作、半合作、完全合作情况下的外溢系数分别为 $\mu_{NC}=0.3$，$\mu_{HC}=0.6$，$\mu_{TC}=0.9$；第四组在完全不合作、半合作、完全合作情况下的外溢系数分别为 $\mu_{NC}=0.4$，$\mu_{HC}=0.7$，$\mu_{TC}=1.0$。因此，制造商和两个供应商在三种情况下的均衡值如表 3.1 所示，各利润及总利润如表 3.2 所示。

表 3.1　三种情形下制造商和两供应商的均衡值

组数	完全不合作						半合作						完全合作					
	$\bar{e}_{s1}^*$	$\bar{e}_{s2}^*$	$\bar{\eta}$	$\bar{w}^*$	$\bar{v}^*$	$\bar{Q}^*$	$\hat{e}_{s1}^*$	$\hat{e}_{s2}^*$	$\hat{\eta}$	$\hat{w}^*$	$\hat{v}^*$	$\hat{Q}^*$	$\tilde{e}_{s1}^*$	$\tilde{e}_{s2}^*$	$\tilde{\eta}$	$\tilde{w}$	$\tilde{v}$	$\tilde{Q}^*$
第一组	外溢系数 $\mu_{NC}=0.1$						$\mu_{HC}=0.4$						$\mu_{TC}=0.7$					
	22.524	522.524	50.016	8608.408	658.408	61	78.778	178.778	10.181	7579.904	629.904	68	232.877	232.877	—	—	—	274
第二组	$\mu_{NC}=0.2$						$\mu_{HC}=0.5$						$\mu_{TC}=0.8$					
	24.822	724.822	70.020	606.738	656.738	61	86.419	886.419	80.182	4573.457	623.457	70	264.706	264.706	—	—	—	295
第三组	$\mu_{NC}=0.3$						$\mu_{HC}=0.6$						$\mu_{TC}=0.9$					
	27.192	627.192	60.023	5604.883	654.883	62	94.594	694.594	60.183	2566.216	616.216	71	302.961	302.961	—	—	—	319
第四组	$\mu_{NC}=0.4$						$\mu_{HC}=0.7$						$\mu_{TC}=1.0$					
	29.643	129.643	10.027	2602.833	652.833	62	103.388	103.388	0.184	0558.080	608.080	73	350.000	350.000	—	—	—	350

表 3.2　三种情形下制造商和两供应商的各自利润及总利润

利润 组数	完全不合作 外溢系数 μ_{NC}				半合作				完全合作			
	$\bar{\pi}_m$	$\bar{\pi}_{s1}$	$\bar{\pi}_{s2}$	$\bar{\pi}_{sc}$	$\hat{\pi}_m$	$\hat{\pi}_{s1}$	$\hat{\pi}_{s2}$	$\hat{\pi}_{sc}$	$\tilde{\pi}_m$	$\tilde{\pi}_{s1}$	$\tilde{\pi}_{s2}$	$\tilde{\pi}_{sc}$
第一组	14 574.659	28 684.597 $\mu_{NC}=0.1$	28 684.597	71 943.853	15 982.893	31 397.621 $\mu_{HC}=0.4$	31 397.621	78 778.135		— $\mu_{TC}=0.7$		191 780.822
第二组	14 769.503	28 984.458 $\mu_{NC}=0.2$	28 984.458	72 738.419	16 394.542	32 131.947 $\mu_{HC}=0.5$	32 131.947	80 658.436		— $\mu_{TC}=0.8$		205 882.353
第三组	14 985.846	29 319.040 $\mu_{NC}=0.3$	29 319.040	73 623.926	16 854.742	32 957.764 $\mu_{HC}=0.6$	32 957.764	82 770.270		— $\mu_{TC}=0.9$		223 234.624
第四组	15 225.012	29 690.914 $\mu_{NC}=0.4$	29 690.914	74 606.840	17 370.740	33 886.307 $\mu_{HC}=0.7$	33 886.307	85 143.354		— $\mu_{TC}=1.0$		245 000.000

通过前面的计算得到了五个命题，结合算例对三种情形下的各均衡值和利润进行比较，可得以下相关结论。

（1）在完全不合作和半合作的情况下，基于单链的集群式供应链制造商的产品产量与两个供应商的中间产品价格是呈负相关的；供应商的中间产品价格与其自身的研发绩效水平是呈负相关的；两个供应商的研发绩效水平与制造商对它们的研发补贴率是呈正相关的。

（2）在三种情形下，基于单链的集群式供应链的两个供应商的研发绩效水平与它们间的技术外溢系数是呈正相关的；制造商的产品产量与两个供应商间的技术外溢系数是呈正相关的；各企业利润及供应链总利润与两个供应商间的技术外溢系数是呈正相关的。

（3）在完全不合作和半合作的情况下，基于单链的集群式供应链的制造商对两个供应商的研发补贴率与两个供应商间的外溢系数是呈正相关的；两个供应商的中间产品价格与它们之间的技术外溢系数是呈负相关的。

（4）通过比较三种情形下基于单链的集群式供应链制造商的最优产量可知，制造商的最优产量在完全合作的情况下最大，在半合作的情况下次之，在完全不合作的情况下最小。

（5）比较三种情形下基于单链的集群式供应链中供应商的最优研发绩效水平可知，供应商的最优研发绩效水平在完全合作的情况下最高，在半合作的情况下次之，在完全不合作的情况下最低。

（6）在半合作的情况下，基于单链的集群式供应链的制造商，对两个供应商的研发补贴率比在完全不合作下的研发补贴率大。

（7）在半合作的情况下，基于单链的集群式供应链中供应商的中间产品价格比在完全不合作的情况下该供应商的中间产品价格低；并且在同一种情形下，边际生产成本较小的供应商的中间产品价格比边际生产成本较大的供应商的中间产品价格要低。

（8）比较三种情形下基于单链的集群式供应链的总利润可知，完全合作情况下的供应链总利润最大，半合作情况下次之，完全不合作情况下最小。对于同一供应商而言，它在完全合作情况下的利润最大，在半合作情况下利润次之，在完全不合作情况下利润最小。制造商的利润在完全合作情况下最大，半合作情况下次之，完全不合作情况下最小。

通过上面的结论，可得以下启示。

第一，位于基于单链的集群式供应链相同环节的两家企业，它们应当尽量地提高知识外溢水平，这样可以获得下游企业更多的订单，也能获得下游企业更多的研发资助。提高知识外溢水平对于下游企业也是有利的，它使下游企业获得了更低的中间产品供应价格，从而降低了下游企业的采购成本。

　　第二，当基于单链的集群式供应链下游企业提高对上游企业的研发资助水平时，会促使上游企业提高期望的研发绩效，使上游企业投入更多的资金在研发上。这样下游企业可以通过控制研发资助的大小来调节上游企业的合作研发活动，使它们的合作研发活动向有利于自身的方向发展。例如，当市场需求量较大时，下游企业可以尽量提高对上游企业的研发资助，这样有利于促进上游企业投入更多的资金在研发上，从而获得技术上的更大进步；而基于单链的集群式供应链的紧密合作有利于技术的相互转移，从而进一步降低各上游企业的制造成本，上游企业制造成本的降低有利于促进中间产品价格的降低，下游企业由于获得了低成本的原料采购而增加产量，以满足日益增长的市场需求量。

　　第三，由于基于单链的集群式供应链各企业利润及供应链总利润会随着技术外溢水平的提高而增加，于是要求各企业提高技术外溢水平，而提高技术外溢水平的要求是提高供应链各企业的合作紧密程度。合作越紧密，越有利于技术的溢出，越会促使下游企业对上游企业的研发资助，进而激励上游企业投入更多的资金进行研发活动，降低它们的中间产品价格，促进上游企业增加产量。

第4章 风险投资下基于单链的集群式供应链合作技术创新博弈模型

技术研发活动有着高风险、高资金投入、周期长等特点，由于集群内中小型企业众多，它们利润有限，仅依靠自身的积累无法满足其快速发展的需要，而风险资本正好解决了这一问题。风险投资作为一种权益资本，蕴藏着较高的失败风险，那么风险投资机构该采取多大的投资力度，以及获取多大的控制权才能使自身获利最大，这是风险投资机构需要决策的。风险企业作为研发活动的执行者，它们自有资金有限，该采用多大的投入量才能获利最大，该把研发成功率控制在何种程度才能使机会成本最低，这是风险企业所要决策的。而这一决策问题是本章所要研究的。

4.1 模型的假定及目标函数

4.1.1 基本假设

基于单链的集群式供应链中，供应商和制造商利用各自特有的技术进行联合研发活动，通过获取新技术、生产新产品，来满足市场新的需求。假设基于单链的集群式供应链中供应商和制造商的自有资金都是有限的，它们需要从外界筹措研发所需的部分资金。政府为了鼓励企业进行研发活动，将投入资金和社会资金聚集在一起设立风险投资机构，并由风险资本家代为管理。风险资本家为获取较高的投资收益率而愿意提供企业研发所需的资金。但道德风险的存在、研发的不确定性及投资收益的有效索取，使风险资本家有占有企业一定控制权的愿望，如图 4.1 所示。

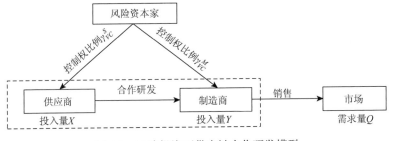

图 4.1 风险投资下供应链合作研发模型

假设基于单链的集群式供应链上游供应商自有资本为 X，制造商的自有资本

为 Y 。若把风险资本家在企业中的股份份额当做是风险资本家对企业的控制权比例，设风险资本家对供应商的控制权比例为 γ_{vc}^s ，风险资本家对制造商的控制权比例为 γ_{vc}^M ，有 $0 \leqslant \gamma_{vc}^s < 1$ ， $0 \leqslant \gamma_{vc}^M < 1$ 。设市场需求量为 Q ，柯布–道格拉斯生产函数能够反映出各方投入产出的相互依赖性和非线性，它的表达式为

$$Q = A \left(\frac{X}{1 - \gamma_{vc}^s} \right)^\alpha \left(\frac{Y}{1 - \gamma_{vc}^M} \right)^\beta \qquad (4.1)$$

设基于单链的集群式供应链中，供应商和制造商的自有资本全部用来投资研发活动，$X \geqslant 0$ ， $Y \geqslant 0$ ； α 为供应商和风险资本家的投入对新产品的绩效影响因子，β 为制造商和风险资本家的投入对新产品的绩效影响因子，$\alpha > 0$ ， $\beta > 0$ 且 $\alpha + \beta < 1$ ； A 为研发绩效转化为市场需求的比例系数，且有 $A > 0$ 为常数。

4.1.2　目标函数

通过分析，可得基于单链的集群式供应链供应商、制造商及风险资本家的利润函数分别如下。

供应商的利润函数为

$$\pi_s = \nu \rho_s Q - X - \nu \kappa \left(\frac{\gamma_{vc}^s}{1 - \gamma_{vc}^s} X \right) \qquad (4.2)$$

制造商的利润函数为

$$\pi_M = \nu \rho_M Q - Y - \nu \kappa \left(\frac{\gamma_{vc}^M}{1 - \gamma_{vc}^M} Y \right) \qquad (4.3)$$

风险资本家的利润函数为

$$\pi_{vc} = \nu \kappa \left(\frac{\gamma_{vc}^s}{1 - \gamma_{vc}^s} X + \frac{\gamma_{vc}^M}{1 - \gamma_{vc}^M} Y \right) \qquad (4.4)$$

其中，ρ_s 和 ρ_M 分别为供应商和制造商的边际收益，$\rho_s > 0$ ， $\rho_M > 0$ ，且都为常数；由于研发具有不确定性，设 ν 为两家企业合作研发活动获得成功的概率，$0 \leqslant \nu \leqslant 1$ ； κ 为基于单链的集群式供应链的两家企业合作研发活动获得成功时，风险资本家 n 年后获得的风险投资净收益率；设 κ_o 为各主体不参与研发活动时，它们的资本 n 年后获得的净收益率，且有 $\kappa_o = n\kappa_n$ ，其中 κ_n 为 n 年期的国债年利率，n 为年份数，且 $0 < \kappa_o < \kappa$ 。

4.2　集群式供应链单链不同情况下的博弈模型

4.2.1　Nash 博弈

基于单链的集群式供应链中的供应商和制造商是平等的合作关系。此时三个

主体进行两阶段的博弈：第一阶段，风险资本家确定他对两家企业的控制权比例；第二阶段，供应商和制造商看到风险资本家的决策后，同时确定它们的自有资本投入量。在整个博弈过程中，各主体都最大化自身利润。采用逆向归纳法求解。

在第二阶段，在给定的风险资本家控制权比例下，基于单链的集群式供应链中供应商和制造商同时确定自有资本投入量以最大化自身利润。对式（4.2）求 X 的偏导数，对式（4.3）求 Y 的偏导数，并令两个导函数为零可得

$$\frac{\partial \pi_s}{\partial X} = \alpha v A \rho_s (1-\gamma_{vc}^S)^{-\alpha}(1-\gamma_{vc}^M)^{-\beta}X^{\alpha-1}Y^{\beta}-v\kappa\gamma_{vc}^s(1-\gamma_{vc}^S)^{-1}-1=0 \quad (4.5)$$

$$\frac{\partial \pi_M}{\partial Y} = \beta v A \rho_M (1-\gamma_{vc}^S)^{-\alpha}(1-\gamma_{vc}^M)^{-\beta}X^{\alpha}Y^{\beta-1}-v\kappa\gamma_{vc}^M(1-\gamma_{vc}^M)^{-1}-1=0 \quad (4.6)$$

解由式（4.5）和式（4.6）组成的方程组，可得 Nash 博弈下基于单链的集群式供应链供应商和制造商的最优自有资本投入量：

$$X = (1-\gamma_{vc}^s)(vA)^{\frac{1}{1-\alpha-\beta}}\left(\frac{1-\gamma_{vc}^M+v\kappa\gamma_{vc}^M}{\beta\rho_M}\right)^{\frac{-\beta}{1-\alpha-\beta}}\left(\frac{1-\gamma_{vc}^s+v\kappa\gamma_{vc}^s}{\alpha\rho_s}\right)^{\frac{\beta-1}{1-\alpha-\beta}} \quad (4.7)$$

$$Y = (1-\gamma_{vc}^M)(vA)^{\frac{1}{1-\alpha-\beta}}\left(\frac{1-\gamma_{vc}^M+v\kappa\gamma_{vc}^M}{\beta\rho_M}\right)^{\frac{\alpha-1}{1-\alpha-\beta}}\left(\frac{1-\gamma_{vc}^s+v\kappa\gamma_{vc}^s}{\cdot\alpha\rho_s}\right)^{\frac{-\alpha}{1-\alpha-\beta}} \quad (4.8)$$

在第一阶段，风险资本家确定对基于单链的集群式供应链中供应商和制造商的最优控制权比例，以最大化自身利润。把式（4.7）和式（4.8）代入式（4.4），对式（4.4）分别求 γ_{vc}^s，γ_{vc}^M 的偏导数，并令两个导函数为零，可得

$$[-\alpha\rho_s+(1-\alpha-\beta)\rho_M](v\kappa-1)\gamma_{vc}^s-\beta\rho_M(v\kappa-1)\gamma_{vc}^M-(\alpha\rho_s+\beta\rho_M)(v\kappa-1)^2\gamma_{vc}^s\gamma_{vc}^M \quad (4.9)$$
$$+(1-\alpha-\beta)\rho_M=0$$

$$-\alpha\rho_s(v\kappa-1)\gamma_{vc}^s+[(1-\alpha-\beta)\rho_s-\beta\rho_M](v\kappa-1)\gamma_{vc}^M-(\alpha\rho_s+\beta\rho_M)(v\kappa-1)^2\gamma_{vc}^s\gamma_{vc}^M \quad (4.10)$$
$$+(1-\alpha-\beta)\rho_s=0$$

解由式（4.9）和式（4.10）组成的方程组，可得使风险资本家利润最大的最优控制权比例：

$$(\bar{\gamma}_{vc}^s)^* = \frac{1}{1-v\kappa}-\frac{\rho_s}{(1-v\kappa)(\alpha\rho_s+\beta\rho_M)} \quad (4.11)$$

$$(\bar{\gamma}_{vc}^M)^* = \frac{1}{1-v\kappa}-\frac{\rho_M}{(1-v\kappa)(\alpha\rho_s+\beta\rho_M)} \quad (4.12)$$

对于方程组的另外两个解：$\bar{\gamma}_{vc}^s=\frac{1}{1-v\kappa}$，$\bar{\gamma}_{vc}^M=\frac{1}{1-v\kappa}$。若 $0\leq v\kappa<1$，则 $1\leq\bar{\gamma}_{vc}^s$，$1\leq\bar{\gamma}_{vc}^M$；若 $1<v\kappa$，则 $\bar{\gamma}_{vc}^s<0$，$\bar{\gamma}_{vc}^M<0$。该结果都与原假设 $0\leq\gamma_{vc}^s<1$，$0\leq\gamma_{vc}^M<1$ 不符。且若 $v\kappa=1$ 时，$\bar{\gamma}_{vc}^s=\frac{1}{1-v\kappa}$，$\bar{\gamma}_{vc}^M=\frac{1}{1-v\kappa}$ 无意义，故舍去该解。

把式（4.11）、式（4.12）代入式（4.7）、式（4.8），可得 Nash 博弈下基于单链的集群式供应链的供应商和制造商的最优自有资本投入量：

$$\overline{X}^* = \alpha^{\frac{1-\beta}{1-\alpha-\beta}} \beta^{\frac{\beta}{1-\alpha-\beta}} (\nu A)^{\frac{1}{1-\alpha-\beta}} (\alpha\rho_S + \beta\rho_M)^{\frac{\alpha+\beta}{1-\alpha-\beta}} \frac{\rho_S - \nu\kappa\alpha\rho_S - \nu\kappa\beta\rho_M}{1-\nu\kappa} \quad (4.13)$$

$$\overline{Y}^* = \alpha^{\frac{\alpha}{1-\alpha-\beta}} \beta^{\frac{1-\alpha}{1-\alpha-\beta}} (\nu A)^{\frac{1}{1-\alpha-\beta}} (\alpha\rho_S + \beta\rho_M)^{\frac{\alpha+\beta}{1-\alpha-\beta}} \frac{\rho_M - \nu\kappa\alpha\rho_S - \nu\kappa\beta\rho_M}{1-\nu\kappa} \quad (4.14)$$

把式（4.11）～式（4.14）代入式（4.1），可得 Nash 博弈下的最优产量：

$$\overline{Q}^* = A^{\frac{1}{1-\alpha-\beta}} \alpha^{\frac{\alpha}{1-\alpha-\beta}} \beta^{\frac{\beta}{1-\alpha-\beta}} (\nu\alpha\rho_S + \nu\beta\rho_M)^{\frac{\alpha+\beta}{1-\alpha-\beta}} \quad (4.15)$$

把式（4.11）～式（4.15）代入式（4.2）～式（4.4），可得 Nash 博弈下各主体的利润：

$$\overline{\pi}_S = \rho_S \alpha^{\frac{\alpha}{1-\alpha-\beta}} \beta^{\frac{\beta}{1-\alpha-\beta}} (\nu A)^{\frac{1}{1-\alpha-\beta}} (\alpha\rho_S + \beta\rho_M)^{\frac{\alpha+\beta}{1-\alpha-\beta}} (1-\alpha) \quad (4.16)$$

$$\overline{\pi}_M = \rho_M \alpha^{\frac{\alpha}{1-\alpha-\beta}} \beta^{\frac{\beta}{1-\alpha-\beta}} (\nu A)^{\frac{1}{1-\alpha-\beta}} (\alpha\rho_S + \beta\rho_M)^{\frac{\alpha+\beta}{1-\alpha-\beta}} (1-\beta) \quad (4.17)$$

$$\overline{\pi}_{VC} = \frac{\nu\kappa}{\nu\kappa-1} \alpha^{\frac{\alpha}{1-\alpha-\beta}} \beta^{\frac{\beta}{1-\alpha-\beta}} (\nu A\alpha\rho_S + \nu A\beta\rho_M)^{\frac{1}{1-\alpha-\beta}} (1-\alpha-\beta) \quad (4.18)$$

在 Nash 博弈下，基于单链的集群式供应链的供应商和制造商进行投资所能获得的利润大于它们不投资研发下的利润，因此有 $\overline{\pi}_S \geqslant \overline{\pi}_S^N$，$\overline{\pi}_M \geqslant \overline{\pi}_M^N$。其中，$\overline{\pi}_S^N$ 和 $\overline{\pi}_M^N$ 分别为供应商和制造商不投资研发下的利润，可以看成是它们投资研发时的机会成本，并且 $\overline{\pi}_S^N = \kappa_o \overline{X}^*$，$\overline{\pi}_M^N = \kappa_o \overline{Y}^*$，可得出以下结论。

（1）当 $0 \leqslant \nu < \dfrac{1}{\kappa}$ 时，若 $\kappa_o \alpha^2 + \alpha + \kappa_o \alpha\beta \dfrac{\rho_M}{\rho_S} > 1$，则 $\nu \geqslant \dfrac{(\kappa_o\alpha+\alpha-1)\rho_S}{\kappa(\kappa_o\alpha^2+\alpha-1)\rho_S + \kappa_o\kappa\alpha\beta\rho_M} = \overline{\nu}_1$；若 $\kappa_o \beta^2 + \beta + \kappa_o \alpha\beta \dfrac{\rho_S}{\rho_M} > 1$，则 $\nu \geqslant \dfrac{(\kappa_o\beta+\beta-1)\rho_M}{\kappa(\kappa_o\beta^2+\beta-1)\rho_M + \kappa_o\kappa\alpha\beta\rho_S} = \overline{\nu}_2$。

可得 $\nu \geqslant Max(\overline{\nu}_1, \ \overline{\nu}_2)$。

在不等式中，若条件改变不等式符号，则结论也应改变不等式符号，若 $\kappa_o \alpha^2 + \alpha + \kappa_o \alpha\beta \dfrac{\rho_M}{\rho_S} < 1$，则 $\nu \leqslant \dfrac{(\kappa_o\alpha+\alpha-1)\rho_S}{\kappa(\kappa_o\alpha^2+\alpha-1)\rho_S + \kappa_o\kappa\alpha\beta\rho_M} = \overline{\nu}_1$，下面的不等式也是同理。

（2）当 $\nu > \dfrac{1}{\kappa}$ 时，若 $\kappa_o \alpha^2 + \alpha + \kappa_o \alpha\beta \dfrac{\rho_M}{\rho_S} < 1$，则 $\nu \geqslant \dfrac{(\kappa_o\alpha+\alpha-1)\rho_S}{\kappa(\kappa_o\alpha^2+\alpha-1)\rho_S + \kappa_o\kappa\alpha\beta\rho_M} = \overline{\nu}_1$；若 $\kappa_o \beta^2 + \beta + \kappa_o \alpha\beta \dfrac{\rho_S}{\rho_M} < 1$，则 $\nu \geqslant \dfrac{(\kappa_o\beta+\beta-1)\rho_M}{\kappa(\kappa_o\beta^2+\beta-1)\rho_M + \kappa_o\kappa\alpha\beta\rho_S} = \overline{\nu}_2$。可得 $\nu \geqslant Max\left(\dfrac{1}{\kappa}, \ \overline{\nu}_1, \ \overline{\nu}_2\right)$。

综合以上分析可得

$$\nu \geqslant Max\left(\frac{1}{\kappa}, \ \overline{\nu}_1, \ \overline{\nu}_2\right) = \nu_{th}^{Nash} \quad (4.19)$$

其中，ν_{th}^{Nash} 为基于单链的集群式供应链企业投资研发时对成功概率所要求的最低标准，v_{th}^{nash} 称为 Nash 博弈下研发成功概率的门槛值。

4.2.2　Stackelberg 博弈

当基于单链的集群式供应链制造商为领导者，供应商为跟随者时，三个主体进行三阶段的博弈：第一阶段，风险资本家确定对两家研发企业的控制权比例；第二阶段，制造商看到风险资本家的决策后，确定它自有资本投入量；第三阶段，供应商看到前两者的决策后，确定它自有资本投入量。在整个博弈过程中，各主体都最大化自身利润。

在第三阶段，基于单链的集群式供应链供应商在给定的制造商研发投入和风险资本家控制权比例的条件下，确定它的自有资本投入量以最大化自身利润。对式（4.2）求 X 的偏导数，并令导函数为零可得式（4.5），求解式（4.5）可得使供应商利润最大化的自有资本投入量：

$$\hat{X} = \left[\frac{\nu A \alpha \rho_s (1-\gamma_{vc}^s)^{1-\alpha} (1-\gamma_{vc}^M)^{-\beta} Y^{\beta}}{1-(1-\nu\kappa)\gamma_{vc}^s} \right]^{\frac{1}{1-\alpha}} \tag{4.20}$$

在第二阶段，基于单链的集群式供应链的制造商根据风险资本家的决策，确定自有资本投入量，以最大化自身利润。将式（4.20）代入式（4.3），对式（4.3）求 Y 的偏导数，并令导函数为零可得

$$\frac{\partial \pi_M}{\partial Y} = \frac{\beta}{1-\alpha} (\nu A)^{\frac{1}{1-\alpha}} (\alpha \rho_s)^{\frac{\alpha}{1-\alpha}} \rho_M (1-\gamma_{VC}^M)^{\frac{-\beta}{1-\alpha}} \left[1-(1-\nu\kappa)\gamma_{VC}^s \right]^{\frac{-\alpha}{1-\alpha}} Y^{\frac{\alpha+\beta-1}{1-\alpha}} - \frac{\nu\kappa\gamma_{VC}^M}{1-\gamma_{VC}^M} - 1 = 0 \tag{4.21}$$

求解式（4.21），可得基于单链的集群式供应链制造商的最优自有资本投入量：

$$\hat{Y} = (1-\gamma_{VC}^M)(\nu A)^{\frac{1}{1-\alpha-\beta}} \left[\frac{\alpha \rho_s}{1-(1-\nu\kappa)\gamma_{VC}^s} \right]^{\frac{\alpha}{1-\alpha-\beta}} \left(\frac{1-\alpha}{\beta \rho_M} \right)^{\frac{\alpha-1}{1-\alpha-\beta}} \left[1-(1-\nu\kappa)\gamma_{VC}^M \right]^{\frac{\alpha-1}{1-\alpha-\beta}} \tag{4.22}$$

将式（4.22）代入式（4.20），可得供应商的最优自有资本投入量：

$$\hat{X} = (1-\gamma_{VC}^s)(\nu A)^{\frac{1}{1-\alpha-\beta}} \left[\frac{\alpha \rho_s}{1-(1-\nu\kappa)\gamma_{VC}^s} \right]^{\frac{1-\beta}{1-\alpha-\beta}} \left(\frac{1-\alpha}{\beta \rho_M} \right)^{\frac{-\beta}{1-\alpha-\beta}} \left[1-(1-\nu\kappa)\gamma_{VC}^M \right]^{\frac{-\beta}{1-\alpha-\beta}} \tag{4.23}$$

在第一阶段，风险资本家确定对基于单链的集群式供应链中，供应商和制造商的最优控制权比例，以最大化其自身利润。把式（4.22）、式（4.23）代入式（4.4），再对式（4.4）求 γ_{vc}^s 和 γ_{vc}^M 的偏导数，并令导函数为零，将其组成方程组，通过解方程组可得 Stackelberg 博弈下风险资本家的最优控制权比例：

$$(\hat{\gamma}_{vc}^s)^* = \frac{1}{1-\nu\kappa} - \frac{(1-\alpha)\rho_s}{(1-\nu\kappa)\left[\alpha(1-\alpha)\rho_s + \beta\rho_M \right]} \tag{4.24}$$

$$(\hat{\gamma}_{vc}^M)^* = \frac{1}{1-\nu\kappa} - \frac{\rho_M}{(1-\nu\kappa)\left[\alpha(1-\alpha)\rho_s + \beta\rho_M \right]} \tag{4.25}$$

同理，方程组的另外两个解：$\hat{\gamma}_{vc}^{s}=\dfrac{1}{1-\nu\kappa}$，$\hat{\gamma}_{vc}^{M}=\dfrac{1}{1-\nu\kappa}$ 应舍去。

把式（4.24）、式（4.25）代入式（4.22）、式（4.23），可得 Stackelberg 博弈下供应商和制造商的最优自有资本投入量：

$$\hat{X}^{*}=\alpha^{\frac{1-\beta}{1-\alpha-\beta}}\beta^{\frac{\beta}{1-\alpha-\beta}}\left(\frac{\nu A}{1-\alpha}\right)^{\frac{1}{1-\alpha-\beta}}\left[\alpha(1-\alpha)\rho_{s}+\beta\rho_{M}\right]^{\frac{\alpha+\beta}{1-\alpha-\beta}}\frac{(1-\alpha)\rho_{s}-\nu\kappa\alpha(1-\alpha)\rho_{s}-\nu\kappa\beta\rho_{M}}{1-\nu\kappa}\quad(4.26)$$

$$\hat{Y}^{*}=\alpha^{\frac{\alpha}{1-\alpha-\beta}}\beta^{\frac{1-\alpha}{1-\alpha-\beta}}\left(\frac{\nu A}{1-\alpha}\right)^{\frac{1}{1-\alpha-\beta}}\left[\alpha(1-\alpha)\rho_{s}+\beta\rho_{M}\right]^{\frac{\alpha+\beta}{1-\alpha-\beta}}\frac{\rho_{M}-\nu\kappa\alpha(1-\alpha)\rho_{s}-\nu\kappa\beta\rho_{M}}{1-\nu\kappa}\quad(4.27)$$

把式（4.24）～式（4.27）代入式（4.1），可得 Stackelberg 博弈下的最优产量：

$$\hat{Q}^{*}=A^{\frac{1}{1-\alpha-\beta}}\alpha^{\frac{\alpha}{1-\alpha-\beta}}\beta^{\frac{\beta}{1-\alpha-\beta}}\left(\nu\alpha\rho_{s}+\frac{\nu\beta\rho_{M}}{1-\alpha}\right)^{\frac{\alpha+\beta}{1-\alpha-\beta}}\quad(4.28)$$

把式（4.24）～式（4.28）代入式（4.2）～式（4.4），可得 Stackelberg 博弈下各主体的利润：

$$\hat{\pi}_{s}=\rho_{s}\alpha^{\frac{\alpha}{1-\alpha-\beta}}\beta^{\frac{\beta}{1-\alpha-\beta}}(\nu A)^{\frac{1}{1-\alpha-\beta}}\left[\alpha(1-\alpha)\rho_{s}+\beta\rho_{M}\right]^{\frac{\alpha+\beta}{1-\alpha-\beta}}(1-\alpha)^{\frac{1-2\alpha-2\beta}{1-\alpha-\beta}}\quad(4.29)$$

$$\hat{\pi}_{M}=\rho_{M}\alpha^{\frac{\alpha}{1-\alpha-\beta}}\beta^{\frac{\beta}{1-\alpha-\beta}}\left(\frac{\nu A}{1-\alpha}\right)^{\frac{1}{1-\alpha-\beta}}\left[\alpha(1-\alpha)\rho_{s}+\beta\rho_{M}\right]^{\frac{\alpha+\beta}{1-\alpha-\beta}}(1-\alpha-\beta)\quad(4.30)$$

$$\hat{\pi}_{vc}=\frac{\nu\kappa}{\nu\kappa-1}\alpha^{\frac{\alpha}{1-\alpha-\beta}}\beta^{\frac{\beta}{1-\alpha-\beta}}\left(\nu A\alpha\rho_{s}+\frac{\nu A\beta\rho_{M}}{1-\alpha}\right)^{\frac{1}{1-\alpha-\beta}}(1-\alpha-\beta)\quad(4.31)$$

同样，在 Stackelberg 博弈下，基于单链的集群式供应链中，供应商和制造商进行投资所能获得的利润应大于它们不投资研发下的利润，因此有 $\hat{\pi}_{s}\geqslant\hat{\pi}_{s}^{N}$，$\hat{\pi}_{M}\geqslant\hat{\pi}_{M}^{N}$。其中，$\hat{\pi}_{s}^{N}$、$\hat{\pi}_{M}^{N}$ 分别为基于单链的集群式供应链中供应商和制造商不投资研发下的利润，可看成是它们投资研发时的机会成本，并且 $\hat{\pi}_{s}^{N}=\kappa_{o}\hat{X}^{*}$，$\hat{\pi}_{M}^{N}=\kappa_{o}\hat{Y}^{*}$，可得

（1）当 $0\leqslant\nu<\dfrac{1}{\kappa}$ 时，若 $\dfrac{\kappa_{o}\alpha^{2}}{1-\alpha}+\dfrac{\kappa_{o}\alpha\beta\rho_{M}}{(1-\alpha)^{2}\rho_{s}}>1$，则 $\nu\geqslant\dfrac{(1-\alpha)(\kappa_{o}\alpha+\alpha-1)\rho_{s}}{\kappa(1-\alpha)(\kappa_{o}\alpha^{2}+\alpha-1)\rho_{s}+\kappa_{o}\kappa\alpha\beta\rho_{M}}=\hat{\nu}_{1}$；若 $\dfrac{\kappa_{o}\beta^{2}}{1-\alpha-\beta}+\dfrac{\kappa_{o}\alpha\beta(1-\alpha)\rho_{s}}{(1-\alpha-\beta)\rho_{M}}>1$，则 $\nu\geqslant\dfrac{(\kappa_{o}\beta+\alpha+\beta-1)\rho_{M}}{\kappa(\kappa_{o}\beta^{2}+\alpha+\beta-1)\rho_{M}+\kappa_{o}\kappa\alpha\beta(1-\alpha)\rho_{s}}=\hat{\nu}_{2}$。可得 $\nu\geqslant Max(\hat{\nu}_{1},\ \hat{\nu}_{2})$。

（2）当 $\nu>\dfrac{1}{\kappa}$ 时，若 $\dfrac{\kappa_{o}\alpha^{2}}{1-\alpha}+\dfrac{\kappa_{o}\alpha\beta\rho_{M}}{(1-\alpha)^{2}\rho_{s}}<1$，则 $\nu\geqslant\dfrac{(1-\alpha)(\kappa_{o}\alpha+\alpha-1)\rho_{s}}{\kappa(1-\alpha)(\kappa_{o}\alpha^{2}+\alpha-1)\rho_{s}+\kappa_{o}\kappa\alpha\beta\rho_{M}}=\hat{\nu}_{1}$；若 $\dfrac{\kappa_{o}\beta^{2}}{1-\alpha-\beta}+\dfrac{\kappa_{o}\alpha\beta(1-\alpha)\rho_{s}}{(1-\alpha-\beta)\rho_{M}}<1$，则 $\nu\geqslant\dfrac{(\kappa_{o}\beta+\alpha+\beta-1)\rho_{M}}{\kappa(\kappa_{o}\beta^{2}+\alpha+\beta-1)\rho_{M}+\kappa_{o}\kappa\alpha\beta(1-\alpha)\rho_{s}}=\hat{\nu}_{2}$。

可得 $\nu \geqslant Max\left(\dfrac{1}{\kappa},\ \hat{\nu}_1,\ \hat{\nu}_2\right)$。

综合以上分析可得

$$\nu \geqslant Max\left(\frac{1}{\kappa},\ \hat{\nu}_1,\ \hat{\nu}_2\right) = \nu_{th}^{stac} \tag{4.32}$$

其中，ν_{th}^{stac} 为企业投资于研发时对成功概率所要求的最低标准，ν_{th}^{stac} 称为 Stackelberg 博弈下研发成功概率的门槛值。

4.2.3 合作博弈

当基于单链的集群式供应链中，供应商和制造商事先达成了可执行的合作协议时，它们合作的目的就是追求共同利益的最大化。此时三个主体进行两阶段的博弈：第一阶段，风险资本家确定对两家企业的控制权比例以最大化自身利润；第二阶段，供应商和制造商看到风险资本家的决策后，确定它们的自有资本投入量以最大化共同利润。

基于单链的集群式供应链中两合作企业的总利润目标函数为

$$\pi_{Total} = (\rho_S + \rho_M)\nu Q - X - Y - \nu\kappa\left(\frac{\gamma_{VC}^S}{1-\gamma_{VC}^S}X + \frac{\gamma_{VC}^M}{1-\gamma_{VC}^M}Y\right) \tag{4.33}$$

在第二阶段，基于单链的集群式供应链的供应商和制造商在给定的风险资本家控制权比例下，确定它们的自有资本投入量以最大化共同利润。对式（4.33）求 X，Y 的偏导数，并令导函数为零可得

$$\frac{\partial \pi_{Total}}{\partial X} = \alpha\nu A(\rho_S + \rho_M)(1-\gamma_{VC}^S)^{-\alpha}(1-\gamma_{VC}^M)^{-\beta}X^{\alpha-1}Y^{\beta} - \frac{\nu\kappa\gamma_{VC}^S}{1-\gamma_{VC}^S} - 1 = 0 \tag{4.34}$$

$$\frac{\partial \pi_{Total}}{\partial Y} = \beta\nu A(\rho_S + \rho_M)(1-\gamma_{VC}^S)^{-\alpha}(1-\gamma_{VC}^M)^{-\beta}X^{\alpha}Y^{\beta-1} - \frac{\nu\kappa\gamma_{VC}^M}{1-\gamma_{VC}^M} - 1 = 0 \tag{4.35}$$

解由式（4.34）和式（4.35）组成的方程组，可得合作博弈下，基于单链的集群式供应链的供应商和制造商共同利润最大化的自有资本投入量

$$\tilde{X} = \alpha^{\frac{1-\beta}{1-\alpha-\beta}}\beta^{\frac{\beta}{1-\alpha-\beta}}(1-\gamma_{VC}^S)(\nu A\rho_S + \nu A\rho_M)^{\frac{1}{1-\alpha-\beta}}\left[1-(1-\nu\kappa)\gamma_{VC}^S\right]^{\frac{\beta-1}{1-\alpha-\beta}}\left[1-(1-\nu\kappa)\gamma_{VC}^M\right]^{\frac{-\beta}{1-\alpha-\beta}} \tag{4.36}$$

$$\tilde{Y} = \alpha^{\frac{\alpha}{1-\alpha-\beta}}\beta^{\frac{1-\alpha}{1-\alpha-\beta}}(1-\gamma_{VC}^M)(\nu A\rho_S + \nu A\rho_M)^{\frac{1}{1-\alpha-\beta}}\left[1-(1-\nu\kappa)\gamma_{VC}^S\right]^{\frac{-\alpha}{1-\alpha-\beta}}\left[1-(1-\nu\kappa)\gamma_{VC}^M\right]^{\frac{\alpha-1}{1-\alpha-\beta}} \tag{4.37}$$

在第一阶段，风险资本家确定基于单链的集群式供应链中供应商和制造商的最优控制权比例，以最大化自身利润。把式（4.36）、式（4.37）代入式（4.4）中，再对式（4.4）求 γ_{VC}^S，γ_{VC}^M 的偏导数，并令导函数为零，将其组成方程组，解方程组可得合作博弈下风险资本家的最优控制权比例：

$$\left(\tilde{\gamma}_{VC}^{S}\right)^{*}=\frac{1}{1-\nu\kappa}-\frac{1}{(\alpha+\beta)(1-\nu\kappa)} \tag{4.38}$$

$$\left(\tilde{\gamma}_{VC}^{M}\right)^{*}=\frac{1}{1-\nu\kappa}-\frac{1}{(\alpha+\beta)(1-\nu\kappa)} \tag{4.39}$$

同理，方程组的另外两个解：$\tilde{\gamma}_{VC}^{S}=\frac{1}{1-\nu\kappa}$，$\tilde{\gamma}_{VC}^{M}=\frac{1}{1-\nu\kappa}$ 应舍去。

把式（4.38）、式（4.39）代入式（4.36）、式（4.37），可得合作博弈下基于单链的集群式供应链中，供应商和制造商的最优自有资本投入量：

$$\tilde{X}^{*}=\alpha^{\frac{1-\beta}{1-\alpha-\beta}}\beta^{\frac{\beta}{1-\alpha-\beta}}(\alpha+\beta)^{\frac{\alpha+\beta}{1-\alpha-\beta}}(\nu A\rho_{S}+\nu A\rho_{M})^{\frac{1}{1-\alpha-\beta}}\frac{1-(\alpha+\beta)\nu\kappa}{1-\nu\kappa} \tag{4.40}$$

$$\tilde{Y}^{*}=\alpha^{\frac{\alpha}{1-\alpha-\beta}}\beta^{\frac{1-\alpha}{1-\alpha-\beta}}(\alpha+\beta)^{\frac{\alpha+\beta}{1-\alpha-\beta}}(\nu A\rho_{S}+\nu A\rho_{M})^{\frac{1}{1-\alpha-\beta}}\frac{1-(\alpha+\beta)\nu\kappa}{1-\nu\kappa} \tag{4.41}$$

把式（4.38）~式（4.41）代入式（4.1）可得合作博弈下的最优产量：

$$\tilde{Q}^{*}=A^{\frac{1}{1-\alpha-\beta}}\alpha^{\frac{\alpha}{1-\alpha-\beta}}\beta^{\frac{\beta}{1-\alpha-\beta}}(\alpha+\beta)^{\frac{\alpha+\beta}{1-\alpha-\beta}}(\nu\rho_{S}+\nu\rho_{M})^{\frac{\alpha+\beta}{1-\alpha-\beta}} \tag{4.42}$$

把式（4.38）~式（4.42）代入式（4.2）~式（4.4）可得合作博弈下各主体的利润：

$$\tilde{\pi}_{S}=\alpha^{\frac{\alpha}{1-\alpha-\beta}}\beta^{\frac{\beta}{1-\alpha-\beta}}(\alpha+\beta)^{\frac{\alpha+\beta}{1-\alpha-\beta}}(\nu A)^{\frac{1}{1-\alpha-\beta}}(\rho_{S}+\rho_{M})^{\frac{\alpha+\beta}{1-\alpha-\beta}}(\rho_{S}-\alpha\rho_{S}-\alpha\rho_{M}) \tag{4.43}$$

$$\tilde{\pi}_{M}=\alpha^{\frac{\alpha}{1-\alpha-\beta}}\beta^{\frac{\beta}{1-\alpha-\beta}}(\alpha+\beta)^{\frac{\alpha+\beta}{1-\alpha-\beta}}(\nu A)^{\frac{1}{1-\alpha-\beta}}(\rho_{S}+\rho_{M})^{\frac{\alpha+\beta}{1-\alpha-\beta}}(\rho_{M}-\beta\rho_{S}-\beta\rho_{M}) \tag{4.44}$$

$$\tilde{\pi}_{VC}=\frac{\nu\kappa}{\nu\kappa-1}\alpha^{\frac{\alpha}{1-\alpha-\beta}}\beta^{\frac{\beta}{1-\alpha-\beta}}(\alpha+\beta)^{\frac{1}{1-\alpha-\beta}}(\nu A\rho_{S}+\nu A\rho_{M})^{\frac{1}{1-\alpha-\beta}}(1-\alpha-\beta) \tag{4.45}$$

在合作博弈下，基于单链的集群式供应链中供应商和制造商进行投资所能获得的利润应大于它们不投资研发下的利润，有 $\tilde{\pi}_{S}\geqslant\tilde{\pi}_{S}^{N}$，$\tilde{\pi}_{M}\geqslant\tilde{\pi}_{M}^{N}$。其中，$\tilde{\pi}_{S}^{N}$，$\tilde{\varPi}_{M}^{N}$ 分别为供应商和制造商不投资研发下的利润，可看成是它们投资研发时的机会成本，并且 $\tilde{\pi}_{S}^{N}=\kappa_{o}\tilde{X}^{*}$，$\tilde{\pi}_{M}^{N}=\kappa_{o}\tilde{Y}^{*}$，可得

（1）当 $0\leqslant\nu<\frac{1}{\kappa}$ 时，若 $\left[\kappa_{o}\alpha(\alpha+\beta)+\alpha\right]\left(1+\frac{\rho_{M}}{\rho_{S}}\right)>1$，则 $\nu\geqslant$

$$\frac{\kappa_{o}\alpha(\rho_{S}+\rho_{M})}{\kappa_{o}\kappa\alpha(\alpha+\beta)(\rho_{S}+\rho_{M})}\frac{-(\rho_{S}-\alpha\rho_{S}-\alpha\rho_{M})}{-\kappa(\rho_{S}-\alpha\rho_{S}-\alpha\rho_{M})}=\tilde{\nu}_{1}；$$ 若 $\left[\kappa_{o}\beta(\alpha+\beta)+\beta\right]\left(1+\frac{\rho_{S}}{\rho_{M}}\right)>1$，则

$$\nu\geqslant\frac{\kappa_{o}\beta(\rho_{S}+\rho_{M})}{\kappa_{o}\kappa\beta(\alpha+\beta)(\rho_{S}+\rho_{M})}\frac{-(\rho_{M}-\beta\rho_{S}-\beta\rho_{M})}{-\kappa(\rho_{M}-\beta\rho_{S}-\beta\rho_{M})}=\tilde{\nu}_{2}。$$ 可得 $\nu\geqslant Max(\tilde{\nu}_{1}，\tilde{\nu}_{2})$。

（2）当 $\nu>\frac{1}{\kappa}$ 时，若 $\left[\kappa_{o}\alpha(\alpha+\beta)+\alpha\right]\left(1+\frac{\rho_{M}}{\rho_{S}}\right)<1$，则 $\nu\geqslant$

$$\frac{\kappa_{o}\alpha(\rho_{S}+\rho_{M})}{\kappa_{o}\kappa\alpha(\alpha+\beta)(\rho_{S}+\rho_{M})}\frac{-(\rho_{S}-\alpha\rho_{S}-\alpha\rho_{M})}{-\kappa(\rho_{S}-\alpha\rho_{S}-\alpha\rho_{M})}=\tilde{\nu}_{1}；$$ 若 $\left[\kappa_{o}\beta(\alpha+\beta)+\beta\right]\left(1+\frac{\rho_{S}}{\rho_{M}}\right)<1$，则

$$\nu \geqslant \frac{\kappa_o \beta(\rho_s + \rho_M)}{\kappa_o \kappa \beta(\alpha + \beta)(\rho_s + \rho_M)} \frac{-(\rho_M - \beta\rho_s - \beta\rho_M)}{-\kappa(\rho_M - \beta\rho_s - \beta\rho_M)} = \tilde{\nu}_2。可得 \nu \geqslant Max\left(\frac{1}{\kappa}, \ \tilde{\nu}_1, \ \tilde{\nu}_2\right)。$$

综合以上分析可得

$$\nu \geqslant Max\left(\frac{1}{\kappa}, \ \tilde{\nu}_1, \ \tilde{\nu}_2\right) = \nu_{th}^{coop} \tag{4.46}$$

其中，ν_{th}^{coop} 为企业投资于研发时对成功概率所要求的最低标准；ν_{th}^{coop} 为合作博弈下研发成功概率的门槛值。

4.3　数　值　仿　真

前面运用了 Nash 博弈、Stackelberg 博弈和合作博弈来研究基于单链的集群式供应链中供应商与制造商在风险投资下的合作研发决策问题，得到了三种博弈下各主体的决策均衡值及利润。为了直观地反映问题，根据设定的约束条件，下面对模型中的参数进行赋值。取固定参数：$\rho_s = 100$，$\rho_M = 85$，$\alpha = 0.3$，$\beta = 0.5$，$A = 0.8$。变动参数：$n = 3$，5，10；$\kappa_3 = 3.3\%$，$\kappa_5 = 3.6\%$，$\kappa_{10} = 4.5\%$，其中，κ_3，κ_5，κ_{10} 分别为 3 年期，5 年期，10 年期的国债年利率，可知 $\kappa_o = n\kappa_n$ 分别为 9.9%，18%，45%；取 κ 值分别为 200%，250%，300%，把风险投资年平均净收益率控制在 20%~100%，不至于低于国债年利率。根据以上赋值，可得三种博弈下的研发门槛值 ν_{th}^{Nash}，ν_{th}^{stac}，ν_{th}^{coop}，如表 4.1 所示。

表 4.1　不同净收益率下的研发门槛值

参数　门槛值	$\kappa_o = 9.9\%$			$\kappa_o = 18\%$			$\kappa_o = 45\%$		
	$\kappa = 2$	$\kappa = 2.5$	$\kappa = 3$	$\kappa = 2$	$\kappa = 2.5$	$\kappa = 3$	$\kappa = 2$	$\kappa = 2.5$	$\kappa = 3$
ν_{th}^{Nash}	0.5000	0.4000	0.3333	0.5000	0.4000	0.3333	0.5000	0.4000	0.3333
ν_{th}^{stac}	0.5000	0.4000	0.3333	0.5000	0.4000	0.3333	0.5000	0.4000	0.3333
ν_{th}^{coop}	0.5000	0.4000	0.3333	0.5000	0.4000	0.3333	0.5000	0.4000	0.3333

选取 3 年期、5 年期、10 年期国债收益作为基准来衡量三种博弈下，基于单链的集群式供应链中供应商和制造商投资于研发所能获得的收益，能得到两者合作研发活动获得成功的门槛值。从表 4.1 可以看出，满足约束条件下，只要使研发成功率大于或等于 $1/\kappa$，两主体投资研发所获的收益就会大于投资各期国债所获的收益，那么它们投资于研发就是可取的；反之，则不应投资于研发活动，而应该投资于国债或其他收益率更高的项目。从表 4.1 中可知，研发门槛值的大小与选取的基准国债无关，即选取 3 年期、5 年期国债与选取 10 年期国债作为基准所要求的研发门槛值是一样的；研发门槛值的大小与风险资本家获得的投资净收益率成反比，即风险资本家获得的投资净收益率越高，对合作研发所要求的成功

率越低；研发门槛值的大小与供应商和制造商间的博弈顺序及它们的合作紧密程度无关。

依据各参数的赋值，可得三种博弈在不同的净收益率和研发成功率下的均衡值及利润，如表 4.2 所示。

依据满足约束条件的赋值可得表 4.2，从表 4.2 中可得以下结论。

（1）在相同的研发成功率下，基于单链的集群式供应链研发活动合作越紧密，供应商和制造商自有的研发投入越大，所需的自有资本就越多。供应商和制造商自有的研发投入与研发成功率、风险资本家的投资净收益率呈正比。

（2）对于基于单链的集群式供应链的供应商，风险资本家对它的控制权在 Nash 博弈下最大，合作博弈下次之，Stackelberg 博弈下最小。对于制造商，风险资本家对它的控制权在 Stackelberg 博弈下最大，合作博弈下次之，Nash 博弈下最小。在合作博弈下，风险资本家对两家研发企业的控制权比例是相等的。控制权比例与研发成功率、风险资本家的投资净收益率呈反比。

（3）随着合作的加强，基于单链的集群式供应链的产量增加。基于单链的集群式供应链产量的大小与风险资本家的投资净收益率无关，与研发成功率呈正比。

（4）对于基于单链的集群式供应链中的供应商和制造商，随着它们合作的加强，它们所获利润增加，且它们的利润与风险资本家的投资净收益率、控制权比例无关，与研发成功率呈正比。对于风险资本家，随着研发企业合作的加强，他所获得的利润增加，且他的利润与他本身的投资净收益率呈反比，与研发企业的研发成功率、自身对研发企业的控制权比例呈正比，且必须保证 $v\kappa > 1$，才能使风险资本家获利。

（5）若基于单链的集群式供应链中两家研发企业的研发成功率大于或等于 $1/\kappa$，那么它们投资研发所获的收益就大于投资各期国债所获的收益。结合表 4.1 可知，在如表 4.2 所示的风险资本家投资净收益率下，若基于单链的集群式供应链中两家研发企业的研发成功率为 $v = 0.7$，$v = 0.8$ 和 $v = 1$，则它们投资研发所获利润大于投资各期国债所获利润。

基于单链的集群式供应链中供应商和制造商联合进行研发活动，由于自有资本的不足而采用风险资本家的风险投资，本章采用 Nash 博弈、Stackelberg 博弈、合作博弈来分析各主体间的决策情况，并得到各博弈下各主体的最优均衡值及最大利润。基于各主体在最优决策下的最大利润，本章采用各期国债收益来与此最大利润做比较，以确定基于单链的集群式供应链中两家研发企业在各博弈下的研发门槛值。通过数值仿真实验，可得以下结论。

（1）随着合作的加强、研发成功率的提高、风险资本家所要求的投资净收益率的增大，两家研发企业应增加自有资本的投入，它们需从更多渠道来获取自有资本。

表 4.2 不同净收益率和研发成功率下的均衡值及利润

均衡值	参数	$\nu=0.7$			$\nu=0.8$			$\nu=1$		
		$\kappa=2$	$\kappa=2.5$	$\kappa=3$	$\kappa=2$	$\kappa=2.5$	$\kappa=3$	$\kappa=2$	$\kappa=2.5$	$\kappa=3$
Nash 博弈	X	49 729	475 181	629 892	689 448	1 163 441	1 366 581	3 550 541	4 273 799	4 635 428
	Y	911 603	1 233 887	1 351 082	2 226 138	2 585 193	2 739 074	7 889 383	8 437 257	8 711 194
	γ_{VC}^{S}	0.9483	0.5057	0.3448	0.6322	0.3793	0.2709	0.3793	0.2529	0.1897
	γ_{VC}^{M}	0.4310	0.2299	0.1567	0.2874	0.1724	0.1232	0.1724	0.1149	0.0862
	Q	63 142	63 142	63 142	107 718	107 718	107 718	262 982	262 982	262 982
	π_S	3 093 577	3 093 577	3 093 577	6 031 435	6 031 435	6 031 435	18 406 478	18 406 478	18 406 478
	π_M	1 878 243	1 878 243	1 878 243	3 661 942	3 661 942	3 661 942	1 117 5362	1 117 5362	1 117 5362
	π_{VC}	2 242 843	1 495 229	1 223 369	3 331 650	2 498 737	2 141 775	7 625 541	6 354 617	5 719 156
Stackelberg 博弈	X	2 193 946	2 546 060	2 674 102	4 767 817	5 160 106	5 328 230	15 747 394	16 345 979	16 645 271
	Y	754 464	2 695 435	3 401 243	4 173 980	6 336 404	7 263 157	19 337 169	22 636 766	24 286 564
	γ_{VC}^{S}	0.2559	0.1365	0.0931	0.1706	0.1024	0.0731	0.1024	0.0682	0.0512
	γ_{VC}^{M}	0.8465	0.4514	0.3078	0.5643	0.3386	0.2418	0.3386	0.2257	0.1693
	Q	154 764	154 764	154 764	264 020	264 020	264 020	644 580	644 580	644 580
	π_S	7 582 481	7 582 481	7 582 481	14 783 289	14 783 289	14 783 289	45 115 017	45 115 017	45 115 017
	π_M	2 630 653	2 630 653	2 630 653	5 128 889	5 128 889	5 128 889	15 652 128	15 652 128	15 652 128
	π_{VC}	6 878 399	4 585 599	3 751 854	10 217 573	7 663 180	6 568 440	23 386 169	19 488 474	17 539 627
合作 博弈	X	12 780 859	22 721 526	26 336 315	38 761 921	49 836 755	54 583 113	152 089 707	168 988 564	177 437 992
	Y	21 299 520	37 865 813	43 889 919	64 597 405	83 053 806	90 963 692	253 460 101	281 622 335	295 703 451
	γ_{VC}^{S}	0.6250	0.3333	0.2273	0.4167	0.2500	0.1786	0.2500	0.1667	0.1250
	γ_{VC}^{M}	0.6250	0.3333	0.2273	0.4167	0.2500	0.1786	0.2500	0.1667	0.1250
	Q	1 096 510	1 096 510	1 096 510	1 870 598	1 870 598	1 870 598	4 566 888	4 566 888	4 566 888
	π_S	34 152 123	34 152 123	34 152 123	66 585 158	66 585 158	66 585 158	203 201 777	203 201 777	203 201 777
	π_M	5 755 976	5 755 976	5 755 976	11 222 218	11 222 218	11 222 218	34 247 490	34 247 490	34 247 490
	π_{VC}	79 509 211	53 006 141	43 368 661	118 107 606	88 580 705	75 926 318	27 032 6858	225 272 381	202 745 143

（2）风险资本家偏向于对在基于单链的集群式供应链中处于优势地位的企业实行较大的控制权，以便对整个基于单链的集群式供应链的控制。当两家研发企业合作达到一定程度时，风险资本家对两家企业的控制权降低，并趋于相等。若风险企业经营状况良好，风险投资家会减少控制权；若风险企业经营状况差，风险企业会转移部分控制权给风险投资家，以获取后续风险投资。异曲同工的是，本章也认为当两家企业的研发成功率提高、风险资本家的投资净收益率增大时，风险资本家会对两家企业的控制权降低。

（3）随着合作的加强，研发企业自有资本投入的增加，促使基于单链的集群式供应链的产量也增加。当研发企业的研发成功率提高时，基于单链的集群式供应链的产量增加，而产量的大小与风险资本家的投资净收益率无关。

（4）随着合作的加强、研发成功率的提高，研发企业所获得的利润增加。另外，研发企业的利润与风险资本家所要求的投资净收益率及控制权比例无关。风险资本家的利润随着研发企业合作的加强、研发成功率的提高及自身对研发企业控制权比例的上升而增大，且必须保证 $\nu\kappa > 1$ 才有利可图，否则出现亏损。因此，风险资本家有强烈的提高控制权的愿望。

（5）若基于单链的集群式供应链的两家研发企业的研发成功率大于或等于 $1/\kappa$，那么它们投资于研发是可取的，否则不应投资研发而应投资国债或其他收益更高的项目。

从结论中可知，基于单链的集群式供应链研发企业及风险资本家的利润都随着合作的加强而增加，因此，对于两家研发企业，它们应加强技术知识交流，增大技术外溢，同时研发企业应拓宽自有资本来源渠道，以加大自有资本投入，才能从研发中获得更多利润。从风险资本家的角度来看，它应该评估研发企业的研发成功率，在研发成功率较低时，应增大所要求的投资净收益率，使研发企业的研发成功率与自身的投资净收益率乘积大于1。同时，风险资本家应鼓励研发企业加强合作，对合作程度过低的企业，可以选择少投资或不投资。

第5章 政府补贴和链内激励下集群式供应链单链合作技术创新博弈模型

技术研发周期长、投入资金大、风险高,迫使以中小企业为主的集群内企业结合成技术联盟。这样集群内的中小企业一是可以共担研发风险;二是使技术溢出内部化,使研发投资企业较大程度地享受研发成果。基于单链的集群式供应链的内部企业作为战略合作伙伴关系,供应链内任何环节的变化都会影响到集群式供应链的整体竞争力。对于高度一体化的集群式供应链,彼此的互补性迫使链内企业互相帮助,特别是对于风险高、资金需求量大的技术研发,更需要集群式供应链内部企业的相互协作、相互激励。

政府作为公共福利机构,为了促进高新技术又快又好的发展,对技术研发活动制定了一系列的扶持政策。所以,基于单链的集群式供应链中上下游企业该采取何种程度激励,以及政府该采取多大补贴,才能使合作研发效果最好、供应链新增利润最大、社会福利最高,成为了实际问题,也是本章所要研究的问题。

5.1 模型的假定及描述

5.1.1 基本假设

考虑基于单链的集群式供应链中,有两个供应商和一个制造商,制造商生产一单位最终产品需要供应商1供应一单位中间产品1和供应商2供应一单位中间产品2。基于单链的集群式供应链的两个供应商进行联合产品创新,以促进市场需求量的增长;政府为了社会福利的增长而对两个供应商的联合创新进行补贴;制造商为了获得生产成本的降低和市场需求量的增长,而愿意对两个供应商的联合创新进行链内补贴,如图5.1所示。

政府对两个供应商的创新活动进行补贴,假设政府与企业之间,以及企业与企业之间信息是完全对称的,基于单链的集群式供应链中,两个供应商利用各自专有技术对原有的产品进行创新。柯布-道格拉斯生产函数能够较好地反映各方投入产出的相互依赖性和非线性。产品的新增市场需求量为 ΔQ,它可以表示如下:

$$\Delta Q = AX^{\alpha}Y^{\beta} \tag{5.1}$$

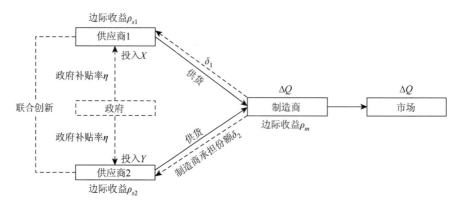

图 5.1　上游供应商联合创新补贴模型

其中，X 为供应商 1 创新投入量；Y 为供应商 2 创新投入量；α,β 分别为供应商 1 和供应商 2 的投入对新产品的绩效影响因子；A 为创新绩效转化为市场需求的比例系数，且有 $A>0$，为常数；α,β 均大于零，不失一般性，定义 $0.5<\alpha+\beta<1$，保证创新的效率不至于太低但规模是不经济的；X,Y 均大于等于零。

5.1.2　企业的新增利润函数

通过以上假设，可得基于单链的集群式供应链中制造商由于供应商创新活动而产生的新增利润函数为

$$\Delta\pi_m = \rho_m\Delta Q - \delta_1 X - \delta_2 Y \tag{5.2}$$

其中，ρ_m 为制造商的边际收益，是大于零的可预测常数；δ_1，δ_2 分别为制造商对供应商 1 和供应商 2 创新费用所承担的份额，且有 $0\leqslant\delta_1\leqslant1$，$0\leqslant\delta_2\leqslant1$。

供应商 1 由于创新活动而新增的利润函数为

$$\Delta\pi_{s1} = \rho_{s1}\Delta Q - (1-\delta_1-\eta)X \tag{5.3}$$

其中，ρ_{s1} 为供应商 1 的边际收益，是大于零的常数；η 为政府对供应商创新活动的补贴率，且 $0\leqslant\eta\leqslant1$。

设政府对同一性质企业的创新补贴率是相同的，则供应商 2 由于创新活动而新增的利润函数为

$$\Delta\pi_{s2} = \rho_{s2}\Delta Q - (1-\delta_2-\eta)Y \tag{5.4}$$

其中，ρ_{s2} 为供应商 2 的边际效益，是大于零的常数。

5.1.3　政府效用函数

政府提供补贴是为了激励基于单链的集群式供应链中的企业进行创新活动，

提高原有产品的质量，提高企业效益和市场竞争力，政府的补贴活动要使得集群式供应链系统创新投入的产出最大化，也就是使得新增社会福利最大化。这里定义政府效用为各企业新增利润减去政府对联合创新的补贴费用；将式（5.2）～式（5.4）相加再减去政府的创新补贴，即得到政府效用函数为

$$U_g = \Delta \pi_m + \Delta \pi_{s1} + \Delta \pi_{s2} - s_g$$

则

$$U_g = (\rho_m + \rho_{s1} + \rho_{s2})\Delta Q - X - Y \tag{5.5}$$

5.2　非合作和合作博弈均衡分析

5.2.1　纳什均衡分析

当基于单链的集群式供应链系统中，各企业之间是平等关系时，各方非合作地同时进行博弈。在该博弈中，有四个参与者，分别是政府，制造商和两个供应商，他们的博弈分两个阶段：第一阶段，政府确定创新补贴率 η，以使国内新增社会福利最大；第二阶段，根据政府补贴政策，集群式供应链制造商确定两个供应商创新费用的承担份额，同时两个供应商选择各自的创新投入量 X，Y，以最大化各自新增利润。这种非合作博弈的解称为纳什均衡。

采用逆向归纳法，首先对于给定的政府补贴率 η，制造商确定创新费用承担份额 δ_1 和 δ_2，同时基于单链的集群式供应链中的两个供应商各自确定创新投入量 X，Y，以使各自的新增利润最大化。在制造商的新增利润目标函数式（5.2）中，系数 δ_1 和 δ_2 的符号都为负，制造商为了使得自身的新增利润最大化，确定它对两个供应商创新费用的承担份额 $\delta_1 = 0$ 和 $\delta_2 = 0$；同时对式（5.3）、式（5.4）分别求 X 和 Y 的一阶导数并令导函数等于零，可得如下等式：

$$\frac{\partial \Delta \pi_{s1}}{\partial X} = A\alpha\rho_{s1}X^{-1+\alpha}Y^{\beta} + \eta + \delta_1 - 1 = 0 \tag{5.6}$$

$$\frac{\partial \Delta \pi_{s2}}{\partial Y} = A\beta\rho_{s2}X^{\alpha}Y^{-1+\beta} + \eta + \delta_2 - 1 = 0 \tag{5.7}$$

将式（5.6）和式（5.7）联立，可以求得纳什均衡下两个供应商创新投入量：

$$\bar{X}^2 = \left[\frac{1}{A}\left(\frac{1-\delta_2-\eta}{\beta\rho_{s2}} \right)^{\beta}\left(\frac{1-\delta_1-\eta}{\alpha\rho_{s1}} \right)^{1-\beta} \right]^{\frac{1}{\alpha+\beta-1}} \tag{5.8}$$

$$\bar{Y}^2 = \left[\frac{1}{A}\left(\frac{1-\delta_1-\eta}{\alpha\rho_{s1}} \right)^{\alpha}\left(\frac{1-\delta_2-\eta}{\beta\rho_{s2}} \right)^{1-\alpha} \right]^{\frac{1}{\alpha+\beta-1}} \tag{5.9}$$

通过以上结果可得以下决策变量值：

$$\overline{\delta_1^*} = 0 \tag{5.10}$$

$$\overline{\delta_2^*} = 0 \tag{5.11}$$

$$\overline{X}^2 = \left[\frac{A(\beta\rho_{s2})^\beta (\alpha\rho_{s1})^{1-\beta}}{1-\eta} \right]^{\frac{1}{1-\alpha-\beta}} \tag{5.12}$$

$$\overline{Y}^2 = \left[\frac{A(\alpha\rho_{s1})^\alpha (\beta\rho_{s2})^{1-\alpha}}{1-\eta} \right]^{\frac{1}{1-\alpha-\beta}} \tag{5.13}$$

在第一阶段，政府确定最优的创新补贴率 η，以使政府效用函数式（5.5）最大，将式（5.12）、式（5.13）代入政府效用函数式（5.5），求关于 η 的一阶导数并令导函数等于零，可解得政府的最优创新补贴率为

$$\overline{\eta}^* = \frac{\alpha(\rho_m+\rho_{s2})+\beta(\rho_m+\rho_{s1})}{(\alpha+\beta)(\rho_m+\rho_{s1}+\rho_{s2})} \tag{5.14}$$

因此，在纳什均衡过程中有

$$\overline{\eta}^* = \frac{\alpha(\rho_m+\rho_{s2})+\beta(\rho_m+\rho_{s1})}{(\alpha+\beta)(\rho_m+\rho_{s1}+\rho_{s2})} \tag{5.15}$$

$$\overline{\delta_1^*} = 0 \tag{5.16}$$

$$\overline{\delta_2^*} = 0 \tag{5.17}$$

$$\overline{X}^* = \left[\frac{A(\alpha+\beta)(\alpha\rho_{s1})^{1-\beta}(\beta\rho_{s2})^\beta(\rho_m+\rho_{s1}+\rho_{s2})}{\alpha\rho_{s1}+\beta\rho_{s2}} \right]^{\frac{1}{1-\alpha-\beta}} \tag{5.18}$$

$$\overline{Y}^* = \left[\frac{A(\alpha+\beta)(\alpha\rho_{s1})^\alpha(\beta\rho_{s2})^{1-\alpha}(\rho_m+\rho_{s1}+\rho_{s2})}{\alpha\rho_{s1}+\beta\rho_{s2}} \right]^{\frac{1}{1-\alpha-\beta}} \tag{5.19}$$

通过以上求得的决策变量，可以得到在纳什均衡下基于单链的集群式供应链中制造商和供应商的新增利润和政府效用为

$$\Delta\overline{\pi}_m = \rho_m A^{\frac{1}{1-\alpha-\beta}} (\alpha\rho_{s1})^{\frac{\alpha}{1-\alpha-\beta}} (\beta\rho_{s2})^{\frac{\beta}{1-\alpha-\beta}} \left[\frac{(\alpha+\beta)(\rho_m+\rho_{s1}+\rho_{s2})}{\alpha\rho_{s1}+\beta\rho_{s2}} \right]^{\frac{\alpha+\beta}{1-\alpha-\beta}} \tag{5.20}$$

$$\Delta\overline{\pi}_{s1} = (A\rho_{s1})^{\frac{1}{1-\alpha-\beta}} \left(\frac{\beta\rho_{s2}}{\rho_{s1}} \right)^{\frac{\beta}{1-\alpha-\beta}} \left(\frac{(\alpha+\beta)(\rho_m+\rho_{s1}+\rho_{s2})}{\alpha\rho_{s1}+\beta\rho_{s2}} \right)^{\frac{\alpha+\beta}{1-\alpha-\beta}} (\alpha^{\frac{\alpha}{1-\alpha-\beta}} - \alpha^{\frac{1-\beta}{1-\alpha-\beta}}) \tag{5.21}$$

$$\Delta\overline{\pi}_{s2} = (A\rho_{s2})^{\frac{1}{1-\alpha-\beta}} \left(\frac{\alpha\rho_{s1}}{\rho_{s2}} \right)^{\frac{\alpha}{1-\alpha-\beta}} \left(\frac{(\alpha+\beta)(\rho_m+\rho_{s1}+\rho_{s2})}{\alpha\rho_{s1}+\beta\rho_{s2}} \right)^{\frac{\alpha+\beta}{1-\alpha-\beta}} (\beta^{\frac{\beta}{1-\alpha-\beta}} - \beta^{\frac{1-\alpha}{1-\alpha-\beta}}) \tag{5.22}$$

$$\Delta\bar{\pi}_{\text{总}} = A^{\frac{1}{1-\alpha-\beta}}(\alpha\rho_{s1})^{\frac{\alpha}{1-\alpha-\beta}}(\beta\rho_{s2})^{\frac{\beta}{1-\alpha-\beta}}\left[\frac{(\alpha+\beta)(\rho_m+\rho_{s1}+\rho_{s2})}{\alpha\rho_{s1}+\beta\rho_{s2}}\right]^{\frac{\alpha+\beta}{1-\alpha-\beta}}\left[\rho_m+(1-\alpha)\rho_{s1}+(1-\beta)\rho_{s2}\right]$$

$$(5.23)$$

$$\bar{U}_g = (1-\alpha-\beta)(\alpha\rho_{s1})^{\frac{\alpha}{1-\alpha-\beta}}(\beta\rho_{s2})^{\frac{\beta}{1-\alpha-\beta}}\left[A(\rho_m+\rho_{s1}+\rho_{s2})\right]^{\frac{1}{1-\alpha-\beta}}\left(\frac{\alpha+\beta}{\alpha\rho_{s1}+\beta\rho_{s2}}\right)^{\frac{\alpha+\beta}{1-\alpha-\beta}} \quad (5.24)$$

从以上结果式（5.10）～式（5.13）和各企业的新增利润函数式（5.2）～式（5.4），可得以下命题。

命题 5.1a　不管政府采用何种补贴政策，基于单链的集群式供应链的制造商都不愿意和两个供应商共同承担创新费用。

命题 5.1b　两个供应商的创新费用投入量与它们自身的边际收益是呈正相关的。

命题 5.1c　当政府补贴率 $\eta\in[0,\ 1)$ 时，两个供应商的创新投入量与政府补贴率是呈正相关的。

命题 5.1d　制造商和两个供应商各自的新增利润与政府补贴是呈正相关的。

命题 5.1a、命题 5.1b、命题 5.1c、命题 5.1d 表示，当基于单链的集群式供应链中制造商和两个供应商同时进行博弈时，不管制造商愿不愿意和两个供应商共担创新费用，两个供应商的创新投入量都不会改变。所以，制造商选择不和两个供应商共担创新费用。对于两个供应商而言，政府对他们的补贴率越大，他们就越愿意支出更多的创新费用，因此，即使制造商不愿意和他们共担创新费用，但更高的政府补贴率和各自更高的边际收益会激励他们在创新活动中投入更多。当政府提高创新补贴率时，两个供应商会提高创新投入量，进而使得新增市场的需求增大，提高了基于单链的集群式供应链中两个供应商和制造商各自的产品市场利润，同时，更高的政府补贴率使两个供应商获得了更多的政府补贴量。因此，制造商和两个供应商的新增利润随着政府补贴的增加而增加。

5.2.2　子博弈精炼纳什均衡分析

当基于单链的集群式供应链制造商为领导者，供应商为跟随者时，制造商和供应商进行序贯非合作博弈。此时，政府、制造商和供应商进行三阶段的博弈：第一阶段，由政府确定创新补贴率 η，以使政府效用最大化；第二阶段，制造商根据政府对供应商的补贴政策，确定自身对两个供应商创新费用所承担的份额 δ_1 和 δ_2，以使得自身新增利润最大；第三阶段，基于单链的集群式供应链的两个供应商依据政府补贴率 η 和制造商承担的创新费用份额 δ_1、δ_2，确定各自的创新投入量 X 和 Y，以使各自的新增利润达到最大。

在第三阶段，基于单链的集群式供应链中两个供应商在给定的政府补贴和制造商费用承担份额的条件下选择各自最优的创新投入量，以最大化各自的新增利润函数。将式（5.3）、式（5.4）分别对 X，Y 求一阶导数并令两个导函数为零，可得如下等式：

$$\frac{\partial \Delta \pi_{s1}}{\partial X} = A\alpha\rho_{s1}X^{-1+\alpha}Y^{\beta} + \eta + \delta_1 - 1 = 0 \tag{5.25}$$

$$\frac{\partial \Delta \pi_{s2}}{\partial Y} = A\beta\rho_{s2}X^{\alpha}Y^{-1+\beta} + \eta + \delta_2 - 1 = 0 \tag{5.26}$$

将式（5.25）、式（5.26）联立，可求得子博弈精炼纳什均衡下两个供应商创新投入量为

$$\hat{X}^3 = A^{\frac{1}{1-\alpha-\beta}}\left(\frac{\beta\rho_{s2}}{1-\delta_2-\eta}\right)^{\frac{\beta}{1-\alpha-\beta}}\left(\frac{\alpha\rho_{s1}}{1-\delta_1-\eta}\right)^{\frac{1-\beta}{1-\alpha-\beta}} \tag{5.27}$$

$$\hat{Y}^3 = A^{\frac{1}{1-\alpha-\beta}}\left(\frac{\alpha\rho_{s1}}{1-\delta_1-\eta}\right)^{\frac{\alpha}{1-\alpha-\beta}}\left(\frac{\beta\rho_{s2}}{1-\delta_2-\eta}\right)^{\frac{1-\alpha}{1-\alpha-\beta}} \tag{5.28}$$

将式（5.27）对 δ_1 求偏导，可知随着制造商对供应商 1 创新费用承担份额 δ_1 的变化，供应商 1 创新投入量 X 的变化情况。将式（5.28）对 δ_2 求偏导，可知随着制造商对供应商 2 创新费用承担份额 δ_2 的变化，供应商 2 创新投入量 Y 的变化情况。由 $\alpha + \beta < 1$，可得

$$\frac{\partial \hat{X}^3}{\partial \delta_1} = A^{\frac{1}{1-\alpha-\beta}}\left(\frac{\alpha\rho_{s1}}{1-\delta_1-\eta}\right)^{\frac{\alpha}{1-\alpha-\beta}}\left(\frac{\beta\rho_{s2}}{1-\delta_2-\eta}\right)^{\frac{\beta}{1-\alpha-\beta}}\frac{\alpha\rho_{s1}(1-\beta)}{(1-\alpha-\beta)(1-\delta_1-\eta)^2} > 0 \tag{5.29}$$

$$\frac{\partial \hat{Y}^3}{\partial \delta_2} = A^{\frac{1}{1-\alpha-\beta}}\left(\frac{\alpha\rho_{s1}}{1-\delta_1-\eta}\right)^{\frac{\alpha}{1-\alpha-\beta}}\left(\frac{\beta\rho_{s2}}{1-\delta_2-\eta}\right)^{\frac{\beta}{1-\alpha-\beta}}\frac{\beta\rho_{s2}(1-\alpha)}{(1-\alpha-\beta)(1-\delta_2-\eta)^2} > 0 \tag{5.30}$$

由式（5.29）、式（5.30）可以得出以下命题。

命题 5.2　基于单链的集群式供应链中供应商的创新投入量与制造商对供应商创新费用的承担份额是呈正相关的。

命题 5.2 表示制造商对两个供应商创新费用承担的份额越大，两个供应商就越愿意支出更多的创新费用。因此，制造商可以通过调节其对两个供应商创新费用的承担份额，来引导两个供应商的创新投入量，以达到制造商所期望的水平。

在第二阶段，基于单链的集群式供应链的制造商以政府的创新补贴政策为依据，来确定自身对两个供应商创新费用的承担份额 δ_1 和 δ_2，以使自身新增利润最大化。因此，将式（5.27）、式（5.28）分别代入式（5.2），求式（5.2）对 δ_1 和 δ_2 的偏导数并令两个偏导函数等于零，可得

$$\frac{\partial \Delta \pi_m}{\partial \delta_1} = 1 - \alpha - \beta - \frac{\rho_m}{\rho_{s1}} + \frac{(1-\beta)\delta_1}{1-\eta-\delta_1} + \frac{\beta\rho_{s2}\delta_2}{\rho_{s1}(1-\eta-\delta_2)} = 0 \tag{5.31}$$

$$\frac{\partial \Delta \pi_m}{\partial \delta_2} = 1 - \alpha - \beta - \frac{\rho_m}{\rho_{s2}} + \frac{\alpha \rho_{s1} \delta_1}{\rho_{s2}(1-\eta-\delta_1)} + \frac{(1-\alpha)\delta_2}{1-\eta-\delta_2} = 0 \tag{5.32}$$

将式（5.31）、式（5.32）联立，可求得子博弈精炼纳什均衡下制造商对两个供应商创新费用所承担的份额为

$$\hat{\delta_1}^2 = \frac{(1-\eta)(\rho_m - \rho_{s1} + \alpha \rho_{s1} + \beta \rho_{s2})}{\rho_m + \alpha \rho_{s1} + \beta \rho_{s2}} \tag{5.33}$$

$$\hat{\delta_2}^2 = \frac{(1-\eta)(\rho_m + \alpha \rho_{s1} - \rho_{s2} + \beta \rho_{s2})}{\rho_m + \alpha \rho_{s1} + \beta \rho_{s2}} \tag{5.34}$$

将式（5.33）、式（5.34）分别代入式（5.27）、式（5.28），可得

$$\hat{X}^3 = (A\alpha)^{\frac{1}{1-\alpha-\beta}} \left(\frac{\beta}{\alpha}\right)^{\frac{\beta}{1-\alpha-\beta}} \left(\frac{\rho_m + \alpha \rho_{s1} + \beta \rho_{s2}}{1-\eta}\right)^{\frac{1}{1-\alpha-\beta}} \tag{5.35}$$

$$\hat{Y}^3 = (A\beta)^{\frac{1}{1-\alpha-\beta}} \left(\frac{\alpha}{\beta}\right)^{\frac{\alpha}{1-\alpha-\beta}} \left(\frac{\rho_m + \alpha \rho_{s1} + \beta \rho_{s2}}{1-\eta}\right)^{\frac{1}{1-\alpha-\beta}} \tag{5.36}$$

由式（5.33）～式（5.36）可得下列命题。

命题 5.3a　当政府补贴率 $\eta \in [0, 1]$ 时，基于单链的集群式供应链的制造商对供应商 1 创新费用的承担份额与政府补贴率是呈负相关的，制造商对供应商 2 创新费用的承担份额与政府补贴率也是呈负相关的。

命题 5.3b　供应商 1 的创新投入量与政府补贴率是呈正相关的，供应商 2 的创新投入量与政府补贴率也是呈正相关的。

命题 5.3a 和命题 5.3b 表示，当政府对两个供应商的补贴率越大时，基于单链的集群式供应链的制造商对两个供应商创新费用的承担份额就越小。原因可能是制造商看到政府的补贴足够大，对两个供应商已经起到了足够大的激励作用，两个供应商的创新投入量达到了自己期望的水平，自己可以降低对两个供应商创新费用的承担份额，以降低成本。对于两个供应商而言，当政府的补贴率越大时，他们的创新投入量也会相应地增加。

在第一阶段，政府确定对供应商的最优创新补贴率 η，以使政府效用最大化。将式（5.35）、式（5.36）代入政府效用函数式（5.5），对式（5.5）求 η 的导数并使导函数等于零，可得

$$\frac{\partial U_g}{\partial \eta} = \rho_m + \rho_{s1} + \rho_{s2} - \frac{\rho_m + \alpha \rho_{s1} + \beta \rho_{s2}}{1-\eta} = 0 \tag{5.37}$$

求解式（5.37）可得子博弈精炼纳什均衡下政府对两个供应商最优的创新补贴率为

$$\hat{\eta}^* = \frac{(1-\alpha)\rho_{s1} + (1-\beta)\rho_{s2}}{\rho_m + \rho_{s1} + \rho_{s2}} \tag{5.38}$$

把式（5.38）代入式（5.33）～式（5.36），即可得基于单链的集群式供应链

制造商对两个供应商创新费用最优的承担份额 $\hat{\delta}_1^*$ 和 $\hat{\delta}_2^*$，以及两个供应商最优创新投入量 $\hat{X}^*$ 和 $\hat{Y}^*$：

$$\hat{\delta}_1^* = \frac{\rho_m + \alpha\rho_{s1} - \rho_{s1} + \beta\rho_{s2}}{\rho_m + \rho_{s1} + \rho_{s2}} \tag{5.39}$$

$$\hat{\delta}_2^* = \frac{\rho_m + \alpha\rho_{s1} - \rho_{s2} + \beta\rho_{s2}}{\rho_m + \rho_{s1} + \rho_{s2}} \tag{5.40}$$

$$\hat{X}^* = \left[A\alpha(\rho_m + \rho_{s1} + \rho_{s2}) \right]^{\frac{1}{1-\alpha-\beta}} \left(\frac{\beta}{\alpha} \right)^{\frac{\beta}{1-\alpha-\beta}} \tag{5.41}$$

$$\hat{Y}^* = \left[A\beta(\rho_m + \rho_{s1} + \rho_{s2}) \right]^{\frac{1}{1-\alpha-\beta}} \left(\frac{\alpha}{\beta} \right)^{\frac{\alpha}{1-\alpha-\beta}} \tag{5.42}$$

通过以上求得的决策变量，可以得到在子博弈精炼纳什均衡下，基于单链的集群式供应链制造商和供应商的新增利润和政府效用为

$$\Delta\hat{\pi}_m = (1-\alpha-\beta)(\rho_m + \alpha\rho_{s1} + \beta\rho_{s2})A^{\frac{1}{1-\alpha-\beta}}\alpha^{\frac{\alpha}{1-\alpha-\beta}}\beta^{\frac{\beta}{1-\alpha-\beta}}(\rho_m + \rho_{s1} + \rho_{s2})^{\frac{\alpha+\beta}{1-\alpha-\beta}} \tag{5.43}$$

$$\Delta\hat{\pi}_{s1} = \rho_{s1}(1-\alpha)A^{\frac{1}{1-\alpha-\beta}}\alpha^{\frac{\alpha}{1-\alpha-\beta}}\beta^{\frac{\beta}{1-\alpha-\beta}}(\rho_m + \rho_{s1} + \rho_{s2})^{\frac{\alpha+\beta}{1-\alpha-\beta}} \tag{5.44}$$

$$\Delta\hat{\pi}_{s2} = \rho_{s2}(1-\beta)A^{\frac{1}{1-\alpha-\beta}}\alpha^{\frac{\alpha}{1-\alpha-\beta}}\beta^{\frac{\beta}{1-\alpha-\beta}}(\rho_m + \rho_{s1} + \rho_{s2})^{\frac{\alpha+\beta}{1-\alpha-\beta}} \tag{5.45}$$

$$\begin{aligned} \Delta\hat{\pi}_{\text{总}} = A^{\frac{1}{1-\alpha-\beta}}\alpha^{\frac{\alpha}{1-\alpha-\beta}}\beta^{\frac{\beta}{1-\alpha-\beta}}(\rho_m + \rho_{s1} + \rho_{s2})^{\frac{\alpha+\beta}{1-\alpha-\beta}} \\ \left[(1-\alpha-\beta)\rho_m + (1-\alpha^2-\alpha\beta)\rho_{s1} + (1-\alpha\beta-\beta^2)\rho_{s2} \right] \end{aligned} \tag{5.46}$$

$$\hat{U}_g = (1-\alpha-\beta)\alpha^{\frac{\alpha}{1-\alpha-\beta}}\beta^{\frac{\beta}{1-\alpha-\beta}}\left[A(\rho_m + \rho_{s1} + \rho_{s2}) \right]^{\frac{1}{1-\alpha-\beta}} \tag{5.47}$$

对式（5.39）求供应商 1 边际效益 ρ_{s1} 的导数，对式（5.40）求供应商 2 边际效益 ρ_{s2} 的导数，可得

$$\frac{\partial\hat{\delta}_1^*}{\partial\rho_{s1}} = \frac{(\alpha-2)\rho_m + (\alpha-1-\beta)\rho_{s2}}{(\rho_m + \rho_{s1} + \rho_{s2})^2} < 0 \tag{5.48}$$

$$\frac{\partial\hat{\delta}_2^*}{\partial\rho_{s2}} = \frac{(\beta-2)\rho_m + (\beta-1-\alpha)\rho_{s1}}{(\rho_m + \rho_{s1} + \rho_{s2})^2} < 0 \tag{5.49}$$

从子博弈精炼纳什均衡结果式（5.38）、式（5.41）、式（5.42）和式（5.48）、式（5.49）；以及各企业的新增利润函数式（5.2）~式（5.4），可得如下命题。

命题 5.4a　政府补贴率与基于单链的集群式供应链制造商的边际收益是呈负相关的。

命题 5.4b　供应商的创新投入量与其自身的边际收益是呈正相关的。

命题 5.4c　制造商对供应商创新费用承担份额与供应商自身的边际收益是呈负相关的。

命题 5.4d 制造商和两个供应商各自的新增利润与政府补贴是呈正相关的。

命题 5.4a、命题 5.4b、命题 5.4c 及命题 5.4d 表示,当基于单链的集群式供应链中制造商的边际收益增大时,政府对两个供应商的创新补贴率下降。而当两个供应商各自的边际收益增大时,他们的创新投入量会相应地增加。当政府提高补贴率时,会激励两个供应商增加创新投入量,进而使得新增市场的需求增大,增加制造商和两个供应商的产品市场利润,同时政府提高补贴率也使得两个供应商获得了更多的政府补贴量,增加了利润。而当供应商 1 的边际收益增大时,制造商对它的创新费用所承担的份额会相应下降,同理,当供应商 2 的边际收益增大时,制造商对它的创新费用所承担的份额也会相应下降。

5.2.3 协同合作均衡分析

当基于单链的集群式供应链中制造商和两个供应商事先达成了合作协议的情况下,此时的合作企业追求供应链系统利润最大化。它们的博弈分为两个阶段:第一阶段,由政府确定创新补贴率,以使政府效用最大化;第二阶段,两个供应商依据政府补贴政策确定各自的创新投入量,以最大化供应链系统的新增利润。基于单链的集群式供应链系统的总新增利润目标函数为

$$Max \quad \Delta\pi = (\rho_m + \rho_{s1} + \rho_{s2})\Delta Q - (1-\eta)X - (1-\eta)Y \quad (5.50)$$

在第二阶段,基于单链的集群式供应链中两个供应商依据给定的政府补贴率确定最优的创新投入量 X 和 Y,以最大化供应链系统的总新增利润,将式(5.50)分别对 X 和 Y 求导函数并令两个导函数为零,可得

$$\frac{\partial \Delta\pi}{\partial X} = A\alpha(\rho_m + \rho_{s1} + \rho_{s2})X^{-1+\alpha}Y^\beta + \eta - 1 = 0 \quad (5.51)$$

$$\frac{\partial \Delta\pi}{\partial Y} = A\beta(\rho_m + \rho_{s1} + \rho_{s2})X^\alpha Y^{-1+\beta} + \eta - 1 = 0 \quad (5.52)$$

将式(5.51)、式(5.52)联立,可得合作博弈均衡下,基于单链的集群式供应链中两个供应商的创新投入量:

$$\tilde{X}^2 = \left(\frac{\beta}{\alpha}\right)^{\frac{\beta}{1-\alpha-\beta}} \left(\frac{A\alpha(\rho_m + \rho_{s1} + \rho_{s2})}{1-\eta}\right)^{\frac{1}{1-\alpha-\beta}} \quad (5.53)$$

$$\tilde{Y}^2 = \left(\frac{\alpha}{\beta}\right)^{\frac{\alpha}{1-\alpha-\beta}} \left(\frac{A\beta(\rho_m + \rho_{s1} + \rho_{s2})}{1-\eta}\right)^{\frac{1}{1-\alpha-\beta}} \quad (5.54)$$

在第一阶段,政府确定创新补贴率以使政府效用最大化。因此,将式(5.53)、式(5.54)代入政府效用函数式(5.5),再对 η 求导数并令导函数为零,即可得到合作博弈均衡下政府最优的创新补贴率:

$$\tilde{\eta}^* = 0 \quad (5.55)$$

把式（5.55）代入式（5.53）、式（5.54）中，即可得到基于单链的集群式供应链中两个供应商最优的创新投入量：

$$\tilde{X}^* = \left(\frac{\beta}{\alpha}\right)^{\frac{\beta}{1-\alpha-\beta}} \left[A\alpha(\rho_m+\rho_{s1}+\rho_{s2})\right]^{\frac{1}{1-\alpha-\beta}} \tag{5.56}$$

$$\tilde{Y}^* = \left(\frac{\alpha}{\beta}\right)^{\frac{\alpha}{1-\alpha-\beta}} \left[A\beta(\rho_m+\rho_{s1}+\rho_{s2})\right]^{\frac{1}{1-\alpha-\beta}} \tag{5.57}$$

通过以上求得的决策变量，可以得到在合作均衡下，基于单链的集群式供应链中各企业的新增利润和供应链系统总的新增利润，以及政府效用：

$$\Delta\tilde{\pi}_m = A^{\frac{1}{1-\alpha-\beta}}\alpha^{\frac{\alpha}{1-\alpha-\beta}}\beta^{\frac{\beta}{1-\alpha-\beta}}(\rho_m+\rho_{s1}+\rho_{s2})^{\frac{\alpha+\beta}{1-\alpha-\beta}}\left[\rho_m-(\rho_m+\rho_{s1}+\rho_{s2})(\alpha\delta_1+\beta\delta_2)\right] \tag{5.58}$$

$$\Delta\tilde{\pi}_{s1} = A^{\frac{1}{1-\alpha-\beta}}\alpha^{\frac{\alpha}{1-\alpha-\beta}}\beta^{\frac{\beta}{1-\alpha-\beta}}(\rho_m+\rho_{s1}+\rho_{s2})^{\frac{\alpha+\beta}{1-\alpha-\beta}}\left[\rho_{s1}-\alpha(\rho_m+\rho_{s1}+\rho_{s2})(1-\delta_1)\right] \tag{5.59}$$

$$\Delta\tilde{\pi}_{s2} = A^{\frac{1}{1-\alpha-\beta}}\alpha^{\frac{\alpha}{1-\alpha-\beta}}\beta^{\frac{\beta}{1-\alpha-\beta}}(\rho_m+\rho_{s1}+\rho_{s2})^{\frac{\alpha+\beta}{1-\alpha-\beta}}\left[\rho_{s2}-\beta(\rho_m+\rho_{s1}+\rho_{s2})(1-\delta_2)\right] \tag{5.60}$$

$$\Delta\tilde{\pi}_{总} = (1-\alpha-\beta)\alpha^{\frac{\alpha}{1-\alpha-\beta}}\beta^{\frac{\beta}{1-\alpha-\beta}}\left[A(\rho_m+\rho_{s1}+\rho_{s2})\right]^{\frac{1}{1-\alpha-\beta}} \tag{5.61}$$

$$\tilde{U}_g = (1-\alpha-\beta)\alpha^{\frac{\alpha}{1-\alpha-\beta}}\beta^{\frac{\beta}{1-\alpha-\beta}}\left[A(\rho_m+\rho_{s1}+\rho_{s2})\right]^{\frac{1}{1-\alpha-\beta}} \tag{5.62}$$

基于单链的集群式供应链企业在获得合作时的总新增利润后，相互约定根据各自的创新投入占总投入的比例来进行总新增利润的分配。根据以上的结果，供应商 1 的创新投入为 $(1-\tilde{\delta}_1)\tilde{X}^*$，供应商 2 的创新投入为 $(1-\tilde{\delta}_2)\tilde{Y}^*$，制造商的投入为 $\tilde{\delta}_1\tilde{X}^*+\tilde{\delta}_2\tilde{Y}^*$。根据投入比例分析法，可知供应商 1 的投入比例为 $\frac{(1-\tilde{\delta}_1)\tilde{X}^*}{\tilde{X}^*+\tilde{Y}^*}$，供应商 2 的投入比例为 $\frac{(1-\tilde{\delta}_2)\tilde{Y}^*}{\tilde{X}^*+\tilde{Y}^*}$，制造商的投入比例为 $\frac{\tilde{\delta}_1\tilde{X}^*+\tilde{\delta}_2\tilde{Y}^*}{\tilde{X}^*+\tilde{Y}^*}$。综上可得

$$\frac{1-\tilde{\delta}_1}{1+\frac{\beta}{\alpha}}\cdot\Delta\tilde{\pi}_{总} = \Delta\tilde{\pi}_{s1} \tag{5.63}$$

$$\frac{1-\tilde{\delta}_2}{1+\frac{\alpha}{\beta}}\cdot\Delta\tilde{\pi}_{总} = \Delta\tilde{\pi}_{s2} \tag{5.64}$$

$$\frac{\tilde{\delta}_1+\tilde{\delta}_2\cdot\frac{\beta}{\alpha}}{1+\frac{\beta}{\alpha}}\cdot\Delta\tilde{\pi}_{总} = \Delta\tilde{\pi}_m \tag{5.65}$$

根据式（5.63）、式（5.64）、式（5.65），可以解得

$$\tilde{\delta}_1 = \frac{\rho_m-\frac{\beta}{\alpha}\rho_{s1}+\rho_{s2}}{\rho_m+\rho_{s1}+\rho_{s2}} \tag{5.66}$$

$$\tilde{\delta}_2 = \frac{\rho_m + \rho_{s1} - \dfrac{\alpha}{\beta}\rho_{s2}}{\rho_m + \rho_{s1} + \rho_{s2}} \tag{5.67}$$

于是得出合作均衡下，基于单链的集群式供应链中各企业的新增利润为

$$\Delta\tilde{\pi}_m = A^{\frac{1}{1-\alpha-\beta}}\alpha^{\frac{\alpha}{1-\alpha-\beta}}\beta^{\frac{\beta}{1-\alpha-\beta}}(\rho_m + \rho_{s1} + \rho_{s2})^{\frac{\alpha+\beta}{1-\alpha-\beta}}(1-\alpha-\beta)\rho_m \tag{5.68}$$

$$\Delta\tilde{\pi}_{s1} = A^{\frac{1}{1-\alpha-\beta}}\alpha^{\frac{\alpha}{1-\alpha-\beta}}\beta^{\frac{\beta}{1-\alpha-\beta}}(\rho_m + \rho_{s1} + \rho_{s2})^{\frac{\alpha+\beta}{1-\alpha-\beta}}(1-\alpha-\beta)\rho_{s1} \tag{5.69}$$

$$\Delta\tilde{\pi}_{s2} = A^{\frac{1}{1-\alpha-\beta}}\alpha^{\frac{\alpha}{1-\alpha-\beta}}\beta^{\frac{\beta}{1-\alpha-\beta}}(\rho_m + \rho_{s1} + \rho_{s2})^{\frac{\alpha+\beta}{1-\alpha-\beta}}(1-\alpha-\beta)\rho_{s2} \tag{5.70}$$

对式（5.66）求供应商 1 边际效益 ρ_{s1} 的导数，对式（5.67）求供应商 2 边际效益 ρ_{s2} 的导数，可得

$$\frac{\partial\tilde{\delta}_1}{\partial\rho_{s1}} = \frac{-\left(1+\dfrac{\beta}{\alpha}\right)(\rho_m+\rho_{s2})}{(\rho_m+\rho_{s1}+\rho_{s2})^2} < 0 \tag{5.71}$$

$$\frac{\partial\tilde{\delta}_2}{\partial\rho_{s2}} = \frac{-\left(1+\dfrac{\alpha}{\beta}\right)(\rho_m+\rho_{s1})}{(\rho_m+\rho_{s1}+\rho_{s2})^2} < 0 \tag{5.72}$$

从协同合作均衡结果式（5.55）～式（5.57），以及式（5.71）、式（5.72），可得以下命题。

命题 5.5a　政府不对基于单链的集群式供应链中两个供应商的创新活动进行补贴。

命题 5.5b　供应商的创新投入量与其自身的边际收益是呈正相关的。

命题 5.5c　制造商对供应商创新费用承担份额与供应商自身的边际效益是呈负相关的。

5.3　三种博弈均衡的比较分析

（1）从三种博弈均衡中，基于单链的集群式供应链制造商的新增利润函数可知，$\Delta\bar{\pi}_m > 0$，$\Delta\hat{\pi}_m > 0$，$\Delta\tilde{\pi}_m > 0$，因此对于制造商来说，它承担两个供应商创新费用的一定份额，并对两个供应商的创新活动进行激励是可取的。因为制造商由供应商创新带来的收入大于它的投入。由于 $\alpha+\beta<1$，可知两个供应商的新增利润 $\Delta\bar{\pi}_{s1} > 0$，$\Delta\bar{\pi}_{s2} > 0$，$\Delta\hat{\pi}_{s1} > 0$，$\Delta\hat{\pi}_{s2} > 0$，$\Delta\tilde{\pi}_{s1} > 0$，$\Delta\tilde{\pi}_{s2} > 0$。因此，对于两个供应商来说，它们的创新活动是可取的，因为它们由创新活动带来的收入大于它们的创新投入。

（2）当 $\dfrac{\rho_{s2}}{\rho_{s1}} > \dfrac{\alpha+\beta-1}{\dfrac{\alpha}{1-\beta}}$ 时，有 $\tilde{\delta}_1 > \hat{\delta}_1^* > \bar{\delta}_1^* = 0$，即表示随着基于单链的集群式供

应链企业间的合作越来越紧密，制造商愿意对供应商 1 创新费用所承担的份额会

越来越大；当 $\dfrac{\rho_{s1}}{\rho_{s2}} > \dfrac{\frac{\beta+\alpha}{\beta}-1}{1-\alpha}$ 时，有 $\tilde{\delta}_2 > \hat{\delta}_2^* > \overline{\delta}_2^* = 0$ ，即随着基于单链的集群式供

应链企业间的合作越来越紧密，制造商愿意对供应商 2 创新费用所承担的份额会
越来越大。

（3）若 $1 + \dfrac{\rho_m}{\alpha\rho_{s1}+\beta\rho_{s2}} > \dfrac{1}{\alpha+\beta}$ ，则有 $\overline{\eta}^* > \hat{\eta}^* > \tilde{\eta}^* = 0$ ，表示随着供应链系统中
企业合作越来越紧密，政府对两个供应商的创新补贴率会越来越小，即在纳什均
衡时最大，在子博弈精炼纳什均衡时次之，在合作均衡博弈时为零。

（4）当 $\rho_{s1} = \rho_{s2} = \rho_s$ ，且按照常理有 $\rho_s \leqslant \rho_m$ ，则制造商在纳什均衡和子博弈精
炼纳什均衡下的新增利润比为 $\dfrac{\Delta\overline{\pi}_m}{\Delta\hat{\pi}_m} = \dfrac{\rho_m}{(1-\alpha-\beta)\left[\rho_m+(\alpha+\beta)\rho_s\right]} > 1$ ，则有 $\Delta\overline{\pi}_m > \Delta\hat{\pi}_m$ 。
通过比较，最终可得制造商在三种博弈均衡上的新增利润为 $\Delta\overline{\pi}_m > \Delta\hat{\pi}_m > \Delta\tilde{\pi}_m$ ，
即在纳什均衡下最大，在子博弈精炼纳什均衡下次之，在协同合作均衡下最小。
当 $\rho_{s1} = \rho_{s2} = \rho_s$ 时，有 $\Delta\overline{\pi}_{s1} = \Delta\hat{\pi}_{s1} > \Delta\tilde{\pi}_{s1}$ ，以及 $\Delta\overline{\pi}_{s2} = \Delta\hat{\pi}_{s2} > \Delta\tilde{\pi}_{s2}$ ，即基于单链
的集群式供应链中，供应商 1 和供应商 2 的新增利润在纳什均衡下和在子博弈精
炼纳什均衡下是一样大的，在协同合作均衡下较小。通过比较三种情况下的总新
增利润，可知 $\Delta\overline{\pi}_{总} > \Delta\hat{\pi}_{总} > \Delta\tilde{\pi}_{总}$ ，即在纳什均衡情况下最大，在子博弈精炼纳什
均衡下次之，在协同合作均衡下最小。

（5）在三种博弈均衡中，政府在子博弈精炼纳什均衡和协同合作均衡下的效
用是一样的。当 $\rho_{s1} = \rho_{s2}$ 时，有 $\overline{U}_g = \hat{U}_g = \tilde{U}_g$ ，即三种博弈均衡下的政府效用是一
样的；当 $\rho_{s1}^{\alpha}\rho_{s2}^{\beta} < \left(\dfrac{\alpha\rho_{s1}+\beta\rho_{s2}}{\alpha+\beta}\right)^{\alpha+\beta}$ 时，有 $\overline{U}_g < \hat{U}_g = \tilde{U}_g$ ，即在纳什均衡下的政府效
用小于在子博弈精炼纳什均衡和协同合作均衡下的政府效用。

通过比较分析，可得以下结论。

（1）在三种博弈均衡下，基于单链的集群式供应链中制造商和两个供应商的
新增利润都是大于零的。因此，对于制造商来说，它承担两个供应商创新费用的
一定份额并对两个供应商的创新活动进行激励是可取的，因为它由供应商的创新
活动带来的收入大于它的投入。而对于两个供应商来说，它们的创新活动也是可
取的，因为它们由于进行创新活动带来的收入大于它们的创新投入。

（2）在三种博弈模型下，基于单链的集群式供应链中两个供应商的创新投入
量与它们自身的边际收益呈正相关。在纳什均衡和子博弈精炼纳什均衡下，两个
供应商的创新投入量与政府补贴率是呈正相关的。在子博弈精炼纳什均衡下，供
应商的创新投入量与制造商对供应商自身的创新费用承担份额是呈正相关的。

（3）在纳什均衡下，基于单链的集群式供应链制造商不愿意承担两个供应商创新费用的一定份额。在子博弈精炼纳什均衡和协同合作均衡下，制造商虽愿意承担两个供应商创新费用的一定份额，但它所承担的份额随政府补贴的增多而减少，而且随供应商自身的边际收益的增多而减少。当满足 $\dfrac{\rho_{s2}}{\rho_{s1}} > \dfrac{\alpha + \dfrac{\beta}{\alpha} - 1}{1 - \beta}$，且

$\dfrac{\rho_{s1}}{\rho_{s2}} > \dfrac{\beta + \dfrac{\alpha}{\beta} - 1}{1 - \alpha}$ 时，随着基于单链的集群式供应链系统中企业间的合作越来越紧密，制造商对两个供应商创新费用所承担的份额会越来越大。

（4）在纳什均衡下，政府补贴率与制造商的边际收益呈正相关，而在子博弈精炼纳什均衡情况下，政府补贴率与制造商的边际收益呈负相关。在协同合作均衡下，政府不会对两个供应商的创新活动进行补贴。若满足 $1 + \dfrac{\rho_m}{\alpha\rho_{s1} + \beta\rho_{s2}} > \dfrac{1}{\alpha + \beta}$，则随着基于单链的集群式供应链系统中的企业合作越来越紧密，政府对两个供应商的创新补贴率会越来越小，即政府对两个供应商的创新补贴率在纳什均衡时最大，在子博弈精炼纳什均衡时次之，在合作均衡博弈时为零。

（5）在纳什均衡和子博弈精炼纳什均衡下，基于单链的集群式供应链制造商和两个供应商各自的新增利润与政府补贴是呈正相关的。当满足 $\rho_{s1} = \rho_{s2} = \rho_s$ 且有 $\rho_s \leq \rho_m$ 时，制造商的新增利润在纳什均衡下最大，在子博弈精炼纳什均衡下次之，在协同合作均衡下最小。而供应商 1 和供应商 2 的新增利润在纳什均衡和子博弈精炼纳什均衡下是一样大的，在协同合作均衡下较小。通过比较三种博弈均衡下的总新增利润可知，在纳什均衡情况下最大，在子博弈精炼纳什均衡下次之，在协同合作均衡下最小。

（6）在三种博弈均衡中，政府在子博弈精炼纳什均衡和协同合作均衡下的效用是一样的。当 $\rho_{s1} = \rho_{s2}$ 时，政府在三种博弈均衡下的效用是一样的。

通过上面的结论，可得以下启示。

第一，在政府链外补贴和链内激励下，基于单链的集群式供应链上游企业的合作研发活动是可取的，因为上游企业的合作研发使供应链各企业都有利可图。因此，政府和供应链下游企业应当积极对上游企业的合作研发活动进行激励，使它们都能积极参与研发活动。例如，在 TD-SCDMA 技术研发中，上海贝尔阿尔卡特与大唐移动签订战略合作协议并注资大唐移动，政府也对两者的战略合作提供资助，以推动 TD-SCDMA 技术发展。

第二，基于单链的集群式供应链上游企业的创新投入量与政府补贴和链内补贴是呈正相关的。当政府加大补贴量或者链内补贴增加时，能够刺激上游企业的研发投入量。因此，借助补贴这个工具，政府和下游企业能引导上游企业参与研

发活动，以便上游企业按照自己的意愿进行研发活动。供应链下游企业大唐移动通信设备有限公司为开发 3G 核心网,注资与上游企业西安大唐成立联合开发中心,以期获得网络解决方案及相关产品。

　　第三，当政府对基于单链的集群式供应链上游企业的研发补贴增加时，下游企业对上游企业的研发补贴会降低，这不利于刺激上游企业的合作研发。因此，政府应当根据供应链的合作形式，适当地选择补贴量，以刺激下游企业对上游企业的合作研发进行补贴。随着供应链合作越来越紧密，政府不再对合作研发进行补贴，刺激下游企业对上游企业的合作研发进行最大程度的补贴，以激励上游企业的合作研发活动。例如，在 TD-SCDMA 产业联盟建立之初，政府应当大力扶持产业联盟，提供资金和政策上的支持，以便联盟企业有资本进行研发及扶持产业联盟的成长；而在 TD-SCDMA 产业联盟逐步成熟后，政府应当减少对联盟资金上的支持而更多偏向政策上的引导，以降低联盟对政府过分资金依赖，提升联盟内部活力。

　　第四，当政府补贴增加时，基于单链的集群式供应链上下游企业的新增利润增加。随着基于单链的集群式供应链合作越来越紧密，政府对合作研发的补贴越来越少，使得供应链各企业的新增利润和系统的总新增利润降低。为了避免这种情况，即使供应链合作越来越紧密，政府也应该采取研发补贴措施，以便在保持政府效用的同时尽量提高供应链企业的新增利润。例如，在 TD-SCDMA 产业联盟逐步成熟后，政府虽然要减少对联盟资金方面的帮助，但完全没有研发补贴也是不合理的，因为缺失了政府激励，供应链各企业的新增利润及系统的总新增利润降低，这样不利于吸引更多的企业加入 TD-SCDMA 产业联盟，不利于已有的联盟企业间建立稳定的合作关系。现实中，由于政府在政策和资金上的持续支持，从上游核心网的中兴、华为、诺西等到中间无线网的大唐、普天、鼎桥等，再到终端的诺基亚、三星、LG 等，已经形成了完整的 TD-SCDMA 产业链，众多企业的加入使 TD-SCDMA 产业联盟越来越完善。

第6章 集群式供应链横向企业间的协同网络创新模式与路径分析

6.1 网络外部性下的企业创新理论

6.1.1 网络外部性的概念

1. 网络外部性的定义

网络的外部性是指某个网络的价值与连接在此网络中的人数呈正比,网络中人数越多,该网络的价值就越大,网络中每个人的价值就越大。典型的代表为腾讯 QQ、微信、余额宝等。使用的用户越多,每个用户得到的效用就越大。以微信为例,使用的客户仅需要消耗流量就可以分享文字、语音、图片等信息,而不用支付通信费用,随着使用人数的增加,越来越多的信息通过微信交换,消费者效用就越来越大。在考虑网络外部性的条件下,产品的价值分为自有价值和协同价值。自有价值就是产品本身的价值,如微信的自有价值是指其可以实现聊天、语音、视频和分享的功能。协同价值就是新的使用者加入网络后,老用户新增的价值,如微信的协同价值是指随着使用人数的增加,各类公众号的各类分享功能和信息量逐渐增大,以及伴随微信产生的支付、打车等功能的升级。自有价值和协同价值的关系如图 6.1 所示。

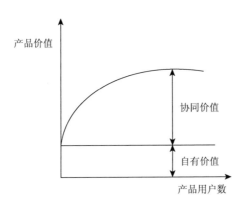

图 6.1 产品价值的分类

集群式供应链的网络外部性是指在集群式供应链中，不同供应链之间互相连接的数量越多，整个供应链的价值就越大。企业为了加强自身的竞争力和稳定性，往往选择抱团发展的模式。另外，企业为了降低风险和防止垄断，往往选择几家企业作为上下游合作企业，这样就造成一家企业往往处于多条供应链中，互相联系的供应链企业越多，整个集群供应链的价值就越大。

2. 网络外部性的分类

从外部性产生的来源方式来看，网络外部性分为直接作用于用户和间接作用于用户两种。直接作用于用户是指产品使用方直接和网络中的某个单元相连，通过这个单元可以直接增加其他消费者的使用效用。间接作用于用户是指当某一类产品的使用人数增加时，与之配套或衍生出来的产品变多，从而吸引了更多的用户。随着智能手机的普及，各种手机 APP 的开发促进了智能手机的购买和使用，手机用户获得了间接外部性。

从网络外部性产生的结果效用来看，网络外部性分为正网络外部性和负网络外部性。正网络外部性带来的影响大，但负网络外部性在现实生活中也大量存在。负网络外部性是指某个网络的价值与连接在此网络中的人数呈反比，网络中人数越多，该网络的价值就越小，网络中每个人的价值就越小。例如，当某件珍藏版的数量过多，拥有该珍藏版用户的效应就会下降；当某道路的汽车保有量超过一个界限时，开车司机的效用就会下降。

3. 集群式供应链网络的拥挤效应

企业以利益为导向选择在同一区位形成产业集群，随着企业数量的增加形成规模效应，集群的积聚效应逐渐增强，但当集群超过一定规模时，企业的持续集中就会导致集群效用的衰退，如图 6.2 所示。孙鳌（2008，2011）从企业集群的

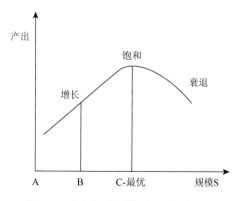

图 6.2　产业集群规模-产出关系曲线

向心力和离心力两个方面分析了集群的优劣势，并指出集群的拥挤效应是集群内部主要的离心力。蔡宁和杨闩柱（2003）指出任何集群都有一个动态演变的发展过程，集群的聚集会带来规模效应。当达到某界限后，规模的持续增长会产生拥挤效应，企业的平均成本将沿着 U 型走势移动。

6.1.2 网络外部性下的企业创新特征

竞争环境不断变化要求企业不断加强自身竞争力，不断追求整条供应链服务过程中的反应速度和准确性。物流运输网络的广度和深度决定其市场范围；时效和服务水平决定其资金周转率、客户体验，甚至销售机会。企业创新的意义在于为顾客创造新的价值，Sawhney 和 Mass（2013）提出了创新雷达理论，将创新的四大关键维度概括为：产品及服务、客户、流程和渠道。在这四大锚点之间，还存在着业务系统内彼此相关联的其他八个维度，如图 6.3 所示。

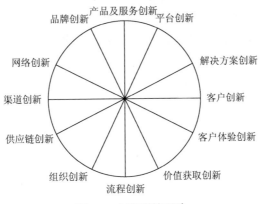

图 6.3 创新雷达理论

进入 21 世纪，随着经济的不断增长，市场对创新的要求不断增强，公司之间的竞争表现为在创新中竞争。由于创新需要的成本很大，较少的公司能满足市场对技术的需求。长时间的合作链可以提供创新广泛的光谱响应性和灵活性，集群因其特定的知识合作网络和供应链，构成了一个特定形式的组织间的合作。集群的组织范式和全球化的发展使得单个中小企业成为集群之间竞争的武器。产业集群组织认为，研发活动具有收益共享性、研发结果高风险性、研发过程周期性等特点。与一般的企业研发相比，网络外部性下的企业研发具有以下两个方面的特点。

（1）企业偏向研发高网络外部性的产品。孟卫东和邱冬阳（2011）从供应链企业独立生产模式、半合作半独立的模式和完全合作模式下的研发策略出发，采用博弈分析的方法构建了利润模型，得出高网络外部性的产品会带来更多的社会总利润和消费者剩余价值。

（2）权力企业享有大部分创新成果。龚浩和郭春香（2013）从供应商主导和零售商主导出发研究得出，在网络外部性下，供应链上的主导企业总能利用权力让自身利润最大化，而被主导企业只获得基本利润。例如，从苹果公司生产的iPhone5S手机利润分配图显示，每卖出一台iPhone5S，苹果独占利润中的58.5%，原物料占利润中的21.9%，屏幕、电子组件等供应商分得了4.7%的利润，而富士康代加工厂商只能分得利润中1.8%的利润。

6.1.3　供应链纵向企业间的协同创新

企业的技术创新不但是延续企业价值的根本途径，也是维系企业所在供应链最优竞争优势的战略方法。供应链管理的目标是实现产品货物、资金和信息有效率地流动的过程。对单条供应链而言，供应链内企业创新的目的是能快速响应市场的变化，以供应链上所有企业在原材料的供给、产品设计、产品生产、物流运输、市场推广等方面全方位的协同创新为手段，以提高供应链整体和成员利益最大化为最终目标。

供应链整体是由一个个细小的子系统组成的，其本身就是一个复杂的价值链体系，因其中的企业性质和目标不同，如何建立完善的分配机制，成为供应链合作关系的关键。孙洪杰和廖成林（2006）从供应链生态系统的角度出发，在企业管理的共生理论和边际理论基础上，分析了供应链中不同地位和层次的企业利益，探讨了供应链中核心企业与非核心企业的利益分配，以及供应链上不同层级企业的利益分配。魏修建（2005）从供应链中企业资源和贡献率的角度构建了节点企业的利益分配模型。

如图6.4所示，单链供应链协同创新的关键在于，整条供应链上的所有成员从原材料到产品整个生命周期上的协同实现能力，企业间的互惠合作是提高供应链协同网络创新的必备条件。在整个协同创新过程中，强调的是快速响应、协作生产、缩短生命周期，把效率作为整条供应链获取竞争优势的重要来源。具体来说，单条供应链的协同创新主要包括以下五方面。

（1）产品的协同创新。市场上的调研者采集客户需求，并将相关需求反馈给原材料供应商、产品制造商、销售商，形成的产品联盟根据实际情况对产品进行改进，如产品的功能设计、产品的结构设计、产品的外观设计等。协同创新的结果是新产品既在一定的程度上满足客户的需求，又符合产品成本管控的范围。制造商在新产品的制造过程中，还要进行工艺创新、提高产品的制造效率、减少成本、节能减排。通过生产率最大化实现供应链的财富最大化。

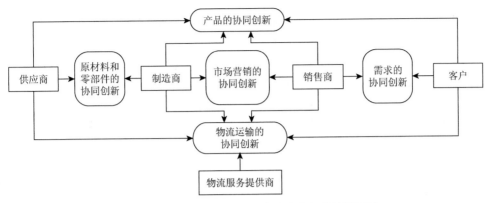

图 6.4　基于单链的集群式供应链企业间的协同创新

　　（2）材料和零部件的协同创新。由供应链的第一级原材料供应商和第二级制造商进行协同创新，对新产品配套的原始配套材料和零部件进行创新设计。制造商主要根据相关的技术标准对原材料和零部件的形态、性能和质量制定相应的要求准则，使之既满足客户的需求，又在供应商的实际研发能力之内。供应商要根据制造商提出的需求进行研发和改良，生产出与新产品相配套的原始加工材料和零部件。供应商在原始加工材料和零部件的制造过程中，还要进行工艺创新、提高产品的制造效率、减少成本、节能减排。

　　（3）市场营销的协同创新。由产品制造商和分销商对新产品进行市场营销创新。在新产品设计制造之前，销售商采集即将推出的新产品信息，根据这些信息，销售商分析出产品的特性、概念及目标人群，再根据产品的提前期、生产者的生产能力及进度安排等信息进行新产品的市场营销创新设计和推广。销售者还要将市场的反馈信息实时通知给制造商，整条供应链上的企业按照 PDCA 循环改进的思想对产品进行改良。

　　（4）需求的协同创新。由销售商和市场调研员对产品用户的需求进行协同创新。供应链终端要充分掌握市场对产品的反馈信息，鼓励客户在产品使用过程中提出对产品的结构、性能、外观、质量等方面的意见，并将此信息反馈给生产者。市场调研人员应广泛收集市场的信息数据，运用大数据的思想分析潜在的不良影响。互联网时代，产品是以方便客户为导向的，为了更贴近客户的需求，天猫商城、顺丰优选、京东等纷纷尝试线上线下电子商务（online to offline，O2O）的合作，打破传统渠道。同时，销售商可在论坛、微信和微博等信息关注量大的社区对市场进行有目的性的引导，让客户及时了解到产品的新材料、新工艺和新技术。

　　（5）物流运输的协同创新。由物流服务公司提供整条供应链的物流运输及配套仓储过程进行协同创新。物流服务公司根据供应链上企业提供的货物运输信息，安排合适的车辆将货物准时地运送到指定的地方。物流服务公司利用现代信息技术加强对物流第一公里、在途跟踪和最后一公里的服务水平。对于部分需要提供仓储服务的公司，仓库的选址、库位的合理化布局、进出入库条码技术的运用和仓库管理系统（warelzouse management system，WMS）信息技术的掌控，提高了仓储服务的效率。如今移动互联网快速发展，如果将滴滴和快的两家公司的运作模式移植到物流运输行业，即卡车司机在寻找货物的同时，企业也在寻找运输资源，如果有一个第三方媒介能够快速匹配运力供求，移动互联网给传统物流带来的变革将是非常巨大的。

在单链供应链的整个协同创新过程中，供应链中每个节点企业成员均整合自身的优势资源，实现了整条供应能力和资产的互补。整条供应链中的成员企业提高了对新技术、新产品的学习、掌握和创新能力，也提高了整条供应链的效率。与此同时，供应链成员企业通过协同合作创新的模式，分担了新产品在创作过程中的成本和风险，供应链上的企业也因此紧密地结合在了一起。

6.1.4　供应链横向企业间的协同创新

多位学者对两条供应链的竞合关系做了阐述。张汉江和原作芳（2010）构建了市场需求的幂函数，分别阐述了在供应商主导和零售商主导的两种情况下，供应链中企业的绩效情况。得出不同于"先发优势"的理论：零售商和供应商中无论是哪一方作为主导者，另一方反而更有优势。李娟和黄培清（2009）等从供应链链间品牌竞争的角度出发，分析了在零售商管理库存（retailer managed inventory，RMI）和供应商管理库存（vendor managed inventory，VMI）两种库存模式下，供应商和零售商对各自承担的库存进行管理及应对措施。唐喜林和李军（2009）针对产业集群中的跨链联盟，通过构建古诺模型，得出无论是对于联盟还是联盟中的个体，供应链链间的合作策略都比竞争策略获得的收益大。

吕萍（2012）将协同创新网络（Collaborative Innovation Networks，COINs）定义为有共同愿景的某一组织，通过共享意见、信息和共同工作，来实现共同的一个目标。根据集群式供应链协同创新的模式，结合 Nonaka 和 Takeuchi（1991）的知识螺旋模型，吉敏归纳出两种集群供应链协同创新的模式：同阶跨链协同创新和跨阶跨链协同创新，分别如图 6.5 和图 6.6 所示。

（1）同阶跨链协同创新。在集群式供应链中，既存在链上链下企业，也存在横向同质企业。同质企业生产相同或形似产品，供应链间存在很多正式或非正式的合作关系，集群中的个人、部门和组织通过这些关系互相交换隐性或显性知识，以实现知识创新。与此同时，单条供应链上下游企业之间存在协同创新关系，上游与下游企业的合作共享使得知识在供应链中纵向流动。A1 和 A2 同属供应链上的一个层级，通过知识协同作用可以共享资源和操作平台，解决部分资源散乱，物流成本高，服务效率低和服务质量不能满足客户要求的情况。

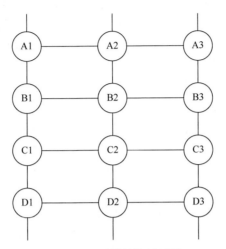

图 6.5　同阶跨链协同创新

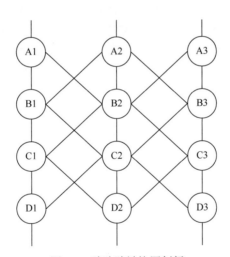

图 6.6　跨阶跨链协同创新

（2）跨阶跨链协同创新。在现实生产中，往往存在这样的情况，A1 与 A2 是同质企业，存在竞争关系，想要在信息共享与企业合作上协同创新往往存在一定的困难。A1 和 B1 存在紧密的协作关系，两者之间存在知识共享与知识溢出。而企业 B2 为了规避 B1 的技术壁垒，选择与 A1 和 C1 进行合作创新。A1 既可以和 B1 协同创新，也可以和 B2 协同创新，集群式供应链的协同创新在跨阶跨链中完成。

鹏远物流同时为施耐德和瑞典 ABB 公司提供仓储和运输服务，但在具体的规范流程和对物流供应商的考核标准方面有很多的不同。鹏远物流在分别与施耐德和 ABB 合作过程中，会就不同之处（如关键绩效指标（key performance indicators，KPI）的考核、回单提交的要求等）向客户方提出建议性的操作规范和可供改良的方案、方法，施耐德和 ABB 通过物流供应商鹏远物流学习到对方的合理的管理方法，协同改进。同时，鹏远物流通过与施耐德和 ABB 等大客户的合作，不断改进管理方法，提升自身的专业程度。

6.2　集群式供应链横向企业间的协同网络创新模式分析

在市场经济环境下，企业面临的环境越来越复杂，竞争越来越激烈。在这种情况下，最大限度地满足顾客需求，提高顾客满意度，是企业获得竞争优势、获得持久发展的根本途径。因此，企业必须对市场的需求做出快速反应，以低成本、高服务为市场提供多样化、定制化的产品，而这类产品以多品种、多批次和小批量为特征，这就对企业的技术创新能力提出了很高的要求。

对于技术落后的企业来说，如何用最快的速度学习和赶超先进企业一直是学术界研究的热点。从一般企业技术发展的轨迹看来，对先进技术"学习—吸收—再创新"是技术落后企业提升企业本身的创造能力、追赶先进技术的基本途径。以武汉东湖高新技术区的发展为例，由于武汉市场相对狭小，技术创新能力不足，政府采取以政策、资金和人力成本等优质条件吸引珠三角、长三角及国外企业入驻高新区内。本地企业通过与这些企业的合作交流，学习它们的先进技术，并进行模仿或再创新。就目前国内企业发展的历程来看，我国企业在引进国外先进技术后，极其容易陷入一种"引进—学习—过时—再引进—再过时"的怪圈，分析其原因主要有两点。

（1）本国企业在引进国外先进技术后，并没有及时与国外该项技术的发展进行实时的知识交流，最终形成了该技术在国外向前发展，而在本国技术落后的状况。

（2）本国企业在引进先进技术后，对该技术的学习及模仿仅限于表象层次，没有到核心层次。脱离了原来引进的技术，企业的技术创新活动将陷入一筹莫展的状况，导致技术始终处于受制状态。

后发企业与国外先进企业在技术创新知识交流的过程中，主要表现在两条供应链之间横向的知识交流与合作上。鉴于此，本章最后以东风汽车有限公司为例，通过辩证和实证方法，分析东风汽车有限公司在供应链横向合作下协同创新模式的四个阶段，以及这四个阶段的演变传导路径。

对一般企业技术发展的轨迹分析得出，对先进技术的"学习—吸收—再创新"是技术落后企业提升企业本身的创造能力、追赶先进技术的基本途径。此类发展路径是在引进成熟技术基础上进行的再创新，可以大大节约技术创新的时间和风险，进而节约成本。鉴于目前国内企业的技术发展水平，与发达国家的企业技术发展水平的差距，在此，提出后发企业应在引进国外核心技术的基础上，然后实施再创新，即二次创新模式，以此来提高企业的技术创新能力。

二次创新的概念来源于一次创新。一次创新的定义是对 Dosi（1982）提出的"技术轨道"概念的延展与深入。一次创新指的是在原有技术既定的规范和发展轨道的基础上，进行模仿、改进的过程，如图 6.7 所示。一次创新始于有组织的研发活动，包含技术从产生、试运行、生产到销售的过程，优良的技术创新团队和技术试验环境是一次创新得以实现的保障。一次创新的整个过程是在一个供应链（一般是发达国家）内进行的，并不存在设备或技术的跨链转移，这也是一次创新与二次创新的主要区别。

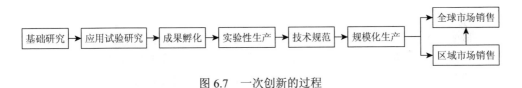

图 6.7　一次创新的过程

二次创新的基础是引进已有的成熟技术和生产规范。由于引进技术时，此技术的发展已经进入了平稳期，其发展方向已经基本确定，二次创新过程受到了已定轨道的约束。二次创新是将部分生产线搬至其他生产成本相对较低的国家或地区，但研发环节一般仍然在国内或原生产基地进行。从引进技术的角度来看，一次创新过程多发生在技术成熟的供应链，而二次创新发生在技术引进的供应链内。按技术在供应链内的发展进化过程，可将供应链内的模仿创新过程可以分为知识模仿、知识改进、知识创造和转化创造四个阶段。

1. 知识模仿阶段

在此阶段，后发企业引进先进技术全部的设备机器、生产流水线和原材料配方等。在该阶段知识模仿是对引进生产供应链和生产流水线完全模仿，目的在于熟悉设备的使用操作方法，生产产品及销售。这个时候的生产完全是按照国外标准进行的，生产的目的在于了解和熟练整个生产工艺过程（见图 6.8）。

对于技术出口企业来说，技术通过试验性生产和技术规范后已经达到了相当稳定的状态，通过将生产环节出口到国外，既可以利用国外的资源、减少污染，也可以更加专注于本国技术开发环节。对于技术引进企业来说，对成熟技术的引入学习吸收，是技术落后企业接触先进技术的一个较好的方式，也为二次创新的后面几个阶段做好充分的准备工作。

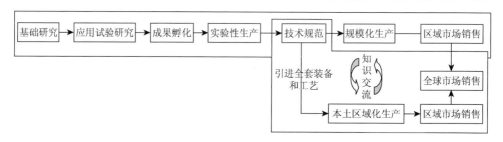

图 6.8 二次创新的阶段 1——知识模仿阶段

后发企业生产时，逐渐掌握了产品的生产方法，同时在生产的过程中也积累了一定的经验。通过生产阶段的知识相互交流，可以吸收对方在生产过程中的方法和心得，为技术的改良做准备。

2. 知识改进阶段

随着企业对生产工艺流程的熟悉，企业的生产效率慢慢提升，规模经济效应得以体现。这一阶段，在不改变产品性能的情况下，企业要尽量使用企业已有的材料进行生产，并对原料配方做部分调整。知识改进的最终目标，是能生产出代替引进的组装件（见图 6.9）。

对于技术出口国来说，为了不让自有技术被新兴技术取代，必须时刻掌握技术出口国生产的产品在全球市场的销售状况，并进行技术的适应性改变。对于技术引进国来说，由于技术的溢出性，以及在技术改进和生产过程中的知识流转，本国企业在生产过程中进行了一系列设备和工艺的国产化，技术引进企业逐渐摆脱对国外技术的依赖。同时，本国市场的反馈信息给国内技术改进提供了一定的依据。

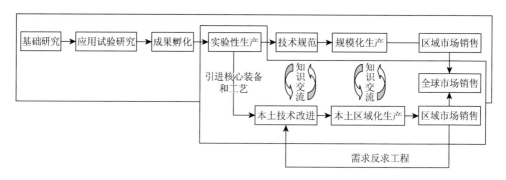

图 6.9 二次创新的阶段 2——知识改进阶段

3. 知识创造阶段

企业通过知识模仿和改进两个阶段,其已经拥有了一定的生产和创新的能力。

在知识创造阶段，设备和工艺的自产化以掌握设计技术为目标，通过技术和工艺流程的不断学习、改进和创造，企业逐步形成了自我的 R&D 能力，进入知识创造阶段（见图 6.10）。

对于技术出口国来说，技术引进企业已经逐渐摆脱了对出口技术的依赖，拥有了自己的自主研发能力，技术出口企业也找到了更新的替代技术，为下一次的技术出口做好准备。对于技术引进国来说，通过二次创新的前两个阶段，技术引进企业已经完全掌握了该技术的核心知识，并能根据本国实时市场信息对技术调整更新，生产出更加适合市场的产品。此时，基础研究和市场信息给国内 R&D 活动提供了依据。

进入知识创造阶段，企业已经完成了对引进技术的模仿学习，创新能力得到了巩固与提高，具备了自己的研发创造能力，而且这种研发创造能力更加本土化，更加适合本土企业的发展。

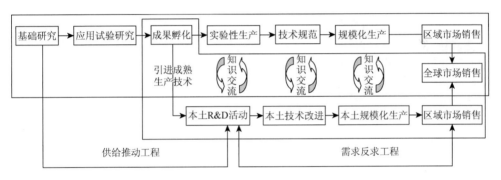

图 6.10　二次创新的阶段 3——知识创造阶段

4. 转化创造阶段

企业进入转化创造阶段，此时企业的创新水平与先进企业技术水平相差较小，达到了独立创新的水平。企业力争主动跳出原有的技术发展模式，研发出更加适合本地区市场和集群特色的生产技术，于是产生了二次创新的第四个阶段（见图 6.11），即转化创造阶段。

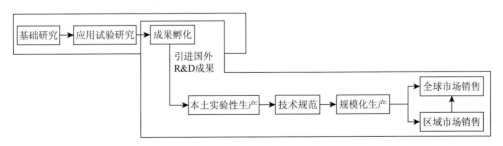

图 6.11　二次创新的阶段 4——转化创造阶段

从技术出口企业来看，实验室技术和新兴技术的转让不仅减少了技术在实验转化过程中的成本，也分摊了转化过程中的风险，使得研究所更加专注于技术本身的研究。对于技术引进企业来说，到先进企业引进实验室技术是企业接触先进技术的方式之一，也给技术的应用研究提供了方向性的引导。

在此阶段，后发企业直接引进孵化成果，在本地区进行实验性生产，待技术规范后投入大规模生产。这一阶段，企业需要准确地把握市场新技术导向，获取最新技术。对于具有高敏感性的企业来说，也可以通过挖掘用户的潜在需求，定制技术产品，引导用户的消费方向。

二次创新的四个阶段是一个网络与自主创新共同演进的过程，二次创新四个阶段的更替，使企业逐步加入全球化的制造网络中，见图6.12。

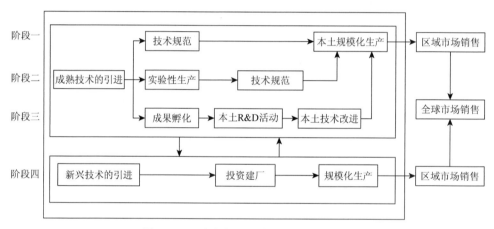

图6.12　二次创新的四个阶段的递进关系

企业在协同合作的情况下，通过前三个阶段的创新活动，其自主创新能力得到了迅速发展。同时，技术输出企业的技术也在高速发展，企业想要赶超先进水平仍然是十分困难的。前三个阶段中创新能力的提升受限于引进技术的发展模式和方向，企业想要通过一轮的发展就达到第四个阶段的创新是不可能的。通过前三个阶段的反复轮回，企业的创新水平已经逐渐达到国际水平，企业本身的R&D和生产能力不断增强，企业才有能力进入二次创新的第四个阶段。

6.3　集群式供应链横向创新技术路径与实例

6.3.1　横向网络创新路径分析

Penrose提出的企业成长理论认为，企业内部的资源和战略方向应该随着企业技术的发展阶段做出调整。基于此，本节根据供应链协同网络创新划分的知识模仿、知识改进、知识创造和转化创造四个阶段，将企业的战略依次定位为适应学习、调整学习、发展学习和创造学习，如图 6.13 所示。

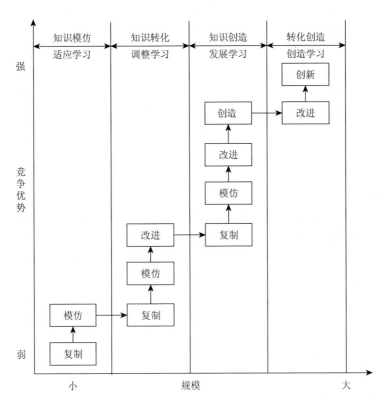

图 6.13　企业间的协同网络创新路径

1. 适应学习阶段

在适应学习阶段，后发企业还在使用原有的生产技术，对引进技术还不是很熟悉，在生产能力和资源方面也没有太多的优势。当企业引进新的技术后，新技术打破了原有技术的习惯范式，且以相当大的优势凌驾于原有技术之上。新旧技术经过一段时间的斗争期、协调期与融合期，最终新旧技术相互融合，或者新技术战胜旧技术。

企业在此阶段很难开展技术创新活动，更多的精力是放在对引进技术和工艺流程的复制和模仿。在此过程中，企业会遇到来自企业员工和企业的阻力。企业一方面要对员工的抵触情绪加以引导，减少变革带来的破坏性和对个人利益的损害；另一方面要缩短复制模仿的过程，将变革进行到底。

2. 调整学习阶段

在调整学习阶段，企业内部由上一阶段变革带来的负面影响已经基本消除，新技术的引进已经初见成效：产品生产逐渐规模化，并出现了很多价格敏感的客户。这对于已经具有一定生产规模，生产能力逐渐熟练的企业来说十分有利。

企业在此阶段，模仿性生产的任务基本完成，生产的目的变为提高生产效率和适当地进行本土化改良。淘宝就是在 E-bay 基础上的模仿与改进，淘宝大量模仿 E-bay 的个人与个人之间电子商务（customer to customer，C2C）的商业模式，但取消了向店主收取租金，同意卖家和买家采用面对面的交易模式，减少买家的疑虑，增加买家对商品的信任度，并将 E-bay 逐出中国市场。

3. 发展学习阶段

在发展学习阶段，技术引进企业遇到了进一步发展的瓶颈阶段。随着竞争对手和市场上同类产品数量的增加，市场份额和盈利空间不断缩小，规模经济的优势也逐渐变小。构建企业自己的品牌，在产品市场上发掘遗留区域成为企业当前的首要任务。

企业在此阶段要打破原有技术的既定发展范式，在充分吸收行业领先技术的基础上，培养自己的技术团队，提高企业自身的创造能力。为了增加客户对产品的感知度，减少纯网购平台的竞争优势，以优衣库和美特斯邦威为主的服装行业纷纷尝试各种移动 O2O 业务。虽然这种 O2O 业务还属于尝试阶段，需要时间来验证，但这种敢于突围的精神值得学习。

4. 创造学习阶段

在创造学习阶段，企业已经成长到一定的规模，单凭企业本身的技术创新能力很难超越对手。企业一边成长扩充自己的实力，一边吸收新的技术，实现技术的模块化，最终实现进入一流先进技术企业的行列。

企业在此阶段，其技术团队和创新能力已经达到一定水平，研发本身和成果扩散的速度加快，制造产业外包的战略方向越来越明确。小米公司成立于 2010 年，以"为发烧而生"作为其产品理念。在如今智能手机"硝烟四起"的市场，小米手机能独占鳌头，3 年后，企业市值从 4100 万美元到 100 亿美元，上涨 39 倍，其创新型的营销渠道功不可没。每一次小米推出新款手机，消息便迅速窜至各大网络头条。小米公司用官网抢购等"饥饿营销"方式吸引了大批"发烧友"，达到了迅速宣传的目的。小米手机定位为"高性能手机"，迅速在国产手机行列脱颖而出。

随着企业规模的扩大和创新水平的加强，企业的战略也随之发生了变化。在这样一个路径演化过程中，企业规模由小变大、竞争优势由弱变强、企业的创新能力由弱到强、企业的战略从简单复制到自主创新，最终企业逐渐跻身于发达技术企业的行列。

6.3.2　集群式供应链协同网络创新模式：以东风汽车有限公司为例

东风汽车有限公司创建于 1969 年，经过近半个世纪的扩充发展，已然成为中国汽车行业的佼佼者。2013 年，东风汽车有限公司累计销售汽车 127.29 万辆，同比增长 13.6%。东风汽车公司在"改进一代、开发一代、预言一代"方针的指引下，从最初单纯的"引进—模仿—再引进"生产模式，到如今的"引进—吸收—消化—创新"生产模式，其自主创新能力不断加强，自主开发成果显著。从东风汽车的整个发展历程来看，其是一个基于对技术从模仿到创新的过程。在整个技术演技的过程中，东风汽车的创新能力得到了显著提升。如表 6.1 所示，在东风汽车有限公司二次创新的最初阶段里，其创新能力很弱，经过对引进技术的消化吸收和改造，增强了自身技术创新能力，这从专利申请数量，尤其是发明专利的申请数量的急剧增加可见一斑。

表 6.1　1969～2012 年东风汽车的年平均专利申请量　　　（单位：个）

年份 专利类型	1969～1991 年	1992～1998 年	1999～2001 年	2002～2005 年	2006～2012 年
发明	2.3	1.6	4	17.6	32.5
实用新型	14.6	16	12.7	62.6	246.8
外观设计	1	3.3	3	22.4	112
合计	17.9	20.9	19.7	102.6	391.3

从 1975 年，东风汽车有限公司从德志意联邦共和国引进成熟的汽车生产线开始，就走上了一条以"引进消化—吸收模仿—引智创新"为主线的二次创新活动的道路，而且逐渐在国外投资建厂，扩大市场根据地。自从 1969 年第二汽车制造厂（东风汽车集团前身）在湖北十堰建造后，东风汽车的自主创新发展经历了以下五个阶段。如图 6.14 所示。

1. 模仿创新阶段（1969～1991 年）

1969 年 9 月 28 日，第二汽车制造厂的大规模施工建设在湖北省十堰正式拉开了序幕。由于文化大革命的影响，以及后期的管理经营不善，到 20 世纪 80 年代初，第二汽车制造厂的生产铸造能力明显不足。1979 年初，第二汽车制造厂决定调整产品方向，将"军品为主"转化为"军民结合，以民为主"的战略方针。

调整产品方向和大力发展生产不仅使第二汽车制造厂闯过了"亏损关"，而且为企业的发展指出了明确的方向。

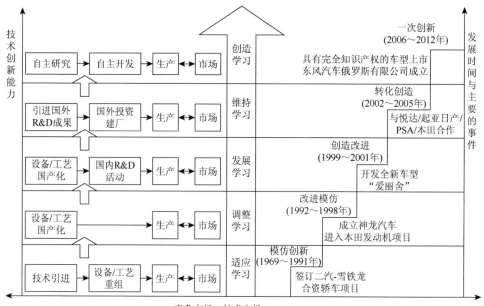

图 6.14　东风汽车有限公司技术创新的动态演进

　　第二汽车制造厂一开始就走了一条国际化合作的道路。1975 年，第二汽车制造厂与德志意联邦共和国合作，从奥芙柯公司引进先进设备并自行安装调试成功，由此拉开了第二汽车制造厂二次创新发展的序幕。20 世纪 90 年代，第二汽车制造厂–雪铁龙合资项目正式启动。由于本阶段国内汽车品种少，第二汽车制造厂的技术策略是：直接购买国外的生产线，学习掌握国外引进技术，突破内部技术瓶颈，尽早打入本地市场。

　　2. 改进模仿阶段（1992~1998 年）

　　1992 年第二汽车制造厂正式更名为东风汽车公司，这也表明了"东风人"不甘第二的决心。1993 年，东风汽车公司的经营业绩创历史最高水平。与此同时，东风汽车有限公司分析了国内汽车市场的形势，决定生产轻轿产品，并与法国雪铁龙汽车公司建立中法合资企业——神龙汽车有限公司，共同生产普通型轿车。1992 年，东风汽车公司把目光瞄向广东，在广东成立了事业部，努力开辟南方事业部，寻找小型车的生产基地。

　　在改进型模仿阶段，东风汽车的产品逐渐系列化，以低成本、高质量扩大本地市场。此阶段，东风汽车有限公司的战略重点是进行生产工艺的创新和零部件的国产化，并不断满足本地化市场的需要。

3. 创造改进阶段（1999～2001 年）

1999 年，神龙汽车有限公司首次自主开发全新车型"爱丽舍"。在开发过程中，由于项目不存在技术转让，缺少许多相关技术资料。公司克服种种困难，与法国方面的技术人员交流，并通过拆装、反复推明细表等方式，多方寻求技术资料来源。2002 年，历时 29 个月的"爱丽舍"车型一经入市便获得了国内消费者的广泛好评。

此阶段中，东风汽车有限公司经过模仿和改进，已经具备了自主研发的能力。东风汽车瞄准新的市场需要，利用技术积累，逐步形成了自主的 R&D 能力。

4. 转化创造阶段（2002～2005 年）

在转化型创造阶段，东风汽车有限公司实现了汽车种类的多样化。面对跨国汽车企业大举进入中国市场，东风汽车有限公司走出了一条本土与外资企业合作研发的路子。在此战略的指引下，东风汽车有限公司与跨国企业完成了一系列战略合作（见图 6.15）。东风汽车有限公司与跨国公司的合资过程中，始终坚持股份对等的原则，确保双方的利益和权力不受损害。

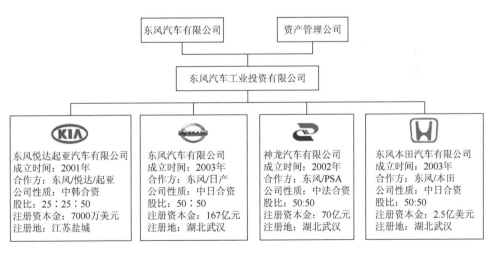

图 6.15　东风汽车有限公司与跨国公司合作的主要格局

在转化型创新阶段，东风汽车有限公司的汽车门类已经相当的齐全，将主导战略演化为设计、生产、营销的三位一体。东风汽车有限公司利用已经掌握的技术进行产品组合创新，满足潜在的市场需要，开发新型相关技术。2006 年，东风汽车有限公司具有完全知识产权的天龙、大力神重卡系列成功上市，与进口同类车型进行了激烈的市场竞争，并且批量出口伊朗、俄罗斯等国家。有了吉利收购沃尔沃的完美案例，东风汽车有限公司走出国门，收购国外汽车公司，直接引进国外先进实验室技术指日可待。

5. 一次创新阶段（2006~2012 年）

东风汽车有限公司一直走在新能源汽车研究和开发的前列。2007 年 6 月 6 日，首台国产化 ZD30 发动机在东风汽车有限公司问世，它聚集了当时世界先进的发动机技术，也符合欧盟对节能减排的要求，是商务车和越野车的首选。2007 年 7 月，具有自主研发的混合动力城市公交车成功中标北京电动汽车示范项目。2007 年 9 月，武汉市公交集团批量采购东风混合动力电动汽车 100 辆，这也是我国第一款实现批量生产和销售的新能源汽车，标志着我国新能源汽车实现了从技术研发到批量生产的飞越。

2011 年 10 月 20 日，中国最大的汽车合资公司——东风汽车有限公司在莫斯科举行了东风汽车俄罗斯有限公司成立仪式。东风汽车有限公司在提升国际竞争力、扩大海外市场份额、进军海外市场的道路上迈出了坚实的一步。

第7章 集群式供应链横向企业的协同网络创新博弈分析

随着产品市场更新换代的速度加快，消费者对产品的要求越来越柔性化和定制化，销售范围从区域销售扩大至全国乃至全球销售，物流信息透明度加强，销售渠道从线下演变到线上，竞争环境更加恶劣。但企业也迎来了新的机遇与挑战：成本市场更加低廉、供应链网络更加宽广、时效更加快速，服务更加专业化。企业为了更加适应顾客的需求，提高自己的竞争能力，势必会加入到供应链的联盟体系中来，依靠产业集群提升自己的竞争力。集群的发展吸引了很多单个的中小企业加入到集群内部，而这些中小企业也是集群内一个强大和可持续竞争优势的来源。这些中小企业的知识合作网络成为集群间竞争的重要武器之一。

供应链和集群的整合促进了企业间的协同网络创新活动。由于集群内企业间的距离较近，不同企业在交流合作过程中的知识溢出效应加强，这给企业的创新活动带来了有利的条件。基于博弈分析理论，Aspremont 和 Jacquemin（1988）构建了企业在 R&D 过程中的 A-J 模型，探讨了企业在合作与不合作两种条件下的决策问题。侯光明和艾凤义（2006）提出，在同行业双寡头存在的情况下，企业内外混合溢出时企业的选择决策关系。

7.1 模 型 描 述

7.1.1 知识的溢出效应

根据知识的表现形式可以将知识分为显性知识和隐性知识。显性知识是指已有文字表述和记载的那部分知识，传播的主要途径是书籍文字；隐性知识是指人们通过长期的生活实践总结归纳出来的那部分知识，没有具体的文字表述，不宜传播和学习。一般来说，显性知识比隐性知识更易于产生溢出效用。知识的溢出效应是指企业在合作和交流过程中，知识从一个企业流出而被其他企业使用的情况。显性知识主要通过企业间搭建的知识共享平台传播，企业间的距离直接影响企业间知识交流的频率和传播的知识量。显性知识的传播成本是距离的增函数。企业间互派员工交流合作可以增加隐性知识的传播，这也从另一方面解释了产业集群的形成和发展的过程。

7.1.2 模型的相关假设

假设在某区域内存在一个直径为 R 的集群，集群内部有两条生产相同或相似产品的供应链，供应链 1 的核心企业 A 和供应链 2 的核心企业 B 生产同类型的产品，它们分别从各自所属供应链的上游企业采购原材料和配套产品，生产的产品由下游企业进行销售。由于核心企业 A 和核心企业 B 同处类型相同供应链的同一位置，集群内资源共享，假设核心企业 A 和核心企业 B 的信息完全对称。核心企业 A 和核心企业 B 均以供应链整体利润最大化为目标，并以此目标做出决策。为减少假设、简化构建模型的过程，本章只考虑两级供应链的情况（如图 7.1 所示），并做出如下假设。

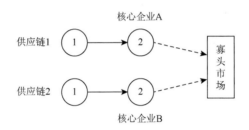

图 7.1 两条供应链关系

（1）假设某集群中存在两条类型相同的供应链，生产型核心企业 A 和核心企业 B 分别在两条供应链中的同样位置，且均处于核心地位，生产的产品在该集群区域具有垄断性。

（2）假设核心企业 A 和核心企业 B 的垂直距离为 L。因知识具有溢出效应，且溢出的程度与企业间的距离有反向关系，设溢出衰减系数为 $\alpha=(1-L/R)^2$。

（3）供应链中企业均从供应链整体最优的角度做出关于创新投入的决策。

（4）企业创新前，产品的市场价格为 p，p 与 A 和 B 企业产量 q_1 和 q_2 的函数关系为 $p=\Omega-bQ$。其中，$Q=q_1+q_2$，$\Omega>0$，$b>0$，Ω 为市场需求问题，b 为需求弹性，$Q\leq\Omega/b$。

（5）集群内的企业聚集产生规模效应，平均生产成本降低，给企业带来收益。当集群发展到一定程度时，企业的聚集会导致公共资源不足，从而带来拥挤效应，企业的边际收益递减。拥挤系数 β 与距离呈正向关系，假设平均成本因拥挤效应带来的改变量为 $\dfrac{\beta}{L-R}$。

技术创新后，企业的单位成本发生了改变，改变后的单位成本为

$$c_i = c - x_i - \alpha\, x_j + \frac{\beta}{L-R} = c - x_i - (1-L/R)^2 x_j + \frac{\beta}{L-R} \quad (7.1)$$

其中,x_i 和 x_j 分别为企业 A 和企业 B 生产单位产品的成本因为创新成功带来的降幅; c 为企业的采购成本; $i=1,2$; $j=1,2$; $i\neq j$; $\alpha\in(0,1]$; $L>0$; $R\in(0,L]$; $x_i>0$; $x_j>0$。

（6）根据创新的规模收益轨迹函数,分析得出企业收益是边际递减的。假设企业的创新投入成本 $y_i = \gamma x_i^2$,其中 γ 为常数。

7.1.3　利润函数

根据以上假设得出在集群式供应链内,核心企业 A 和核心企业 B 的利润函数为

$$\pi_i = (p-c_i)q_i - y_i = \left[\Omega - b(q_i+q_j) - \left(c-x_i-\alpha x_j + \frac{\beta}{L-R}\right)\right]q_i - \gamma x_i^2 \quad (7.2)$$

7.2　模 型 求 解

将博弈分析过程分为两个阶段进行求解:第一阶段,两条供应链各自选择单位产品的创新收益;第二阶段,对产品产量进行决策。采用逆序归纳法求解。

7.2.1　研发不合作

在产业集群内,供应链内两家企业处于同等地位,企业之间进行非合作生产的古诺产量竞争博弈。

第二阶段,对式（7.2）求导,并令倒数等于 0,得 $\dfrac{\partial \pi_i}{\partial q_i} = \Omega - 2bq_i - q_j - c_i = 0$

求解得古诺纳什均衡产量、产品价格和企业利润:

$$q_i = \frac{\Omega - c + (2-\alpha)x_i + (2\alpha-1)x_j - \beta/(L-R)}{3b} \quad (7.3)$$

$$p = \frac{\Omega + 2c - (\alpha+1)(x_1+x_2) + 2\beta/(L-R)}{3} \quad (7.4)$$

$$\pi_i = \frac{1}{9b^2}[\Omega - c + (2-\alpha)x_i + (2\alpha-1)x_j - \beta/(L-R)]^2 - \gamma x_i^2 \quad (7.5)$$

第一阶段,对式（7.5）求一阶倒数并令其等于 0,得

$$x^N = x_1^N = x_2^N = \frac{[\Omega - c - \beta/(L-R)](2-\alpha)}{9b^2\gamma - (\alpha+1)(2-\alpha)} \quad (7.6)$$

二阶条件为

$$9b^2\gamma > (2-\alpha)^2$$

将 x_1^N、x_2^N 带入（7.3）～（7.5）式，得到均衡产量、均衡价格和利润：

$$q^N = q_1^N = q_2^N = \frac{3b\gamma[\Omega - c - \beta/(L-R)]}{9b^2\gamma - (\alpha+1)(2-\alpha)} \tag{7.7}$$

$$p^N = \Omega - \frac{6b\gamma[\Omega - c - \beta/(L-R)]}{9b^2\gamma - (\alpha+1)(2-\alpha)} \tag{7.8}$$

$$\pi^N = \pi_1^N = \pi_2^N = \frac{\gamma[\Omega - c - \beta/(L-R)]^2[9b^2\gamma - (2-\alpha)^2]}{[9b^2\gamma - (\alpha+1)(2-\alpha)]^2} \tag{7.9}$$

7.2.2 研发合作

由于知识的壁垒效应及对研发产权的保护，企业往往不愿意分享技术知识，只是从整体利益最大化的角度来做决策。研发合作情况下进行的古诺模型竞争的均衡产量和不合作的情况下完全相同，直接从阶段一开始求解。研发合作时利润函数为

$$\pi = \pi_1 + \pi_2 = \sum_{i=1}^{2} \frac{1}{9b^2}[\Omega - c + (2-\alpha)x_i + (2\alpha-1)x_j - \beta/(L-R)]^2 - \gamma x_i^2 \tag{7.10}$$

对式（7.10）求一阶导数，并令其等于 0，得

$$x^C = x_1^C = x_2^C = \frac{[\Omega - c - \beta/(L-R)](\alpha+1)}{9b^2\gamma - (\alpha+1)^2} \tag{7.11}$$

二阶条件为

$$9b^2\gamma > (\alpha+1)^2$$

将 x_1^C、x_2^C 带入式（7.4）～式（7.6），得到均衡产量、均衡价格和利润：

$$q^C = q_1^C = q_2^C = \frac{3b\gamma[\Omega - c - \beta/(L-R)]}{9b^2\gamma - (1+\alpha)^2} \tag{7.12}$$

$$p^C = \Omega - \frac{6b\gamma[\Omega - c - \beta/(L-R)]}{9b^2\gamma - (1+\alpha)^2} \tag{7.13}$$

$$\pi^C = \pi_1^C = \pi_2^C = \frac{\gamma[\Omega - c - \beta/(L-R)]^2}{2[9b^2\gamma - (1+\alpha)^2]} \tag{7.14}$$

7.3 模 型 分 析

7.3.1 两条供应链间的距离对知识转移效果的影响

结论一：集群内企业的创新水平直接影响产品的产量和价格。

由式（7.3）得，$q_1 - q_2 = (1-\alpha)(x_1 - x_2)$，当 $x_1 > x_2$ 时，$q_1 > q_2$；由式（7.4）对 x 求导得，$\dfrac{\partial p}{\partial x_1} = \dfrac{\partial p}{\partial x_2} = -\dfrac{\alpha+1}{3} < 0$。企业创新后，其产量与创新水平呈正相关，产品价格与创新水平呈负相关。

结论二：集群供应链之间的距离对核心企业的决策有直接影响。

（1）核心企业产量与距离的关系为

$$q^N - q^C = \frac{3b\gamma[\Omega - c - \beta/(L-R)](1-2\alpha)(\alpha+1)}{[9b^2\gamma - (1+\alpha)^2][9b^2\gamma - (\alpha+1)(2-\alpha)]}$$

集群内企业的决策取决于 $1-2\alpha$ 的符号，即当 $L \in [0, (1-\frac{\sqrt{2}}{2})R]$ 时，产量在研发合作时比不合作时要高；当 $L \in \left[\left(1-\frac{\sqrt{2}}{2}\right)R, R\right]$ 时，则结论相反。

（2）产品价格与距离的关系为

$$p^N - p^C = 2b(q^C - q^N)$$

当 $L \in \left[0, \left(1-\frac{\sqrt{2}}{2}\right)R\right]$ 时，产品价格在企业研发合作时比不研发合作时要低；当 $L \in \left[\left(1-\frac{\sqrt{2}}{2}\right)R, R\right]$ 时，则结论相反。

（3）企业创新水平与距离的关系为

$$x^N - x^C = \frac{9b^2\gamma[\Omega - c - \beta/(L-R)](2\alpha-1)}{[9b^2\gamma - (1+\alpha)^2][9b^2\gamma - (\alpha+1)(2-\alpha)]}$$

当 $L \in \left[0, \left(1-\frac{\sqrt{2}}{2}\right)R\right]$ 时，集群内企业的创新水平在合作时比不合作时要高；当 $L \in \left[\left(1-\frac{\sqrt{2}}{2}\right)R, R\right]$ 时，则结论相反。

（4）核心企业利润与距离的关系为

$$\pi^N - \pi^C = \frac{-9b^4\gamma^2[\Omega - c - \beta/(L-R)]^2(2\alpha-1)^2}{[9b^2\gamma - (1+\alpha)^2][9b^2\gamma - (\alpha+1)(2-\alpha)]} \tag{7.15}$$

当式（7.15）不大于零时，集群利润在核心企业合作时比不合作时要高。

分析表明，当 $L < \left(1-\frac{\sqrt{2}}{2}\right)R$ 时，核心企业产量、企业创新水平和核心企业利润在研发合作时均比研发不合作时要高，企业更容易因此获得集群的低价格优势；$L > \left(1-\frac{\sqrt{2}}{2}\right)R$ 时，则结论相反。

当企业间的距离较近时，企业间的合作交流频次增加，信息共享能力加强，因信息共享带来的协同创新收益大于拥挤效应带来的负面影响，产量和创新水平显著增大。当企业间的距离逐渐增大时，知识的溢出效应减少，企业本身研发导致单位成本增大，成本增大的幅度大于拥挤效应带来的正面影响，产量和创新水平指标在研发不合作时更加明显。另外，由于创新水平的增加，产品在市场中的单位价格减小，创新成本增大，利润在企业不合作时比合作时大。

当两家企业之间的距离落在 $\left[0,\left(1-\dfrac{\sqrt{2}}{2}\right)R\right]$ 内时，集群内企业的投资支出在合作研发时比独自研发时少，产品的平均单位成本和市场价格更低，同时由于企业产量增大，合作研发对企业来说更为合理。当两家企业之间的距离大于 $\left(1-\dfrac{\sqrt{2}}{2}\right)R$ 时，企业若想迅速占领市场，则可以选择低价格和高产量的策略，通过独立研发扩充实力；但企业若以企业利润为导向，则独立研发则不如合作研发。

7.3.2　集群供应链间存在的最优距离

对式（7.1）求导，$\dfrac{\partial c_i}{\partial L}=\dfrac{2x_j(R-L)}{R^2}+\dfrac{\beta}{L-R}$，对式（7.1）二阶条件：$\dfrac{\partial^2 c_i}{\partial L^2}=-\dfrac{2x_j}{R^2}+\dfrac{\beta}{(L-R)^2}<0$，由于式子小于 0，故表明 L 有最小值，极小值为 $L=R-\sqrt[3]{\dfrac{\beta R^2}{2x_j}}$。

若企业间研发不合作，

$$L=R-\sqrt[3]{\frac{\beta R^2[9b^2\gamma-(\alpha+1)(2-\alpha)]}{2[\Omega-c-\beta/(L-R)](2-\alpha)}}$$

L 落入 $\left[\left(1-\dfrac{\sqrt{2}}{2}\right)R,R\right)$ 的条件是

$$0<\sqrt[3]{\frac{4\beta[9b^2\gamma-(\alpha+1)(2-\alpha)]}{R[\Omega-c-\beta/(L-R)](2-\alpha)}}<\sqrt{2}$$

若企业间研发合作，

$$L=R-\sqrt[3]{\frac{\beta R^2[9b^2\gamma-(\alpha+1)^2]}{2[\Omega-c-\beta/(L-R)](\alpha+1)}}$$

L 落入 $\left[0,\left(1-\dfrac{\sqrt{2}}{2}\right)R\right]$ 的条件是

$$\sqrt{2}<\sqrt[3]{\frac{\beta[9b^2\gamma-(\alpha+1)^2]}{2R[\Omega-c-\beta/(L-R)](\alpha+1)}}<2$$

L 落入 $\left[\left(1-\dfrac{\sqrt{2}}{2}\right)R,R\right]$ 的条件是

$$0 < \sqrt[3]{\frac{4\beta[9b^2\gamma-(\alpha+1)^2]}{R[\Omega-c-\beta/(L-R)](\alpha+1)}} < \sqrt{2}$$

基于 Aspremont 和 Jacquemin 提出的博弈模型,在集群式供应链内引入知识的溢出效应和拥挤效应,分析了距离对供应链企业创新的影响,并得出供应链企业间存在的最优距离。产业集群内企业的产量与技术创新水平呈正相关关系,市场上产品的价格与企业技术创新水平呈负相关关系:企业创新水平高,带来的高产量和低价格有利于企业争取更多的市场份额。企业可以直接根据其所在供应链中核心企业间的距离,以及战略策略方向做出是否合作的决策。

第8章 集群供应链纵向整合技术创新分析

8.1 集群式供应链特点和特征

8.1.1 集群式供应链的特点

集群式供应链是产业集群和供应链之间的耦合,这种产业集群和供应链之间的耦合关系在国内外很多地域的产业集群中客观存在。产业集群的不断发展,为集群式供应链提供了天然的构建平台,由于集群地理邻近性和产业关联性,使企业不仅能够在单个纵向供应链内与各个企业合作,而且与跨链企业之间存在着竞争和协作的关系。这种复杂的网络关系,使产业集群内的企业能更好地适应外部市场需求的变化。集群式供应链是以产业集群为平台的网络式供应链,其特点有以下几点。

（1）产业集群一体化性。集群式供应链作为专业化和劳动分工较为精细的产业集群,它为纵向供应链上各个生产环节的内分化和衍生提供了必要条件,同时产业集群地域所形成的"外部经济性"和"创新网络"吸引了集群外部环节企业的介入。通过在实际运作中的不断磨合,集群企业逐渐形成了趋于本地一体化相对完整的供应链,形成了一个能够实现即时设计、即时采购、即时生产和即时销售及配送的供应链网络,最终使企业在运作过程中,实现了生产周期短、库存低、对市场响应速度快,满足了协作同步的竞争需求。

（2）信任的协作性。在集群式供应链中,就某个单链而言,其联结合作方式仍然由供应链中的核心企业为主导,其上下游企业的协作方式趋向灵活,可以是正式的合作契约方式,也可以是非正式的承诺-信任方式。基于信任的协作方式和本地一体化的完整性是分不开的,只有在同一地域中,基于承诺-信任的协作方式才能更好地发挥和制约各个协作企业的生产行为。与此同时形成一个生产速度快,库存较低的供应链网络系统。

（3）组织衍续发展的阶段性。随着产业集群的发展和升级,客观上要求集群进行供应链式的组织衍续,即对纵向供应链的各个环节进行衍生和分化,使各个环节的价值链不断地趋向于完整。因此,供应链的发展是由刚开始的几个较为离散的环节,向着本地一体化纵向供应链方向发展的;供应链上的物流流向也由散状辐射、无明显方向朝着供应链纵向由上游向下游流动的整体趋势演变,最终发展成为稳定的供应链纵向协作体系,实现了资源优化配置,从而大大提升了整个供应链的核心竞争力。

8.1.2　集群纵向供应链的特性

通过对集群供应链概念和特点的分析，可以得出集群纵向供应链主要表现有以下几个方面。

（1）分工精细性。由于产业集群中供应链上的各个企业具有"弹性专精"的特点，很少有单个企业进行多角化经营，每个企业专注于自身的核心竞争力环节，而将非核心竞争力的环节剥离开来，由产业集群供应链中的上下游企业进行分工合作。因此，集群内各个企业分工较为精细和发达，企业所生产的多是基于专业化方向的产品。这就为某一种类产品各个生产环节的内分化和衍生提供了必要的条件，它一方面朝着本地一体化的产业链进行分工，另一方面由于集群地域所形成的"外部经济性"，吸引着大量集群外部环节的企业介入，造成围绕产业链的相关辅助产业的分工精细化，使产业集群最终实现从"大而全"的模式向"小而精"的模式转变。

（2）协作紧密性。随着产业集群的发展，使供应链中的每个单元企业专业化高度分工，在集群式供应链中每个单元企业与周围企业形成了横向联系和纵向联系，呈现一张纵横交叉的协作网络。但是，分工的精细化使得集群企业的刚性越来越大，集群内的单个企业不能独立地完成产品生产的全部内容，而企业所面临的外部环境却越来越复杂，需求不确定性越来越大，这就迫使产业集群上下游企业进行相互协调和协作。因此，在同一地域中形成了基于本地一体化的供应链，这样能更好地应对外部市场的快速变化，使集群企业具有极强的市场竞争力。

（3）动态衍续性。产业集群发展升级，客观上要求集群沿着产业价值链从低附加值、非核心环节向高附加值环节进行供应链式的组织衍续。而集群内企业的不断衍生和分化，使得从产业集群上游到下游的各个环节价值链趋向完整，即由单个企业向上下游企业拓展，一直延伸到从原材料供应到最终顾客的整条纵向供应链管理，并向着供应链跨链间的网络供应链方向发展。同时，也使集群的物流发展由刚开始的某个或几个环节离散、零碎的物流活动，向着本地一体化物流的方向发展，使纵向供应链协作和服务关系不断强化。

8.2　集群式供应链纵向技术创新模式及路径

8.2.1　集群纵向供应链整合的技术创新模式

集群纵向供应链的特点决定了集群技术创新是多种因素相互作用的复合

体。从本质上来说，供应链上游企业的技术发展和下游企业反馈的市场需求是技术创新的推动力。一般而言，成功的技术创新既有 R&D 活动所创造的新产品技术知识，又能够满足市场的需求。在传统的供应链管理模式下，企业的技术创新活动往往因为受到很多限制而不能实现这二者的统一，进而满足不了企业技术创新的动力。而在产业集群中，集群供应链内部上下游企业，如 R&D 企业、零部件供应商、产品制造企业和市场营销企业，通过契约建立战略联盟，相互协作，形成相对稳定的市场关系，建立起一种默契的信息交流和信息反馈体系，使集群企业的 R&D 活动越来越靠近市场，第一时间了解市场需要，从而融合生产实际，推动技术创新。通过对集群内供应链的纵向整合，可以提高这种默契配合的响应效率，拉近企业的技术开发、产品生产与市场需求之间的距离，真正实现技术、生产与市场的归一。由于供应链上游的技术推动和下游的市场导向这两大因素作用的不同，使得集群纵向供应链整合的技术创新模式有三种。

1. 技术推动创新模式

技术推动创新模式是基于 R&D 环节的技术研发活动，该模式顺着供应链的流动方向进行设计、样品生产、规模化生产，并最终走向市场（如图 8.1 所示）。这时供应链上的技术创新是由技术成果引发的一种推动性的线性过程。技术创新理论的奠基者熊彼特认为，"技术——不管它是在经济系统以外，还是在一个垄断竞争者的大型研究和开发实验室中产生的，都是技术创新与经济增长的主发动机"。

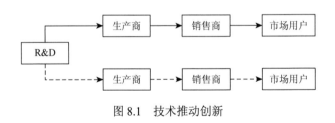

图 8.1　技术推动创新

在技术推动创新模式中，技术创新是根据已有的技术知识或专利进行的活动，是在此技术上间接地满足或创造市场需求，而并没有满足真正的市场需求。这种技术创新的过程是源于研究开发环节，经过生产和销售环节最终将某项技术产品引入市场。但是，市场是研究开发成果的被动接收者，这就使得供应链缺乏市场反馈性，即技术创新在集群供应链纵向发展中，供应商、生产商、销售商和市场用户都只是技术创新的载体，而不是技术创新的主体，是一种局部暂时的行为冲动，而不是一种全局长期的战略行为。

2. 需求拉动创新模式

需求拉动创新模式是以市场需求为基础的。在激烈的市场竞争中，集群企业为了生存与发展，需要不断地进行技术创新和改进。企业采用需求拉动创新模式，时间短、见效快，有利于发展那些短、平、快的技术创新项目（如图 8.2 所示）。在产业集群中，由于地域的优势，市场反馈信息扩散加快，这使集群式供应链对市场的响应速度快于一般单链式供应链。

实践证明，市场需求是中小企业技术创新的强大动因，它大大加速了技术创新向市场转化的步伐，只有符合市场需求的技术创新才具有现实意义。然而，缺乏供应商、生产商和销售商对创新的同步支持和对信息的有效反馈，需求拉动创新会在一定程度上否定基础性研究对技术创新的作用。该创新模式虽然有"治标"之功效，但是还没有达到"治本"的目的。这种创新将导致人们不重视研发系统、生产系统和营销系统的整合研究，更别说是基础研究，这使企业技术创新发展可能缺乏强有力的后劲。

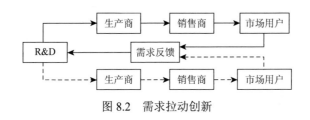

图 8.2　需求拉动创新

3. 综合作用创新模式

市场需求是技术创新的根本动力，但不是技术创新的直接动力。在集群中，光有下游的市场需求不一定就能出现相应的技术发明和生产出相应的产品来，技术创新必须存在于现实的科学和技术基础之上（如图 8.3 所示）。通过对集群上游技术研发和下游市场需求的整合，加上供应商和销售商的积极配合，才能使技术和市场有机结合，才可以共同引发技术的创新活动。集群内企业有意识、无意识地频繁互动，也就是技术创新的知识溢出和流动。这种知识流动不仅能在集群正向供应链整合的各个企业中产生，而且能在逆向供应链上实现交互作用，这样能够大大缩短技术创新的周期，提高整个供应链的敏捷性。

集群综合作用创新强调技术推动和市场需求的交互作用，激活了集群供应链各个主体创新潜能，能够更好地反映技术创新的实际过程。综合作用创新克服了技术推动创新和需求拉动创新的各种片面性，较全面地反映了技术创新的发展过程，起到了"治标又治本"的作用，使集群企业能够拥有强劲的发展推动力。

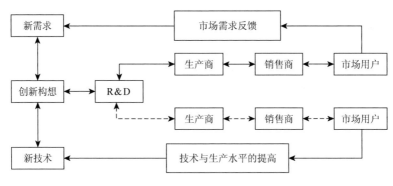

图 8.3　综合作用创新

　　由于上述三种技术创新模式中的创新动力不同，它们具有各自的特点。表 8.1 列出了它们的主要特点。

表 8.1　技术创新模式的特点

名称＼类别	技术推动创新	需求拉动创新	综合作用创新
创新动力	技术发明	市场需求	技术发明和市场需求综合
创新难度	难	较难	较易
创新周期	长	较短	短
技术与需求关系	技术创造需求	需求促进技术发明	技术与需求共同作用
创新环节	R&D 环节	市场需求环节	R&D 环节、供应商环节、生产环节、销售环节、市场需求环节
创新成果的效用	一旦采用，会导致新产品的产生，但是大部分不会产生反馈作用	易于商品化，能够满足现阶段的市场需求，是创新成功能够迅速产生效益	易于商品化，但是效果较为持久，技术与市场经济发展相互促进

8.2.2　集群纵向供应链整合的发展路径及知识传导方式

　　产业集群的技术发展和升级是一个渐进的过程，往往首先是承接了其他区域产业转移过来的、底层的、非技术核心的生产加工环节；然后，随着产业集群的不断发展，形成该生产环节的高度专业化。集群供应链组织体系的不断构建，使得供应链上下游纵向一体化的发展模式存在差异性。根据集群供应链纵向整合的发展特点和技术创新的基本方式，将供应链纵向整合的发展路径分为三个阶段：线性合作阶段、交互协作阶段和纵向整合阶段，如图 8.4 所示。

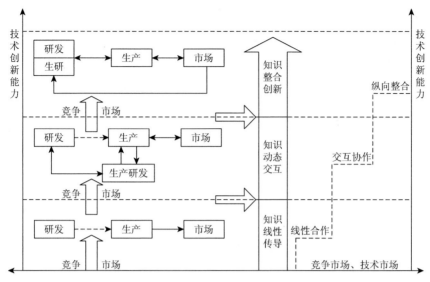

图 8.4　企业纵向供应链整合的发展路径和知识传导方式

1. 线性合作阶段

在产业集群发展初期，纵向供应链中的技术创新过程一般是遵循"购买发明专利（技术）—生产—销售"等简单的线性过程，对创新的研究基本停留在"拿来主义"的层面上。在这个阶段，供应链上的技术创新工作往往是由集群外部专门的研发机构完成的，集群企业是按照技术推动模式来构建的，生产制造企业投入大量的资金向研发机构购买自身所需的新技术，而这种新技术的产品信息不一定能反馈到原本不属于集群企业的外部研发机构中。

在线性合作的过程中，知识的传导方式体现为单一线性的传导，上游的研发活动很少或者没有机会与下游的顾客或客商进行交流或相互学习，这样就会导致创新活动中的技术与市场信息的不匹配和不确定性。同时，由于单个研发企业所掌握的知识有限和技术水平比较低，在从事复杂技术创新时受到能力的限制，使集群中纵向供应链的整体技术创新能力得不到有效地提升。

2. 交互协作阶段

随着产业集群的发展，以及市场需求和竞争的推动，一方面，在供应链纵向整合中，内部的下游市场逐渐与生产环节有了产品的信息交流和销售反馈。另一方面，生产企业在制造过程中会遇到不同的技术问题，这些都会促使生产企业对产品的生产技术做出相应的调整和修改。为了消化这些市场反馈信息和生产信息，使其更好地利用于生产制造，生产环节最终产生了企业内部专属的 R&D 部门。这时的 R&D 部门起到了两个作用：一是将市场的反馈信息进行收集和整理后，直接对现有产品的生产技术进行修改和完善，进行一些基本的"二次技术创新"活动；二是起到一个"中转站"的作用，将收集好的市场需求信息连同生产环节产生的问题和反馈信息一起传递给上游的研发环节，通过这些信息来引导研发环节的技术创新方向，使创新能更贴近市场需求。

在这一阶段中，纵向供应链的知识传导方式体现为动态的反馈协作，技术创新的导向主要以市场需求为主体，其发展依赖于上下游企业之间健全的信任机制，以及对供应链外部市场需求的反馈机制。在集群式供应链上下游企业的合作过程中，研发企业通过技术援助、人员互派、合作开发项目等方式，产生重要的知识溢出效应，使生产企业在创新合作过程中不断地提高自身的技术能力，从而达到创新协同。而生产企业通过这种合作关系与上下游企业创造了一种本地化的信任和协作文化，形成了以满足市场需求为主的技术创新协作网络。但是由于企业过分注重市场需求，而忽略了基础性研究，使得企业在竞争过程中趋于一个被动的状态，缺乏强有力的核心竞争能力。

3. 纵向整合阶段

集群企业之外的研发机构，以及由生产企业内部衍生出来，进行二次技术开发的 R&D 部门，虽然在一定程度上能够解决集群纵向供应链技术创新的瓶颈问题，但不能抑制市场竞争对集群企业纵向供应链上有延伸的诉求。因为集群市场中充斥着大量的同质化产品，促使集群企业有着提供差异化产品和服务的需求，即构思一代、规划一代、研制一代、生产一代。要做到这一点，唯有集群企业拥有自己独立的研发机构。

研发是一种风险投资，对于以中小型企业为主体的集群企业来讲，其研发资金和投入精力都十分有限，使得生产环节的研发只能在现有的引进生产技术上进行一定的修改，而不能进行较大规模的研发生产活动。因此，企业自身的核心竞争力发展受到了很大的限制。为了加强企业的核心竞争力，使自身的核心环节得到巩固和延伸，企业将逐渐把研发部分剥离出来，进行重新整合。其途径可能是多样性的，可以是并购上游研发企业，将其与生产环节的研发部门进行整合，或者生产环节将上游研发企业内自身所需的技术知识整合到企业的 R&D 部门内部，形成一个专属于该企业的上游研发环节。这样可以使整个供应链能够更快地将市场新需求和新技术融合在一起，缩短技术创新的周期，提高技术创新的质量，从而实现提升整个集群式供应链技术创新能力的目的。

集群供应链纵向整合的技术创新是一个复杂信息整合的过程，是由诸多因素、多阶段过程和差异化需求在供应链内部和外部组成的高层次集合。创新过程代表了技术能力和市场需求的汇合。在这一阶段下，集群整体的技术创新是以客户需求为导向，利用先进的信息技术，有效协同供应链成员和外部集群网络开展技术创新的活动。可以通过提高供应链运转效率和服务效果，来提高集群式供应链整体的技术创新能力和核心竞争优势。

8.3　纵向整合案例分析：宁波海天集团

20 世纪 90 年代，中国塑料机械制造工业高速发展，制造企业大部分分布在经济比较发达的东南沿海、珠江三角洲、长江三角洲一带，其中宁波地区发展最猛，有"中国塑机看浙江，浙江塑机看宁波"之说。目前，宁波地区有着包括海天、海太、海强等将近 140 家的大小塑机整机生产企业，以及数量庞大的零配件配套厂家。该地区年产各类注塑机械近 4 万台，销售总额约 75.69 亿元，产量和销售额占全国市场的 2/3 以上，年产量占世界总产量的 1/3，形成了规模大、影响广、聚集度高、区域性强、集聚和供应链特征明显的企业群，是国内最大的塑机生产基地。从出口方面看，宁波地区塑机的出口量占全国出口总量的 67.2%。作为宁波的支柱产业之一，塑机产业是个比较典型的产业集群。

在众多塑机企业中，宁波的海天集团作为国内行业龙头企业，从 1995 年开始连续 7 年销售额居国内行业榜首位，居世界塑机产量首位，以其产品的优质、高效、节能、档次高、经济效益好而闻名于全国塑料机械行业。海天集团是一家集研发、制造于一体的国家级重点高新技术企业，从 1966 年其前身江南农机厂的创立到发展至今的集团公司，已有了 40 余年的历史，现为国家大型企业、中国塑料机械工业协会理事长单位、中国轻工机械协会副理事长单位，是联合国技术信息促进系统认定的中国优秀民营企业，并率先通过了 IS09001-2000 版质量体系认证。目前，海天集团拥有总资产 30 亿元，资信状况 AAA 级，2005 年实现产值 30 亿元。总公司占地面积 100 多万平方米，拥有正式职工 2000 多名，是中国目前最大的塑料机械生产企业。

自从 1977 年海天集团生产出第一台注塑机以来，海天集团的供应链技术创新的发展经过了以下三个阶段。如图 8.5 和表 8.2 所示。

（1）线性合作阶段（1966～1989 年）。当时我国的注塑产业才刚刚开始，国内只有寥寥数家国有企业在生产注塑机，北京化工大学、上海轻技集团科研院在进行注塑机的技术开发。海天集团最早为小五金件生产厂，在其发展初期，在很大程度上依靠从当时技术领先的国有企业、大学及科研院所购买和引进的技术，使产品开发实现了从无到有的飞跃。

海天集团这时的企业主导技术能力较弱，缺乏必要的人才。依靠上游研发环节的北京化工大学等高校、上海轻技集团研究所等科研院所，以及国有企业的支持，海天集团获得了注塑机生产的基本技术。但是，这时海天集团的技术知识的获取是一种线性的过程，其本身的技术水平和引进的技术水平存在一定的差距。

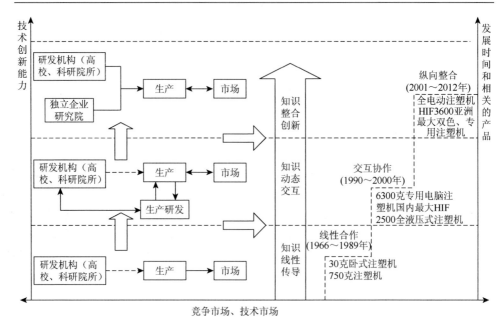

图 8.5 海天集团技术创新的动态演进

表 8.2 海天集团技术创新特点比较

特点＼阶段	线性合作阶段（1966～1989 年）	交互协作阶段（1990～2000 年）	纵向整合阶段（2001～2012 年）
产品定位	实现从无到有的飞跃，小型注塑机，主要用于日常民用产品制品	掌握了 20 世纪 90 年代国内最先进的技术，中大型注塑机，主要用于洗衣机、空调、音响等家电产品生产	拥有国际一流技术水平，高速、精密、节能、专用注塑机，主要用于电子、医疗器械，以及汽车配件精密产品的生产
主要产品	30、400、500 克卧式注塑机；750 克注塑机	6300 克专用电脑注塑机、国内最大的 HTF2500 注塑机、全液压式注塑机	全电动注塑机、亚洲最大的 HTF3600 注塑机、双色等专用注塑机等
技术创新模式	技术推动模式	需求拉动模式	综合作用模式
知识传导方式	供应链线性传导方式，无反馈性	供应链内动态的反馈协作，产生重要的知识溢出效应	利用先进的信息技术，建立了供应链内部信息网络
技术能力特点	主导技术能力较弱，缺乏必要的人才	企业内生的技术能力增强，培养了一定的知识整合能力	企业通过提升自身的技术能力，带动了整个集群供应链的技术创新能力，占领了世界塑机研发生产的制高点
技术合作对象	少数国有企业，北京化工大学等高校，上海轻技集团科研院	在国内，北京化工大学等高校，上海轻技集团科研院，台湾琼伟公司；在国外，与德国德马格合作，并频繁地参加各种国际注塑机展会	北京化工大学、浙江大学等高校及科研院所，成立了国家级的海天塑机研究院

从 1976 年起，海天集团一方面邀请上游相关研发企业的专家和技术人员来厂指导；另一方面，选派技术人员到这些国有企业考察，从中学习他们的先进技术和管理经验。这些方法使得海天集团能更好地消化吸收引进的技术，同时获取更多的隐性知识。在初步的隐性知识和技术积累之后，随着供应链的逐渐形成和工厂规模的扩大，企业的技术水平上了一个台阶，企业内生的技术能力也不断增长，这为海天集团今后的迅速发展、稳步前进做了一个良好的铺垫。

（2）交互协作阶段（1990～2000 年）。在上一个阶段中，海天集团在技术外部获取战略的主导下，一方面增强了企业内生的技术能力，于 1987 年自行研制出750 克注塑机；另一方面，通过技术人员与上游环节的大学和科研院所中专家的合作，海天集团也逐渐培养了一定的知识整合能力，这使海天集团能够以较快的速度消化、吸收、引进当时国内最先进的技术。在进行供应链的建立和扩张时，海天集团像许多大型企业一样也遇到了资金的问题。为了解决这个问题，1990 年海天集团与香港宁兴投资联合成立了海天宁兴公司；与台湾的琼伟公司进行整合成立了琼天公司，并积极从台湾公司进行知识转移和技术学习，开始了双向合作技术创新。在这个阶段，海天集团通过这种合作关系，与上下游企业创造了一种信任和协作的文化，形成了以市场需求为主、合作研发为辅的技术创新协作网络。上游研发企业通过技术援助、人员互派、合作开发项目等方式，产生重要的知识溢出效应，使生产企业在创新合作过程中不断地提高自身的技术创新能力。

通过知识和技术的动态交流作用，此时海天集团的技术已在国内领先，并将以前的国有企业等竞争对手远远地甩在了后面。经过与台湾公司的整合创新，1992年海天集团开发出 HTF2500，并开始生产大型注塑机。同年，海天集团与德国德马格公司合作，整合成立德马格海天公司。在技术整合的过程中，海天集团根据国内注塑机的特点与市场需求的可行性，对注塑机的加工方式进行了创造性的改良。1998 年，德马格海天公司开发出全液压式注塑机。在这个阶段，海天集团不仅通过研发企业的合作来获取新知识和促进技术的创新，还频繁地参加各种国际注塑机展会，借此来迅速获取国际上最新的市场和科研信息。

海天集团通过供应链上的各种途径来加强其自身的技术创新能力和整合能力。因此，在具备了整合能力之后，海天集团就具有了较高的知识吸收和消化能力，能够更好地从国际领先企业那里获得技术知识的外溢，同时为下一个阶段的跃迁打下良好的基础。

（3）纵向整合阶段（2001～2012 年）。通过 30 多年的发展，国内涌现出许多注塑机企业，在低端注塑机市场上的供求关系已从卖方市场转变为买方市场，行业之间竞争激烈。目前，就宁波地区而言，就有近 140 家的大小塑机整机生产企业，以及数量更多的零部件配套厂家，形成了较完整的产业集群的供应链体系，集群在上游原材料、辅助材料和零部件供应方面具有很强的竞争优势，使供应链的整体能力不断加强。另外，由于技术上的差距，在国际市场上同类型的塑机中，海天集团要比国际一流企业的便宜很多。在国际高端市场上主要由跨国注塑机企业牢牢占领，海天的生存环境受到很大的挑战，企业的发展空间受到诸多制约。面对这一急剧变化的视窗形式，海天集团开始了全新意义上的改革与创新。目前，海天集团将研发环节转移出来，获得了有关部门的批准，建立了国家级的海天塑机研究院。海天集团将紧紧依托这一科技平台，提升整个供应链的技术创新能力，占领世界塑机研发生产的制高点。

海天集团将科技创新能力提升为其"十一五"计划的重要目标。近年来，海天集团加大与北京化工大学、浙江大学等高校及科研院所的合作，利用其雄厚的科技力量提高企业自主研发能力和水平。海天集团每年投入销售额的 5%作为科技创新研究经费，在高速、机密、节能、环保等高端性能方面有了突破性进展，其自主研发的新产品已达 100%。例如，2001 年开发出全电动注塑机；2002 年开发出亚洲最大的 HTF3600 注塑机；之后，又开发出双色注塑机、全新二板式注塑机及节能注塑机等，有力地促进了我国整个塑机产业的技术进步。

第9章 集群式供应链横向并购整合技术创新分析

9.1 集群横向并购整合技术创新概述

9.1.1 并购与技术创新

在产业集群中，企业不仅在纵向单链式供应链内部进行合作和整合，而且不同单链的核心企业之间存在着跨链间的竞争和协调，呈现出纵横交叉的网络结构。由第 8 章可以知道，集群内由核心企业进行的纵向供应链整合之后，单链上的技术创新知识流动更加通畅，更有利于单链供应链的技术创新发展。当供应链纵向一体化完成后，集群核心企业为了提高行业集中度，为了能够更好地抵御集群外部市场的变化和存在的风险，就会对企业的战略规划进行适当的调整和改变，转而进行跨链间同级的横向并购，以实现规模经济，同时获取更多的技术知识积累。

所谓的横向并购，是指生产同类产品或生产工艺相近的企业之间的并购。横向并购实际上是竞争对手之间的并购，其实质是资本在同一产业内迅速扩大生产规模，提高市场份额和行业集中度的一种方式。集群供应链系统中跨链企业之间的横向并购，不但能快速地形成企业规模扩张，而且使企业的技术知识得到了一定的互补和积累，使整个集群地域的合作更趋于紧密，竞争更趋理性，进一步加强了企业的技术创新能力和核心竞争能力。

9.1.2 集群企业横向并购的技术创新的特点

在产业集群中，集群式供应链的技术创新主要体现在以下两个方面。一方面是，在产业集群中，沿着每个单链向上下游企业的纵向延伸，各个环节基于战略合作进行协同性技术创新。另一方面是，单链与单链链际间的横向技术协作创新，基于企业内部对技术知识的需求，进行的自发性技术创新活动。这两种形式的技术创新有不同的特点，如图9.1 和表9.1 所示。

单链内上下游企业的技术创新，往往是集群企业在纵向一体化合作中，为了强化上游研发企业对市场需求的敏感度，需要将下游营销企业反馈的市场信息及时、准确地传达给上游研发企业，以保证研发企业技术研发的目的性和针对性，降低研发企业技术创新的风险度。另外，上游研发企业为了保证研发技术成功移植到产品中去，也需要中游生产制造企业和下游营销企业的参与——让中游生产制造企业并行参与到技术创新中技术产业化的工艺设计，让下游营销企业启动体验营销策略，激发市场需求，来缩短研发技术推向市场的时间。

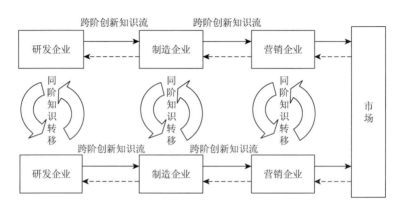

图 9.1　集群式供应链与技术创新

表 9.1　集群式供应链两个层面技术创新的特点

比较对象	规划性	合作层次高低	合作的链节	集成度	侧重环节	人员	组织机构
单链技术创新	计划性、正式的行为	技术合作的层次高	更多表现为跨阶（不同链节）间的技术合作和创新	技术创新集成性强	上游环节	高层次研发人员	有专门组织
链际技术创新	自发性、非正式的行为	技术创新的层次低	主要表现为同阶（同链节）的技术转移	技术创新的集成度低	下游环节	低层次的生产人员	无专门结构

对于集群式供应链中单链与单链链际间的技术创新，不像单链内技术创新是一种战略合作行为，它的创新源于这些单链临近的集群地域，而且单链产业相同、产品相似、生产人员频繁流动，这些促成了单链与单链间知识的交互，从而引发技术创新的灵感。所以，这种技术创新是不经意的，但确实是实实在在存在于集群式供应链系统中，并且发挥重要作用的。

所要说明的是，集群式供应链链际间的、自发性的、横向同阶的技术知识流转中，各单链都清楚地意识到，一旦技术转移到同阶环节竞争性的对方，自身造成的损失将难以避免。因而，在集群式供应链中，同一环节的企业都努力防范这种现象的发生，任何没有防范的一方都将面临被对方窃取信息和不公平利用的风险，这就意味着这种自发性的集群式供应链中链际间同阶协同创新，难以形成基于单链上下游企业跨阶的创新效率。

9.1.3　集群企业横向并购的技术创新效用

横向并购是产业集群中供应链跨链间企业的个体行为,根据产业集群的特点,并购对企业的技术创新有以下几点作用。

(1)集群企业横向并购有助于推动集群内资源优化配置,提高核心竞争力。在产业集群内经济的增长与发展是由资源的合理配置来推动的,企业的并购行为不仅是资源优化配置的过程,也是供应链中的企业进行自身资源优化配置的重要手段,从而实现规模经济和范围经济。在集群内,企业并购使同类产品生产者能够进行优势互补,使各自的优势在生产规模扩大的条件下得到更大程度的发挥,同时使专业化分工程度提高,最终产品成本大幅度降低。企业并购后,内部产生的新技术知识的积累和整合,能够促进新技术的产生,同时加速了供应链资产的优化配置。面对外部市场的不断变化,集群企业只有不断提升自身资源配置和技术能力才能在竞争中取得胜利。因此,集群企业并购的方向和深度,决定了并购后企业技术创新的程度和范围,决定了企业不断追求技术创新所带来的利润。通过企业的横向并购,将资源集中于技术创新水平高的核心企业中,能够促进产业结构的调整、优化和升级。

(2)集群企业横向并购有助于获得新技术和新知识。外部市场的不确定性和竞争的日益加剧,增加了集群企业对新技术知识的需求,使得企业逐渐开始重视并购所带来的技术资源和技术创新。通过横向并购,集群企业能够实现技术优势互补、获得核心技术,以及得到一定知识积累,这在一定程度上改善了企业内部的知识扩散和转移效果,更有利于知识的吸收和整合。通过横向并购,企业不但获取了目标企业的技术和能力,也获得了目标企业的研发团队,拥有了技术创新的个人专业知识和新型技术。

(3)集群企业横向并购有助于降低技术创新成本。在集群企业横向并购中,组织内部相互之间会进行频繁地交流,强化生产和服务各方面的配合,使员工对彼此的技术知识更加了解,从而能够消除生产活动中重复性的工作,以及由相互不信任而造成的过高的交易成本。同时,还可以缩短供应和生产经营周期,节省资源流动费用,有利于降低技术创新成本。

9.2　集群式供应链横向并购整合技术创新模式和路径分析

9.2.1　集群式供应链横向并购下技术创新的模式

横向并购为规避集群式供应链同阶链际间的技术创新合作提供了新的途

径。一般说来，集群式供应链知识转移的难度和知识转移的外部性是知识转移方式的决定因素。集群企业技术创新知识估价难度越大，通过市场定价机制越难发挥作用，它的外部性就越大，这些技术创新知识集群企业应尽量安排在组织内部来转移；而对于知识转移外部性小的产品则应尽量用市场手段来实现。集群式供应链链际间的技术创新，可通过横向并购的组织制度安排，在防范创新风险的同时，也实现了更大范围和更深层次的技术创新。因此，基于单链与单链链际间的横向并购，为集群企业技术创新知识的互补、吸收及内化提供了通道。

　　根据集群式供应链链际间横向并购的链节位置的不同，将其横向并购技术创新模式分为三类：研发链节的横向并购（research and development merge，RDM）技术创新模式、营销链节的横向并购（marketing merge，MM）技术创新模式和生产链节的横向并购（production merge，PM）技术创新模式。如图 9.2 和表 9.2 所示。

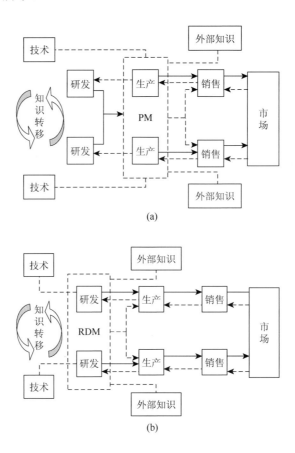

(a)

(b)

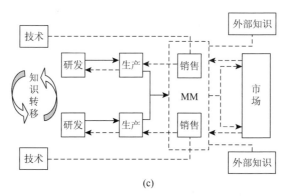

(c)

图 9.2　集群式供应链横向并购下的技术创新模式

表 9.2　三种不同横向并购模式的特点

比较项	发生频率	并购难度	对技术创新的影响度	并购成本
研发链节的横向并购技术创新模式	高	大	大	高
营销链节的横向并购技术创新模式	低	小	一般	低
生产链节的横向并购技术创新模式	较高	较小	较大	高

（1）研发链节的横向并购技术创新模式。研发链节的横向并购技术创新模式是集群式供应链中单链与单链的研发企业进行横向并购的技术创新行为。集群是基于同一产业的企业聚集，不同单链所生产的产品在发展中，很容易相互复制、相互抄袭、类似度高，而且在整个供应链环节中，研发环节的利润也是最丰厚的，研发的成功往往能为企业带来超额利润。但是，集群企业多为中小企业，资金和实力限制，其供应链的研发环节或是缺失，或是很弱小，在很大程度上难以承担起投入大、风险高及周期长的技术创新开发。集群式供应链中不同单链的研发企业横向并购和整合，将改变中小集群研发企业势单力薄的情况。通过并购，不同单链中的研发企业形成共同的研发平台，实现由无到有，由小变大，由弱变强的转变，并通过技术共享，为各自单链发展提供智力支持和技术保证。

（2）营销链节的横向并购技术创新模式。营销链节的横向并购技术创新模式是集群式供应链内单链与单链的销售企业进行横向并购的技术创新行为。一般来说，集群中大部分的企业并不具备营销核心能力。在集群式供应链中，位于下游的零售企业属于典型规模经济和范围经济的行业，只有规模足够大，才能争取到更多的"渠道话语权"。因此，基于规模经济效益和市场营销核心能力的构筑、强化和获取是集群式供应链中各个单链进行销售链节横向并购行为的驱动力之一，也可以为上游研发环节提供所需的市场需求信息，这样能够更好地提升技术创新的效率。另外，供应链上企业单纯地依靠自身力量建立新的销售渠道和市场是相当艰难的，但是通过跨链间营销链节的并购，可以通过资源的互补来强化核心市场竞争力，打开新的市场销售渠道。也就是说，集群单链可通过横向并购形成商业网，把另一单链中具有良好店址的零售企业及相应网络作为主要并购对象，快速取得网点优势。

（3）生产链节的横向并购技术创新模式。生产链节的横向并购技术创新模式是集群式供应链中单链与单链的制造型企业进行横向并购的技术创新行为。在产业集群发展的初期，相对于其他链节的企业来说，集群地域往往聚集了较多的生产制造环节的企业，专业化的分工使生产制造环节集群企业生产系统的刚性很强，难以适应市场对多样化与个性化的产品需求所驱动的技术创新能力提升的发展趋势。为了强化集群内自身单链制造产品的品类，扩展范围经济性，在集群式供应链中，对于那些具有差异化产品和技术知识的多单链系统，就诉之于集群式供应链的横向并购模式，通过生产制造环节战略合作，互通有无，来增强供应链生产工业技术的柔性适应性，满足市场对制造环节差异化的需求。同时，生产链节的横向并购必然促使集群式供应链链际间生产管理模式的改变，生产环节的技术创新也在不同单链间交互，使得人员、生产设备、工艺流程等从刚性向柔性方向发展。

9.2.2　集群式供应链横向并购下技术创新的知识传导路径

集群式供应链横向并购下的技术创新，虽然有 RDM、MM 和 PM 三种模式，但是这三种模式并不是孤立存在的，他们之间有着内在的发展联系和潜在的知识传导路径，即 RDM→MM→PM，如图 9.3 所示。

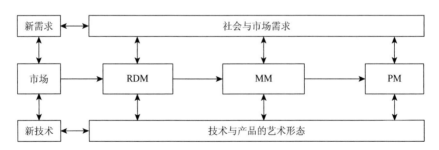

图 9.3　横向并购下技术创新知识传导路径

一般来说，基于 RDM 的技术创新模式是集群式供应链横向并购中最频繁和最起始的横向并购。在产业集群发展初期，大多产业集群都是围绕着附加值低、非核心的生产制造企业而构成的，并逐步形成了以生产制造企业为核心企业的多条单链式供应链。但由于自身实力的制约，集群式供应链中的单链往往因缺少技术人员、技术基础薄弱等原因而导致研发能力有限，缺失上游研发型企业。

随着产业集群的逐步发展升级和市场需求的不断变化，迫使基于制造企业为核心的单链需向外寻求相关技术企业支持。而在制造企业发展带动下，产业集群下游相关的配套企业逐步完善，整个产业集群在产品质量、成本和交货期方面已经具备较强竞争力，原来需合作的集群外部研发机构纷纷被吸引到产业集群中来，以服务于集群企业的技术创新发展。随着集群产业发展升级，这些研发机构演化分工成具有"弹性专精"的特点，以适应和满足不同的技术需求。以各个制造企业为核心的集群单链，形成了具有研发、生产和销售为一体的多条平行供应链，即集群式供应链或供应链集群。

在全球化背景下，市场与竞争变革不断加剧、技术变化频率加快、技术及产品复杂性提高、R&D 的高成本及高风险，以及下游企业对技术提出更高要求，这些复杂的环境使集群中各个单链研发企业逐渐认识到，依靠自身已经无法为下游的制造企业输送所需的专有技术，唯有通过各个单链研发企业间的技术合作才能获得较大的技术创新空间。但单链间研发企业的竞争关系，以及技术知识的专有性和核心性决定了企业间简单的合作，无法在技术创新上取得实质性的突破。因此，基于集群式供应链研发机构的横向并购，将有效消除合作时因竞争性关系和技术知识的专有性及核心性等外部因素导致的知识转移困难等障碍。并且，由于集群式供应链的网络性结构，使得并购企业知识技术呈网络状扩散，增加了企业间技术交流。

从基于 RDM 的技术创新模式的历程来看，一共经历了外部研发企业的进入、集群内研发企业的形成及研发企业的横向并购这三个阶段（图 9.4）。

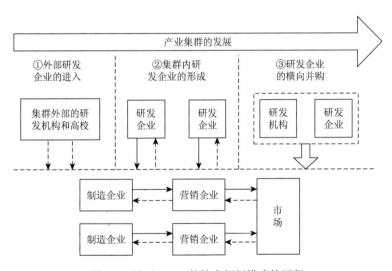

图 9.4　基于 RDM 的技术创新模式的历程

上述基于 RDM 的技术创新，使集群式供应链整体科研实力得到快速增强，为集群式供应链 MM 的技术创新铺垫了基础。因为基于 RDM 的模式使下游企业在上游研发企业支持和带动下，在生产能力、市场应变能力和产品技术含量上均得到普遍的提高，使企业载于产品的技术研发在市场竞争中具备了竞争力。但在早期，一般来说，集群各个单链下游销售企业销售渠道较狭小，不能适应上游研发和生产制造企业能力扩张的需要。虽然各个单链采取自行增加直营零售店，以及与下游零售企业合作等措施，但环境的不确定和消费者需求的日益多样化及个性化，使集群单链销售环节由于缺乏相应的信息技术支持和配送网络，而无法及时把产品送递到分布较广的消费者手中。而且，不能及时获取消费者的需求信息，从而制约了上游制造企业和研发企业的发展。因此，通过集群中不同单链下游销售渠道的横行并购，以期相互利用对方的销售渠道，在不增加销售基础设施的条件下，对同属于一类产品的集群式供应链单个链来说，能快速地获得市场适应性和规模性，以此来推动技术创新的转化，以及技术创新原创知识的产生和收集。

　　基于 MM 的模式是"传统依靠各个单链销售企业开发消费市场—联合其他单链销售企业协同合作拓展市场—相邻链间销售企业横向并购共享市场渠道"的转变过程。其中，每一次转变都是依据市场变化和企业技术创新能力等各方面需求发展的。基于 MM 的技术创新不仅壮大了各自单链销售实力，扩展了营销渠道，而且使消费者反馈的信息实现了共享，有利于上游研发企业的研发和技术创新知识的合力推广（图 9.5）。

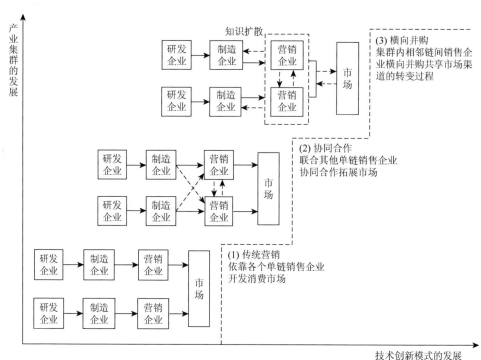

图 9.5　基于 MM 的技术创新模式的历程

　　研发环节和营销环节是供应链中高附加值、战略核心环节，基于 RDM 和 MM 的技术创新正是集群式供应链加强核心竞争力的现实需要。而基于 PM 的技术创新是将集群式供应链中上下游附加值最高的环节联系起来。集群单链中的上游开发出的新技术扩散到中游制造企业，使制造企业产品技术、生产工艺得到提高和改善；下游销售企业通过信息管理系统等改进，把大量消费者的反馈信息沿着信息流逆向传递给了中游制造企业，使制造企业得以根据反馈信息，引导技术创新和改造，调整产品结构和扩大生产规模。位于研发和销售之间的制造企业依托集群式供应链的网络性结构和竞合关系的优势在技术创新上得到连带发展。由于单链生产的刚性难以单独承担上下游企业研发和市场需求的复杂变化，这就需要同处于一个区域中、知识情景互补、生产相似或同类产品的制造企业，以协作（包括横向并购）方式来实现技术创新知识的相互利用，这时，知识流动呈现双向流动，形成前向、后向和侧向的效应，即带动上下游企业及相邻供应链上企业的技术创新。

　　总之，对于不同产业和不同地域的集群，其知识传导路径存在着一定差异和组合，但其基本路径均包括在"RDM→MM→PM"的发展模式中。

9.2.3　企业横向并购对影响技术创新的推动和阻碍因素的分析

　　在产业集群内部，中小企业既能保持其原有的灵活性，避免表现为一体化的大企业科层组织，有效发挥市场机制作用，又能够利用集群内部的组织协调性和地理邻近性，建立长期的合作伙伴关系。企业横向并购的形成与发展决定了技术创新的发展水平，同时，基于产业集群的特点，供应链横向并购对技术创新的影响也是多方面的。

　　1. 对技术创新的推动因素

　　（1）并购有利于企业实现技术创新发展的战略调整，增强企业核心竞争力。并购技术创新的目标就在于获取对方的技术知识（尤其是隐性知识），从而得到一定的知识积累，最终增强企业的技术创新能力和核心竞争能力。因此，并购后，企业更要重视企业整体的技术开发能力，通过知识整合，获取并购企业的隐性技术知识，实现技术创新战略的调整。

　　（2）并购后，双方文化融合有利于促进知识转移和扩散。在产业集群中，大多数企业生产的产品都具有一定的同质性，但是每个企业都有其独特的企业文化，企业之间往往也都存在着一定的文化差异。并购后，为了促进知识技术转移，并购双方会形成知识共享和学习的氛围，增进双方正式与非正式的交流，产生技术知识的转移，进一步推动技术创新的发展。隐性知识难以通过文字或实物进行传播，只能依赖在组织实践中的相互交流和学习。因此，为了隐性知识能够更好地传播和扩散，并购后，企业会对原有技术部门与并购目标方技术部门的组织结构进行调整，建立学习型组织结构，如研发团队、讨论小组、人员培训及新信息网络交流平台等。

（3）并购有利于推动产业集群中技术资源的优化配置，企业之间的资产互补性提高了技术的创新能力和效率。集群内企业通过并购手段可以调整和优化产业结构，向技术含量更大、价值更高的领域转移，同时可以实现知识在时间上的互补和自身技术创新能力的跃升。并购后，企业的实力增强，能够有更多的人力、物力和财力用于技术创新的研究开发和产品生产工艺的改进等方面，加快实现创新成果产业化速度。

2. 对技术创新的阻碍因素

供应链企业跨链间横向并购能够很好地实现规模经济，提高行业集中度，优化产业集群的技术资源配置，保持企业在同行业市场当中的核心竞争力。但这并不意味着并购对技术创新只有推动作用，并购对集群内技术创新存在的阻碍因素有以下几点。

（1）集群内企业横向并购易产生垄断效应，削弱市场竞争。企业并购的目的就是在激烈的市场竞争中获得外部资本积累从而提高技术创新效率，增强核心竞争能力。但是，处于同一产业集群的大多数企业，其市场都有较大的重叠，部分产品也具有同质性，市场竞争使企业为了保证研究方法和产品的多样性，不断地加强技术创新的力度。因此，横向并购一方面减少了集群企业的市场竞争压力，形成一定的垄断效应；另一方面，垄断效应的出现在一定程度上会造成竞争行为活力的下降，从而降低了企业对技术创新的紧迫感和重视度。

（2）集群企业并购后不能有效地进行知识整合，导致技术创新能力下降。企业并购的成败取决于原有企业的资源和目标企业的资源能否有效地进行知识整合。只有将目标企业现有的知识资源有效地整合后，企业内部才能实现真正的协同效应，达到"1+1＞2"的效果，降低企业技术创新成本，提高企业生产效益。而企业最有价值的就是员工的生产能力和技术创新能力，"人"是技术创新的主体。因此，并购后若不能成功地进行企业员工文化和知识整合，就会对技术创新产生阻碍效果。

（3）集群企业并购目标的不合理性会有损技术创新。横向并购是为了实现规模提升，是一种超常规的发展战略。若企业在并购过程中未能考虑到目标企业的技术能力和自身的现有情况，则并购后企业不能很好地整合目标企业的技术资源，就会导致并购后企业的技术创新实力达不到预期标准，损害原有的技术创新实力。

9.3　横向并购案例分析：宁波海天和海太注塑机为例

浙江宁波作为生产注塑机的产业集群,现已成为中国最大的注塑机生产基地。该产业集群不仅拥有 140 余家优势明显、竞争力突出、在国内行业中占有举足轻重地位的塑机制造生产企业,如宁波企业"海天""海太""海明""海雄""海达""海强""海泰"等,以及"通用""永泰"等塑机企业,还吸引了世界知名塑机企业抢滩宁波产业集群,如德国的"德马格"、日本的"住友重机"、韩国的"宇进"、中国香港的"震雄"及"力劲"、中国台湾的"富强鑫"及"南嵘"等。与此同时,还包括了数量繁多的塑机零部件配套厂家,形成了规模庞大、影响广泛、区域性强、集聚特征明显的集群式供应链系统,其年销售总额达 75.69 亿元,产量和销售占全国出口总量的 67.2%,是名副其实的"中国塑机之都"。

在众多塑机企业中,宁波海天塑机集团有限公司(简称海天)和宁波海太机械集团有限公司(简称海太)是两个最具有代表性的龙头企业。纵观宁波海天和海太的技术创新发展历程,不难发现它们组成的集群式供应链系统中,其技术发展经历了"RDM→MM→PM"这三种技术创新模式。下面以宁波海天和海太作为案例,来说明集群式供应链跨链间企业横向合作的技术创新发展过程。如图 9.6 所示。

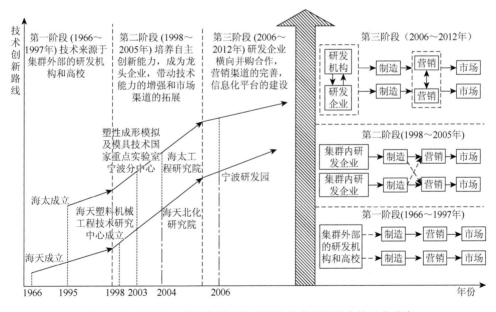

图 9.6　海天和海太基于集群式供应链的技术创新能力的动态演变

第一阶段为 1966～1997 年。海天成立于 1966 年，这时的海天缺乏必要的技术人才，其技术来源主要是通过依靠宁波之外的高校、科研院所购买获取，如通过北京化工大学、上海轻技集团研究所，以及集群外国有企业的获得技术支持，使产品技术开发实现了从无到有的积累。1987 年海天与这些位于宁波之外的科研机构开发出了 750 克注塑机，1992 年开发出我国最大的 HTF2500 注塑机，这时海天与国内其他企业同处于最先进水平。有了海天的技术带动和市场拓展，宁波当地有许多注塑机生产企业也应运而生，包括海太。海太成立于 1995 年，借鉴了海天的技术获取经验和方法，同样与北京化工大学进行技术研发合作，借助外部研发实力，开发了 HTL110-C 螺杆和 HTL68-B 螺杆等注塑机，实现了技术创新。

在这个阶段，海天和海太同时选择了集群外的北京化工大学进行研发合作，引进其生产技术，使北京化工大学起到了一个技术知识综合平台的作用：一方面不断地向集群内企业（海天和海太）提供技术支持和合作研发；另一方面，通过与两家企业之间的实际技术开发和交流学习，使得海天和海太之间的技术创新知识得以交互。

第二阶段为 1998～2005 年。经过 30 多年的发展，宁波注塑机产业集群逐步发展起来，涌现出许多塑机企业，并形成了本地集群式供应链一体化，宁波在低端塑机市场上的供求关系已从卖方市场转变为买方市场，行业竞争激烈。与此同时，高端市场主要由跨国塑机企业牢牢占领，此时宁波集群内塑机企业的生存环境受到了严峻的挑战。

面对这一急剧变化的市场形势，海天和海太都开始对各自供应链上游的研发企业进行整合和加大投入。一方面，继续坚持合作研发和强化技术整合能力的战略；另一方面，企业在已积累的技术能力基础之上，进行创造性的研究学习和独立研发，培养自主创新能力，即建立集群式供应链上游的研发环节。在这一时期，海天和海太都分别的在集群内建立了自己的研究所。海天在 1998 年成立海天塑料机械工程技术研究中心，并于 2001 年开发出国内第一家全电动注塑机，2002 年开发出 HTF3600 亚洲最大的注塑机及国内第一台双色注塑机，2004 年与北京化工大学合作成立了海天北化研究院。而海太在 2003 年 5 月成立了塑性成形模拟及模具技术国家重点实验室宁波分中心，同年 12 月海太 HTL10800 注塑机被评为浙江省科技进步三等奖，2004 年海太与北京化工大学、华中科技大学等国内知名高校合作，建立了首家企业工程研究院——海太工程研究院，其生产的 HTSC2500 伺服节能、高效、敏捷型注塑机列为国家火炬计划项目。在这一阶段中，海天和海太各自的供应链技术创新能力由外源性向内生性转变，企业技术整合能力和创新能力都得到了极大地加强和提升。

宁波注塑机集群下游营销环节跨链的整合和拓展也随着网络信息化的完善不

断发展。在 2003 年推出了宁波塑机网（http：//www.nbsj.net/），通过该网络平台，海天和海太共同向市场提供销售供求信息、产品名录、行业信息及相应的经济贸易服务，并能实时反馈产品、配套厂家的供货状况，以及产业集群中的物流配送状况。同时，"宁波在线"也积极介入其中，以实现销售渠道的共享。

第三阶段为 2006～2012 年。经过宁波产业集群内企业的不断发展和全球市场需求的不断变化，集群内供应链间的核心企业虽然存在着竞争关系，但是各个企业在如此复杂的环境下也逐渐意识到，依靠自身企业的研发技术能力已无法适应快速变化的市场需求，唯有通过各个供应链上研发环节之间的技术合作（或者跨链的横向合作）才能获得较大的技术创新空间。

因此，在 2006 年，由宁波市市委政府牵头成立了宁波研发园。海天和海太于 2007 年先后正式签约宁波研发园，入驻后将与相关企业一起进行技术研发活动，通过研发园这样共同的研发平台，对集群内企业的研发机构进行合理地整合，实现供应链上游研发环节跨链间的横向合作。同年，成功开发出为广州本田公司量身定制的汽车塑料饰件专用注塑机 HTF3000X，该产品的成功开发结束了中日合资汽车企业高端注塑机均从日本进口的历史。这样，横向合作不但降低了集群内企业的研发创新成本，而且园内资源共享、信息畅通的良好创新环境，能够很好地提高企业自主创新能力。

在对研发环节和营销环节进行横向合作的同时，海天和海太对中间制造环节也加强了基于两条单链的合作。目前，在国家科技部牵头下，由四川省制造服务业信息化研究院，对海天和海太所主导的两条单链，实施跨供应链的横向供应协同、销售协同、服务协同和物流协同技术，通过公共服务平台，从分别支持两条单链式供应链的业务协同，向支持集群式供应链的业务协同跨越，促进海天和海太上下游供应链横向整合，对提升各自集群式供应链制造环节的创新能力起积极推动作用。

第 10 章　集群式供应链跨链横向并购的技术创新博弈过程

　　集群式供应链中企业的纵向一体化整合能够增强企业之间的合作，使其沿着产业链上生产运作的各个环节的分工更具体更趋于完善。而供应链跨链间企业的横向并购既能满足核心企业扩大生产规模的要求，又能够消除因链间企业竞争而产生的信息技术壁垒，这就增加了企业的市场份额和核心竞争力。通过对纵向供应链整合和横向并购这两个维度的技术创新模式的分析，可以清晰地看到在不同模式下技术创新知识的传导路径和流动方式。其中，企业的横向并购是通过对组织优势资源的有效利用和重新整合，不仅可以实现集群供应链上企业技术创新所需要的资金、技术、信息和人才等，还可以获得更多新知识的积累，从而提高整个产业集群内部供应链的技术创新能力，获取市场竞争优势。并购的过程实质上是一个知识溢出、转移、创新和应用的过程。

　　因此，研究集群式供应链核心企业横向并购的知识溢出效应对技术创新的影响机理具有重要的理论意义。本章将通过定量分析的方式，来分析集群式供应链核心企业横向并购后，企业的知识溢出效应和技术创新效益之间的博弈关系，借以说明横向并购对技术创新的影响效果。

10.1　模　型　描　述

10.1.1　基本假设

1. 市场需求

　　在同一个产业集群中往往存在多条生产同质性产品的平行的单链式供应链。假设在集群产业内有 n 条生产同质性可替代产品的单链式供应链，它们均以技术创新为战略目标。由于在集群式供应链内企业的地理位置一般相对集中，同类产品的销售目标市场也大多相同，而且这些供应链中核心企业具有一定的排他性，因此，在并购前，集群内供应链虽然面对有重叠的市场需求，但是仍独立进行"研发—生产—销售"活动等环节。

　　设该产业集群内 n 条供应链的产品的市场需求总量为

$$Q = \sum_{i=1}^{n} x_i \quad (i = 1, 2, \cdots, n) \tag{10.1}$$

其中，x_i 为供应链 i 的产量。

设 P^0 为技术创新前产品的市场价格，则产品的线性逆需求函数为

$$P^0(Q) = a - bQ \tag{10.2}$$

其中，a，b 为需求函数的参数，且 $a>0$，$b<0$；$Q \leqslant a/b$。

2. 技术创新投入

企业同处于一个产业集群中，各个企业间各方面的信息相对通畅，通过合作会产生一定的知识溢出，因此，可以假设各供应链上的核心企业信息完全对称，即彼此都知道博弈的结构、规则和支付函数。核心企业同时做出以供应链合作形式的决策，并以其供应链利润最大化为目的进行博弈。

假设集群内供应链 i 为了降低成本、增加收益，会不断地投入资金进行技术创新。而根据 Dusgupta 等的研究，企业技术创新的实现只与研发投入和技术创新的产出有关，而与经济规模和企业大小无关。当供应链为了保持相对竞争而进行技术创新投入时，均会选择对自身最有利的研发投入水平来获得最大化的收益。因此，各个供应链的技术创新投入成本具有规模收益递减性，假定当单位产品的创新效益为 y_k 时，单位投入的研发成本 I_k 关于 y_k 的二次函数为

$$I_k = \frac{1}{2}\beta y_k^2 \quad (k = 1, 2, \cdots, n) \tag{10.3}$$

其中，β 表示供应链为使自己的产品单位生产成本降低 y_i 时的技术创新投入成本系数，表明成本投入的使用效率大小。

式（10.3）表明供应链创新技术的研发成本 I 投入越大，其单位产品生产成本下降幅度就会越大。

3. 技术创新的知识溢出效应

假设产业集群内存在两条独立的且生产同质性产品的供应链 i，j，其中 $i,j \in k$ 且 $i \neq j$。由于知识溢出效应的存在，当供应链 i 进行技术创新而降低成本的时候，处于同一集群内的供应链 j 会受到知识溢出效应的影响，使供应链 j 的成本有所下降；同样，当供应链 j 进行技术创新降低成本时，供应链 i 的成本有所下降，设供应链并购前知识溢出效应参数为 α_u，如图 10.1 所示。此时，需要引入知识溢出效应参数变量 α_i，$\alpha_i \in (0,1]$。当供应链 i 在技术创新中投入研发成本 I_i 使其单位产品的技术创新效益为 y_i 时，由于集群内知识溢出效应的存在，则供应链 j 的生产成本下降的幅度为 $\alpha_j y_i$；同理，当供应链 j 在技术创新中投入研发成本 I_j 使其单位产品的技术创新效益为 y_j 时，由于集群内知识溢出效应的存在，则供应链 i 的

生产成本下降的幅度为 $\alpha_i y_j$。

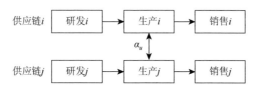

图 10.1　并购前技术创新博弈模型

设供应链研发环节并购后知识溢出效应参数为 α_m，此时，假设有 $\alpha_u < \alpha_m$，即集群内供应链跨链间知识溢出效应比并购后供应链内知识溢出效应要小，如图 10.2。

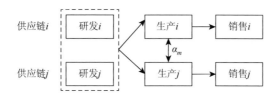

图 10.2　并购后技术创新博弈模型

4. 供应链的边际生产运作成本

假设在现有技术水平下，供应链 i 的单位产品固有生产成本为 c_i^o，则供应链 i 的边际生产运作成本可表示为

$$c_i = c_i^0 - y_i - \sum_{i \neq j, j=1}^{n} \alpha_i y_j \qquad (10.4)$$

10.1.2　供应链的利润函数

集群内供应链系统的产品生产过程应分为两个阶段，即研发阶段和生产销售阶段。根据张千帆（2007）的文献，产业集群内核心企业与上游企业协同技术创新时，供应链整体系统能够达到有效帕累托最优。因此，假定产业集群中各条供应链系统内上下游环节选择协同技术创新，那么核心企业也将从整个供应链利益最大化角度选择技术创新的投资水平。

现在考虑两个阶段的博弈过程，在研发阶段，供应链系统同时选择各自的技术创新投入，通过并购或竞争方式以降低产品的研发成本；在生产销售阶段，集群内供应链系统在给定了技术创新投入之后，选择各自的产量 x_i, x_j 使其满足所追

求的成本最小化和利润最大化。因此，根据基本假设，供应链 i，j 的利润函数可以表示为

$$\begin{cases} \pi_i = \left(a - b\sum_{i=1}^{n} x_i - c_i^0 + y_i + \sum_{j \neq i, j=1}^{n} \alpha_i y_j \right) x_i - \frac{1}{2}\beta y_i^2 \\ \pi_j = \left(a - b\sum_{j=1}^{n} x_j - c_j^0 + y_j + \sum_{i \neq j, i=1}^{n} \alpha_j y_i \right) x_j - \frac{1}{2}\beta y_j^2 \end{cases} \quad (10.5)$$

10.2　模型求解

产业集群内，供应链间是否进行研发环节并购技术创新的战略决策过程可以分为两个阶段：第一阶段为集群供应链中的核心企业决定是否进行研发环节并购技术创新；第二阶段为研发环节并购后，供应链系统对技术创新投入成本及产量的决策问题。整个决策过程是一个动态博弈的过程，可以采用逆向法进行求解。因此，第一步，求解出集群供应链上研发环节在不进行横向并购和进行横向并购的情况下，各供应链古诺模型博弈的纳什均衡分析，先求第二阶段的最优解，再求解第一阶段的纳什均衡；第二步，比较分析在这两种情况下供应链上技术创新增量利润的情况，探讨知识溢出效应与集群供应链上研发环节横向并购的技术创新所带来增量利润的作用机制。

10.2.1　供应链横向并购前的博弈模型

当产业集群内供应链中的核心企业不进行横向并购时，由于集群内的供应链是因生产同质可替代产品而处于同一市场竞争当中，供应链中的核心企业为了保持链间相对竞争优势而进行技术创新投入时，均会选择对自身供应链最有利的创新投入水平，以获得本供应链的最大化利润收益。在这里为了计算简便，假设以下几点。

（1）该产业集群内只存在两条独立的供应链，即 $n = 2, Q = x_1 + x_2$。

（2）两条供应链的固有生产成本大小相等，即 $c_1^0 = c_2^0 = c^0$。

（3）在集群环境下，只考虑知识溢出对称的情况，即知识溢出效应参数为 $\alpha_1 = \alpha_2 = \alpha_u$。

（4）由于两条供应链的核心企业所生产的产品是完全可替代的，在这里不妨设 $b = 1$，即将产品的线性逆需求函数简化为 $P^0(Q) = a - Q$。

在以上这些假设的基础上，根据式（10.5）可以将供应链 1、2 的利润函数表示为

$$
\begin{cases}
\pi_1 = (a - x_1 - x_2 - c^0 + y_1 + \alpha_u y_2)x_1 - \dfrac{1}{2}\beta y_1^2 \\
\pi_2 = (a - x_1 - x_2 - c^0 + y_2 + \alpha_u y_1)x_2 - \dfrac{1}{2}\beta y_2^2
\end{cases}
\tag{10.6}
$$

对式（10.6）的利润最大化（对产量）求一阶导数并令其等于 0，即

$$
\begin{cases}
\dfrac{\partial \pi_1}{\partial x_1} = a - 2x_1 - x_2 - c^0 + y_1 + \alpha_u y_2 = 0 \\
\dfrac{\partial \pi_2}{\partial x_2} = a - x_1 - 2x_2 - c^0 + y_2 + \alpha_u y_1 = 0
\end{cases}
\tag{10.7}
$$

可求得供应链 1 和供应链 2 的均衡产量为

$$
\begin{cases}
x_1 = \dfrac{1}{3}[a - c^0 + (2 - \alpha_u)y_1 + (2\alpha_u - 1)y_2] \\
x_2 = \dfrac{1}{3}[a - c^0 + (2 - \alpha_u)y_2 + (2\alpha_u - 1)y_1]
\end{cases}
\tag{10.8}
$$

将式（10.8）代入式（10.6）可得到，产业集群内供应链的利润分别为

$$
\begin{cases}
\pi_1 = \dfrac{1}{9}[a - c^0 + (2 - \alpha_u)y_1 + (2\alpha_u - 1)y_2]^2 - \dfrac{1}{2}\beta y_1^2 \\
\pi_2 = \dfrac{1}{9}[a - c^0 + (2 - \alpha_u)y_2 + (2\alpha_u - 1)y_1]^2 - \dfrac{1}{2}\beta y_2^2
\end{cases}
\tag{10.9}
$$

由于本节讨论的是供应链中研发环节并购前的技术创新博弈分析，因此，供应链 1 和供应链 2 会独立地选择技术创新的投入。对式（10.9）求一阶导数并令其为零，可计算出供应链中的研发环节并购前独立选择技术创新投入时，供应链的最大技术创新收益（即最大成本降低幅度）y_{iu}^* 与 y_{ju}^* 为

$$
y_{iu}^* = y_{ju}^* = y_u^* = \frac{(a - c^0)(2 - \alpha_u)}{4.5\beta - (2 - \alpha_u)(1 + \alpha_u)}
\tag{10.10}
$$

从式（10.10）可以得出，y_{iu}^* 和 y_{ju}^* 会随着 α_u 的减少而增加，即供应链间知识溢出效应越低，供应链中的企业因技术创新而产生成本下降的幅度就会越大，而竞争供应链的收益就会越低。这是因为在供应链间处于竞争状态（即不进行合作或者并购）时，知识溢出效应在整个产业集群内本来就不高，加之存在着一定的信息技术壁垒，企业要降低成本只能依靠自身供应链中对研发环节技术创新的投入。从竞争供应链的技术创新溢出效应中实际上无法获得很高的收益，所以，供应链间若不进行横向合作或者并购就需要十分重视技术创新成果的保密工作。处于竞争状态的供应链间均会选择将知识溢出效应控制在一个极小的范围之外，在这种情况下，对于集群内的任何供应链中的企业而言，既不能从竞争对手的技术创新中获利，也不会让对手从自己的技术创新中得到什么。这一现象可

以结合式（10.9）的描述，竞争供应链技术创新投入成本和自身供应链收益呈正比关系，即竞争供应链技术创新投入成本的下降，代表着自身供应链收益的减少；反之，竞争供应链技术创新投入成本的上升，代表着自身供应链收益的增加。

10.2.2　供应链横向并购后的博弈模型

在产业集群中，当生产同质性产品的供应链 i、j，出于技术创新战略目标实现的需要，在进行横向并购技术创新时，通过供应链研发环节的并购，研发环节 i、j 就由原来两个独立的研发主体，并购成为一个研发主体。此时，在选择技术创新投入水平时，应确保研发企业并购后，供应链中的核心企业，它所产生的知识溢出效应能够最大幅度地降低整个供应链的技术创新成本，从而获得供应链横向并购的最大收益。这时，供应链中并购后的核心企业面临的问题是在知识溢出效应为 α_m 的情况下，要使边际生产运作成本下降多大幅度才可以获得最大的整体收益。这里，假设不考虑并购过程的成本，在横向并购后供应链的整体利润收益是并购前供应链 i、j 利润收益的累加，即 $\max(\pi_{iu}^* + \pi_{ju}^*)$，故将式（10.9）的方程进行相加可得

$$\pi^* = \max(\pi_1 + \pi_2) = \frac{1}{9}[a - c^0 + (2 - \alpha_m)y_1 + (2\alpha_m - 1)y_2]^2 - \frac{1}{2}\beta y_1^2$$
$$+ \frac{1}{9}[a - c^0 + (2 - \alpha_m)y_2 + (2\alpha_m - 1)y_1]^2 - \frac{1}{2}\beta y_2^2 \tag{10.11}$$

对式（10.11）进行一阶求导并使其为零，可得到供应链上研发环节并购后，供应链选择技术创新投入时的最大技术创新收益（即最大成本降低幅度）y_m^* 为

$$y_m^* = \frac{(a - c^0)(1 + \alpha_m)}{4.5\beta - (1 + \alpha_m)^2} \tag{10.12}$$

从式（10.12）可以得到，y_m^* 会随着知识溢出效应 α_m 的增加而增加，证明了在供应链 i、j 研发环节进行并购之后，知识溢出效应越明显，并购产生的供应链内整体成本因为技术创新而下降的幅度就越大。这是因为横向并购的核心企业均是以供应链的整体利益出发，来进行供应链内部的技术知识整合和选择技术创新投入水平的。并且在供应链内部不存在信息技术壁垒，因此，具有较高的知识溢出效应。

10.3　模　型　分　析

在以上两节模型的建立和求解过程中，对集群供应链并购前后建立了两个博弈模型，假设前提是 $\alpha_u \leqslant \alpha_m$，即认为供应链核心企业不并购时，肯定会处在一

个比并购后产生的技术创新要低的知识溢出效应上。因此，现在假设认为不论是并购前（供应链上企业独立投入技术创新）的情况，还是并购整合后共同投入技术创新的情况，集群内供应链都会产生相同的知识溢出效应，即 $\alpha_u = \alpha_m = \alpha$，这样可以更加明确地比较集群内供应链在以上两种情况下进行技术创新投入时，所增加的利润和技术创新收益（即成本降低幅度）。假设，当集群内供应链中的核心企业选择技术创新投入之前，$y_{iu}^0 = y_{ju}^0 = y_u^0 = 0$，代入式（10.9）可得到产业集群内供应链的利润收益为

$$\pi_{i0}^* = \pi_{j0}^* = \pi_0^* = \frac{1}{9}(a-c^0)^2 \qquad (10.13)$$

10.3.1　供应链横向并购前的利润增量

假设供应链 i,j 上研发环节横向并购前，供应链对技术创新单位投入的研发成本相等，则有 $I_{iu} = I_{ju} = \frac{1}{2}\beta y_u^2$，根据式（10.9）集群内各供应链在进行技术创新投入之后，供应链 i,j 能够获得的利润为

$$\pi_{iu}^* = \pi_{ju}^* = \pi_u^* = \frac{1}{9}[a-c^0+(1+\alpha_u)y_u]^2 - \frac{1}{2}\beta y_u^2 \qquad (10.14)$$

将式（10.14）减去式（10.13），可以得到在供应链进行技术创新投入之后的利润增量为

$$\Delta\pi_u^* = \pi_u^* - \pi_0^* = \frac{4(a-c^0)(1+\alpha_u)y_u + [2(1+\alpha_u)^2 - 9\beta]y_u^2}{18} \qquad (10.15)$$

将式（10.10）代入式（10.15），可得到在供应链上研发环节横向并购前，技术创新所带来的利润增量为

$$\Delta\pi_u^* = \frac{2(a-c^0)^2(2-\alpha_u)[45\beta\alpha_u - 2(2-\alpha_u)(1+\alpha_u)^2]}{9[9\beta - 2(2-\alpha_u)(1+\alpha_u)]^2} \qquad (10.16)$$

10.3.2　供应链横向并购后的利润增量

假设供应链 i,j 上研发环节进行横向并购后，供应链对技术创新单位投入的研发成本为 $I_m = \frac{1}{2}\beta y_m^2$，根据式（10.11）可知，在该技术创新投入水平之下，供应链能够获得的利润为

$$\pi_{im}^* = \pi_{jm}^* = \pi_m^* = \frac{1}{9}[a-c^0+(1+\alpha_m)y_m]^2 - \frac{1}{2}\beta y_m^2 \qquad (10.17)$$

将式（10.17）减去式（10.13），可以得出并购后新供应链在进行技术创新投

入之后的利润增量为

$$\Delta \pi_m^* = \pi_m^* - \pi_0^* = \frac{4(a-c^0)(1+\alpha_m)y_m + [2(1+\alpha_m)^2 - 9\beta]y_m^2}{18} \quad (10.18)$$

将式（10.12）代入式（10.18），可得到供应链在并购后进行技术创新所带来的利润增量为

$$\Delta \pi_m^* = \frac{(a-c^0)^2(1+\alpha_m)^2}{4.5[9\beta - 2(1+\alpha_m)^2]} \quad (10.19)$$

10.3.3　两种情况下的供应链利润增量比较

比较集群内供应链独立进行生产经营活动与并购后新供应链这两种情况下进行技术创新所带来的利润增量，在这里为了求解当知识溢出效应参数 α 等于多少时，式（10.16）和式（10.19）两者相等，故将两式组成一个方程组 $\Delta \pi_u^* = \Delta \pi_m^*$，即

$$\frac{2(a-c^0)^2(2-\alpha)[45\beta\alpha - 2(2-\alpha)(1+\alpha)^2]}{9[9\beta - 2(2-\alpha)(1+\alpha)]^2} = \frac{(a-c^0)^2(1+\alpha)^2}{4.5[9\beta - 2(1+\alpha)^2]} \quad (10.20)$$

10.4　结　论　分　析

现在为了分析集群企业的知识溢出效应与供应链利润增量之间的关系，借以说明供应链跨链间知识溢出效应的运作机理，在这里，我们假设数值为 $a = 2000$；$b = 1$；$c^0 = 50$；$\beta = 0.30, 0.40, 0.50$。将以上数值代入式（10.16）和式（10.19），在 $\alpha \in [0,1]$ 的取值范围内，利用软件绘制出利润增量 $\Delta \pi$ 与知识溢出效应 α 之间的函数曲线图形，如图 10.3 所示。

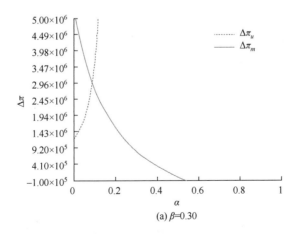

(a) $\beta=0.30$

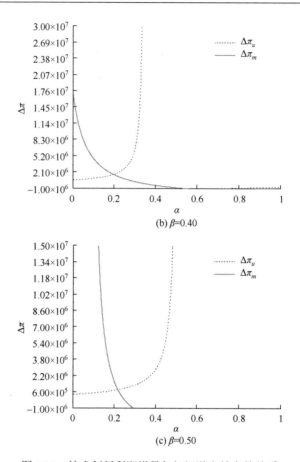

图 10.3　技术创新利润增量与知识溢出效应的关系

从图 10.3 中可得出以下结论。

（1）在横向并购前，单个供应链的技术创新利润增量 $\Delta\pi_u^*$ 随着知识溢出效应 α 的增大而降低。这说明在产业集群内部，当两条生产同质性产品的供应链处于独立经营或竞争状态时，知识溢出效应对供应链技术创新所带来的发展是有阻碍的，高溢出水平会损害技术创新的绩效。因此，在供应链链间企业不进行合作或并购的情况下，企业应加强自身技术知识的保护，减小知识的溢出效应。

（2）在横向并购后，供应链的技术创新利润增量 $\Delta\pi_m^*$ 随着知识溢出效应 α 的增大而增加。这说明当两条供应链上的研发环节进行并购后，知识溢出效应越大越能促进新技术的产生和积累，对供应链自身的技术创新发展越有利，从而能够更好地提高供应链的利润增量。

（3）当集群内部知识溢出较小（$\alpha \leqslant 0.2$）时，供应链独立进行技术创新所带来的利润增量要大于并购后所带来的技术创新增量。因此,当集群内供应链跨链间知识溢出效应在一个很小的范围内时,供应链可以选择独立进行技术创新活动。

(4)当集群内部知识溢出较大时,供应链间横向并购后带来的技术创新利润增量要大于供应链独立进行技术创新所带来的增量。因此,当集群内部知识溢出效应较大时,供应链可以考虑进行跨链间的横向并购,整合现有技术知识,促进技术创新,从而为整个产业集群带来更大的利润收益。

第11章 纵横两维的集群式供应链技术创新互动影响实证分析

在集群式供应链网络体系中，企业的技术创新行为不单单包括独立的纵向整合和横向并购行为，为了能够更好地适应外部环境的复杂性，有机地将范围经济和规模经济融合起来，集群企业往往是交叉进行纵向整合和横向并购的。通过集群两维行为的相互交叠作用，不断地对产业集群的资源配置和组织结构进行调整、优化和升级，以实现企业的不断发展，提高技术创新能力和核心竞争力。

纵向供应链整合和横向跨链并购的模式是客观存在的，为了进一步研究其内在的机理关系，本章通过选取集群企业两维行为中的横向并购为代表，展开研究供应链企业横向并购后企业资源和组织学习对技术创新绩效的关系，选择了湖北省武汉市光谷软件产业园和珠江三角地区高科技产业作为实证对象，收集详细的数据资料进行了相关的实证数据分析，来说明集群技术创新范式对企业技术创新能力的影响。

11.1 横向并购和纵向整合的互动影响

11.1.1 纵向整合对横向并购的影响

在产业集群中，企业纵向供应链整合往往发生在相同价值链上下游企业之间，其直接效果是将原本通过市场进行交易的过程纳入企业内部进行。这样不但可以节约相关的产品运输成本、采购成本、销售成本等交易成本，还可以减少上下游企业之间的沟通、协调成本，加快相关产品信息在不同部门之间的传递和流动，使各部门之间更加协调，最终形成一个统一运行的联合体，这在一定程度上能够促进产品的技术创新发展。当供应链纵向一体化完成后，集群核心企业为了提高行业集中度，保持在集群产业市场中的影响力和控制力，就会对企业的战略规划进行适当调整和改变，转而进行跨链间同级的横向并购，以实现规模经济，同时获取更多技术知识的积累。因此，纵向供应链整合的效果不同对横向并购的影响也有所不同。

1. 全局性和局部性

由于单链供应链上各个环节的企业众多、分工不同，在进行了纵向一体化整合后，供应链中的核心企业将具有核心竞争力的环节保留或整合，而将非核心竞争力的环节剥离开来，因此，单链供应链链节的长度会有所改变。若纵向一体化整合后，供应链上的环节较少、分工明确，这就降低供应链内部信息传递的失真性，同时提高了知识传递和产品开发的速度，有利于供应链进行全局性的整体管理。而若纵向一体化整合后，由于产品生产工艺的要求，使得供应链链节较多，内部结构较为复杂，核心企业的横向并购不能在较短的时间内影响到整个供应链中的企业，这就在一定程度上增加了信息传递的失真效果，以及沟通和协调的成本费用，不利于隐性知识的传播和产品的技术创新。

因此，若纵向供应链环节较少，那么核心企业进行横向并购后，核心企业的上下游合作对象能够更好地进行交流与协作，供应链内部的新成员比较容易建立起新的联盟合作方式，从而促进供应链核心企业在全局性的状态下统一协调产品的技术创新进度。反之，若供应链的组织结构较为复杂，环节数量较多，那么在横向并购之后，核心企业不但要对企业内部进行知识整合，还要对供应链上下游环节建立联盟关系，链节较长会造成信息传递的失真性和局限性，横向并购的效果只能在局部的供应链上得到体现，使得某些关键上下游企业因为沟通和协调出现的问题而流失掉，造成整体供应链不必要的损失，不利于供应链整体的技术创新。

2. 松散型和紧密型

集群式供应链单链中，根据供应链核心企业对上下游企业的影响程度，可以将核心企业与上下游企业的关系分为松散型和紧密型。松散型指的是核心企业对上下游企业的技术研发和产品制造没有过多的参与和过大的影响。在这种情况下，供应链企业之间的关系较为独立，技术信息和成本信息的分享程度较低。而紧密型指的是核心企业在上下游企业的技术创新和研发活动中起着主导性的作用，彼此之间相互依赖、相互信任，其知识的分享和环境的熟悉程度较高。

在进行了纵向供应链整合后，内部企业之间的关系一般为紧密型，核心企业与上下游企业的信息沟通和交换更为协调和畅通，技术信息和成本信息的分享程度较高，使得核心企业的技术创新产品更符合市场的需求，降低了产品的开发成本，这也就为企业的横向并购创造了一定的条件。在这种紧密的关系下，由于供应链内部成员对知识和技术等环节的熟悉程度较高，核心企业横向并购后，供应链中的上下游企业能够很快适应内部结构和信息的变化，并对技术信息和市场信息进行快速地知识整合和吸收，最终有效地促进供应链新产品的开发。

11.1.2　横向并购对纵向整合的影响

集群内企业跨链间的横向并购，可以确立和巩固企业在产业内的优势地位，减少同产品的竞争者，改善产业集群内的资源结构；同时可以增加技术资源的积累、市场方面的扩大及公共资源的共享，有利于技术创新能力和竞争力的提高。企业并购的重点不是并购的结果，而是并购企业内部及上下游各个环节的重新配置和整合问题。Habeck（2000）等对各种并购失败的情况进行了调查研究，发现并购后整合的失败率占并购失败的 53%，因此，他们认为并购失败的主要原因在于并购后的整合出了问题。如图 11.1 所示，并购前两家企业处于同一产业集群中，各自拥有相互独立的供应链，跨链企业横向并购后会对原来的供应链结构有很大的影响，即使两条供应链合二为一，打破了并购前的两条独立供应链的平衡。因此，横向并购后供应链的进一步整合才是企业成功并购的关键。

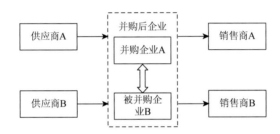

图 11.1　企业横向并购后对供应链纵向整合的影响

在这里，根据并购后企业战略目标的不同分为两种情况：战略维系和战略变化。如图 11.2 所示。

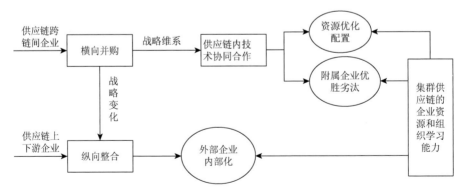

图 11.2　横向并购和纵向整合的互动分析

（1）战略维系——供应链内技术协同合作。在集群企业横向并购后，当供应链上核心企业的战略不发生改变（即战略维系）时，在现阶段表现为着力改善现有供应链内部技术协同关系，同时对供应链上下游企业的资源优化配置，以及附属成员的优胜劣汰选择。通过对上下游企业的评估，识别出符合供应链中核心企业的战略要求，并且具有较高效率运作水平和技术创新能力的合作伙伴，使并购后产生的新供应链能最大限度地满足核心企业自身发展的需要，形成供应链内部协同创新的最优结构，进而实现整个供应链核心竞争能力和技术创新能力的提升。

（2）战略变化——纵向一体化整合。若并购后企业并不满足于供应链内的协同合作关系，而且并购的内容涉及新技术或新产品领域等方面，那么整个供应链的战略就需要重新进行调整，需要重新建立并购后的供应链上下游企业之间的承接关系。也就是说，新并购的企业需要在新的战略条件下重新建立其供应链体系，以满足生产能力和技术创新能力的需求。此时，并购企业基于这种战略变化，会对新供应链内部进行整合，即供应链纵向一体化整合，使供应链中产品生产和创新的各个环节（如研发、生产、加工或销售等方面）形成分工有序、协调一致的联合整体，更有利于信息的传递和流通，进一步加强了新供应链中的技术创新能力和核心竞争能力。

11.2　集群横向并购对技术创新绩效的影响

集群企业横向并购和纵向整合的互动过程，可以得出这两种行为的互动最终都会对企业的技术创新绩效有很大的影响。而企业跨链间的横向并购居于主导地位，为了能够更清晰地得到集群两维互动行为对技术创新的影响，在这里我们先从企业资源和组织学习这两个方面来分析横向并购对技术创新绩效的影响因子，并通过实证分析来说明横向并购对技术创新绩效的影响效果。

11.2.1　基于企业资源的横向并购对技术创新的影响

在竞争日趋激烈的市场环境下，持续创新是企业保持竞争优势的重要法则。横向并购不仅是对社会资源的优化配置，也是企业实现自身资源优化配置的重要手段。企业在发展过程中不断追求技术创新所带来的高额利润，通过横向并购将技术创新水平较高的企业资源集中起来，这样在产业集群的范围内可以有效地促进产业结构的调整、优化和升级，从而提高在社会范围内的企业资源优化配置的效率，改善技术创新环境。

1. 技术资源的获取对技术创新的影响

企业的资源基础观（resource-based view）认为，只有当企业具备相对稀缺或特殊资源的条件下，该企业才能够创造并获得高于平均水平的利润。但是企业的核心资源一般都是由隐性知识构成的，隐性知识的一个特点就是具有"黏性"，即难以被模仿和传递，因此，使得外部企业在短期内无法拥有或获得（Teece et al.，1997）。横向并购能够有效地克服这一障碍，企业通过并购能够快速实现外部资源的获取，从而增强自身的技术创新能力。另外，并购可以将目标方的整个研发团队整合融入企业内部，有效地保持了隐性知识的完整性，从而增强了企业的持续创新能力。基于以上分析，在这里可以提出以下假设。

假设 11.1　并购后企业技术资源对产品创新有正相关影响。

假设 11.2　并购后企业技术资源对工艺创新有正相关影响。

2. 市场资源的获取对技术创新的影响

企业的技术创新能力不但包括对新技术、新产品的开发能力，还包括产品的商业化能力和销售渠道的开发能力。若企业仅仅拥有领先的技术，而不考虑市场需求，就很难保证企业市场竞争的持久优势。如果企业生产产品不能满足市场需求，得不到消费者的认可，或者缺乏有效的销售渠道，那么企业在技术研发阶段所花费的巨额投入成本将无法通过产品的销售利润收回。因此，企业的技术创新不单单与技术资源相关，市场资源也是技术创新的一个重要因素。企业通过并购在获得技术资源的同时也能获得市场资源，可以获得与市场相关的新销售人员、销售渠道，以及新供应商关系等企业关系资源，能够更加快速地对市场信息做出正确响应，从而增强企业针对市场需求的技术创新能力。基于以上分析，提出以下假设。

假设 11.3　并购后企业市场资源对产品创新有正相关影响。

假设 11.4　并购后企业市场资源对工艺创新有正相关影响。

11.2.2　基于组织学习的横向并购对技术创新的影响

组织学习（organizational learning）的定义是组织中成员对新知识和新技能的获取行为，学习的目的是改变组织内部的运作方式（Marquardt and Reynolds，1994）。而 Hames（1994）认为组织学习同时包含了对新方法、新技术、新制度的获取和整合过程。组织学习过程不仅是信息被看到或者被传播，更重要的是组织内部成员对信息知识吸收和整合能力的提高，进而产生新的知识和经验积累的过程。在这里我们通过知识整合能力和吸收能力两个方面来分析基于组织学习的横向并购对技术创新的影响。

1. 知识整合能力对技术创新的影响

并购能为组织学习提供有效的刺激，根据 Pablo（1999）的观点，并购后企业的知识整合能力是指一个组织内部的技术、管理和文化结构在并购后的变化程度。

并购后在企业内部整合的过程中，员工需要了解、评估和接受对方的企业文化、企业价值及原有的组织学习程序和系统，也需要对自身的战略方向进行重新调整和思考。并购后也给企业创造了一个良好的学习机会。横向并购是获取企业外部技术知识的重要手段和来源，但是并购活动的结束并不能代表技术知识整合的实现。彼得·德鲁克针对 20 世纪 80 年代美国的并购热曾指出"公司并购不仅仅是一种财务活动，只有在并购后公司能进行整合发展，在业务上取得成功才是一个成功的并购"。胡汉辉和周治翰（2001）认为，企业核心竞争优势的来源实际上是知识整合的能力，这种能力可以使企业决策者基于对于未来战略的判断，对企业内外部知识进行整合。因此，并购后的知识整合对于企业知识技术转移和技术创新能否成功起着非常重要的作用。根据以上分析，在这里提出以下假设。

假设 11.5　并购后企业整合能力对产品创新有显著的正相关影响。

假设 11.6　并购后企业整合能力对工艺创新有显著的正相关影响。

2. 吸收能力对技术创新的影响

从知识的微观机理来看，企业并购后技术知识的整合过程实际上也就是技术知识的吸收和转移过程，即在获取新知识和技术的同时，不断对现有知识进行分析和整理，要使现有知识和新知识实现系统的结合，尤其要注重新知识的不断更新和补充（赵修卫，2003）。高巍等（2005）指出有效的组织学习并不会直接作用于核心能力，只有通过对知识的吸收和整合将知识变成为企业的结构性知识之后，才能提高企业的核心竞争能力。因此，本章从组织学习的角度来分析横向并购对技术创新影响的假设为。

假设 11.7　并购后企业吸收能力对产品创新有显著的正相关影响。

假设 11.8　并购后企业吸收能力对工艺创新有显著的正相关影响。

11.3　研　究　设　计

11.3.1　研究假设模型

由以上理论分析和假设可以得到本章的假设框架，如图 11.3 所示。

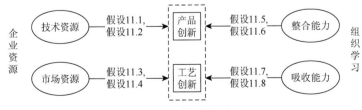

图 11.3　研究假设框架

将前文中的假设总结如下。

假设 11.1　并购后企业技术资源对产品创新有正相关影响。

假设 11.2　并购后企业技术资源对工艺创新有正相关影响。

假设 11.3　并购后企业市场资源对产品创新有正相关影响。

假设 11.4　并购后企业市场资源对工艺创新有正相关影响。

假设 11.5　并购后企业整合能力对产品创新有显著的正相关影响。

假设 11.6　并购后企业整合能力对工艺创新有显著的正相关影响。

假设 11.7　并购后企业吸收能力对产品创新有显著的正相关影响。

假设 11.8　并购后企业吸收能力对工艺创新有显著的正相关影响。

11.3.2　变量定义

变量定义和测量指标见表 11.1。为了确保测量工具的效度和信度，本章采用现有文献已使用过的量表，并根据研究目的加以修改和删减作为搜集实证资料问卷的工具。本章采用 Likert 五点量表进行打分，用 1 到 5 分别表示从完全不同意到完全同意，在研究方法上采用取验证性因子分析法。

表 11.1　横向并购对技术创新的影响的测量指标

目标层	潜在变量	测量变量	测量指标
横向并购对技术创新的影响	企业资源	技术资源（X1）	并购后企业能够获得新技术或新专利（X11）
			并购后企业能够获得新产品及服务开发技能（X12）
		市场资源（X2）	并购后企业能够获得新的市场销售品牌或销售渠道（X21）
			并购后企业能够快速响应市场需求（X22）
	组织学习	知识整合能力（X3）	并购后企业文化和价值能够推动隐性知识整合为新知识（X31）
			并购后企业员工能够在短时间内适应新企业（X32）
			并购后企业各部门间的沟通、协调程度（X33）
			并购企业双方员工对企业文化的认同感并接受企业现有制度和文化（X34）
		吸收能力（X4）	并购后企业能够快速全面的获得新知识（X41）
			并购后企业能够很快意识到新知识可能给企业带来的变化（X42）
			并购后企业能够自觉建立学习型组织（X43）
	技术创新绩效	产品创新（X5）	并购后企业现有产品组合有明显改进（X51）
			并购后新产品的市场化效率很高（X52）
			并购后企业产品技术创新成本明显降低（X53）
		工艺创新（X6）	并购后企业拥有的专利数量增加（X61）
			并购后企业的技术知识显著增加（X62）

11.3.3 数据收集与样本描述

本章为获取多样化样本,避免区域取样偏差,于 2010 年 7 月至 2010 年 11 月对我国湖北省武汉市光谷软件产业园和珠江三角地区高科技产业进行了调研,采用实地调查、邮寄、E-mail 及网上调研等方式,共发放问卷 300 份,回收 109 份,其中有效问卷 83 份,有效回收率为 27.7%。样本详细情况见表 11.2。

表 11.2 样本企业基本情况统计

样本特征	分类	样品数量	百分比/%	样本特征	分类	样品数量	百分比/%
所属行业	机械制造行业	19	22.9	员工数量	300 人以下	21	25.3
	计算机行业	16	19.3		300~1000 人	31	37.4
	电子行业	12	14.5		1000~2000 人	16	19.3
	软件行业	6	7.2		2000~3000 人	8	9.6
	通信行业	5	6.0		3000 人以上	7	8.4
	汽车行业	9	10.8	成立年限	5 年以下	9	10.8
	物流、交通行业	4	4.8		5~10 年	11	13.3
	能源行业	3	3.6		10~20 年	21	25.3
	生物技术行业	3	3.6		20~50 年	36	43.4
	其他行业	6	7.2		50 年以上	6	7.2
产业集群类型	高新技术产业	56	67.5	近五年来新产品研发费用占公司营业额比率	1%以下	31	37.3
	一般制造产业	20	24.1		2%~5%	20	24.1
	服务产业	7	8.4		6%~10%	17	20.5
被调查人职位	一般员工	28	33.7		11%~15%	6	7.2
	中层管理者	34	41.0		16%~20%	7	8.4
	高层管理者	21	25.3		21%以上	2	2.4
企业个体行为	横向并购	23	27.7	近五年企业的市场份额	逐渐减小	7	8.4
	纵向整合	11	13.3		不变	18	21.7
	合作联盟	31	37.3		逐渐增加	53	63.9
	其他	18	21.7		不清楚	5	6.0

11.4　实　证　检　验

11.4.1　信度检验

为了检验问卷调查所测属性的结果是否有一致性与稳定性，本章采用最常用的 Cronbach's α 值以验证信度，如表 11.3 所示，可知供应链两维并购对技术创新影响的 Cronbach's α 系数为 0.813，属于高信度值。

表 11.3　供应链两维并购量表信度检验结果（Cronbach's α）

问项	Cronbach's α	整体 Cronbach's α
技术资源	0.820	
市场资源	0.826	0.813
知识整合能力	0.851	
吸收能力	0.842	

11.4.2　因子分析

因子分析作为一种处理多变量的统计方法，其目的就是将众多的观测变量缩减为少数不可观测的"潜在变量"，用最少的因子概括和解释大量的观测数据。因子分析法综合采用凯泽法和陡阶法来抽取因子，与德菲尔法和层析分析法相比，增加了对问题分析的科学性和客观性。本章对供应链两维并购对技术创新的影响构成进行计算，因子参照轴进行旋转后，删除因子负荷值小于 0.5 的测量题项。首先，经过 KMO 测度和 Bartlett 球体检验结果，由表 11.4 显示可得，数据的 KMO 值为 0.712（高于 0.6 的建议值），说明本章的数据适合进行因子分析。

表 11.4　KMO 测度和 Bartlett 球体检验结果

KMO 样本测度	—	0.712
Bartlett 球体检验	Approx. Chi-Square	159.210
	自由度 df	3
	显著性概率 Sig.	0.000

从表 11.5 可以发现，此次研究设计的 11 个测量问项较好地聚合成了的四个测量问项，且能解释全部变异的 67.631%，各因子方差累计贡献了达到了 60%以

上，表明该量表具有良好的结构效度。

表 11.5　供应链两维并购对技术创新影响的因子负载

指标	X1	X2	X3	X4
X11	0.832	—	—	—
X12	0.796	—	—	—
X21	—	0.808	—	—
X22	—	0.715	—	—
X31	—	—	0.812	—
X32	—	—	0.706	—
X33	—	—	0.656	—
X34	—	—	0.529	—
X41	—	—	—	0.831
X42	—	—	—	0.724
X43	—	—	—	0.639
特征值	3.034	2.849	2.591	2.347
方差解释量	18.962%	17.806%	16.194%	14.669%
累计解释量	18.962%	36.768%	52.962%	67.631%

对于技术创新绩效，由信度分析可得，技术创新绩效量表的 Cronbach's α 值为 0.861。观察数据的 KMO 值，以验证数据是否适合进行因子分析。技术创新绩效数据的 KMO 值为 0.796（高于 0.6 的建议值），因此，该数据适合进行因子分析。对其进行因子分析和旋转后得到因子负载表，如表 11.6 所示。

表 11.6　技术创新绩效因子负载

测量指标	X5	X6
X51	0.794	—
X52	0.751	—
X53	0.661	—
X61	—	0.730
X62	—	0.659
特征值	3.851	3.237
方差解释量	42.789%	35.967%
累计解释量	42.789%	78.756%

从表 11.6 所得数据可知，此次研究设计的五个测量问项较好的聚合成了技术

创新绩效维度，且能解释全部变异的 78.756%，各因子方差累计贡献了达到了 60% 以上，表明该量表具有良好的结构效度。

11.4.3 回归分析

为了深入探讨供应链两维并购行为对技术创新绩效的影响程度，本章对并购后的企业资源和组织学习的四个测量问项作为自变量与技术创新绩效进行回归分析，采用的是多元回归分析方法。

（1）企业横向并购对产品创新绩效的回归分析。从回归效果来看，横向并购对产品创新绩效回归的显著性水平为 Sig.=0.043<0.05，达到了显著的水平。从校正后的判定系数看，回归方程能解释总变异的 36.9%，如表 11.7 所示。

因此，根据表 11.7 可以看出，横向并购后企业的技术资源和知识整合能力对产品创新绩效有着非常显著的影响，而市场资源和吸收能力对产品创新绩效有着比较显著的影响。具体可以解释为，组织学习有助于提升产品创新绩效，能够使企业在并购后快速适应组织内外部环境的变化，确保产品战略的适用性和及时性。

表 11.7　企业横向并购对产品创新绩效的回归分析

自变量	回归系数	标准回归系数	t 值	Sig.	判定系数
常数	−0.163	—	−2.079	0.043	$R = 0.612$ $R^2 = 0.375$ $Adj. R^2 = 0.369$
技术资源	0.306	0.298	3.792	0.000	
市场资源	0.252	0.249	2.811	0.012	
知识整合能力	0.413	0.408	4.138	0.000	
吸收能力	0.194	0.190	2.201	0.031	

（2）企业横向并购对工艺创新绩效的回归分析。从回归效果来看，横向并购对工艺创新绩效回归的显著性水平为 Sig.=0.048<0.05，达到了显著的水平。从校正后的判定系数看，回归方程能解释总变异的 27.1%，如表 11.8 所示。

表 11.8　企业横向并购工艺创新绩效的回归分析

自变量	回归系数	标准回归系数	t 值	Sig.	判定系数
常数	−0.137	—	−2.021	0.048	$R = 0.523$ $R^2 = 0.274$ $Adj. R^2 = 0.271$
技术资源	0.293	0.291	2.816	0.023	
市场资源	0.098	0.095	1.428	0.076	
知识整合能力	0.371	0.368	2.041	0.044	
吸收能力	0.152	0.149	1.637	0.061	

因此，根据以上分析可以看出，横向并购后企业的技术资源和知识整合能力对工艺创新绩效有着较为显著的影响，而市场资源和吸收能力对工艺创新绩效没有直接的显著影响。

11.5　研究结果分析与讨论

为了研究供应链企业横向并购后企业资源和组织学习对技术创新绩效的关系，选择了湖北省武汉市光谷软件产业园和珠江三角地区高科技产业作为实证对象，研究结果表明以下几点。

（1）技术资源对产品创新绩效和工艺创新绩效有显著的直接正向影响，但市场资源对工艺创新绩效没有直接正向影响。

（2）企业组织的知识整合能力对产品创新绩效及工艺创新绩效有显著的直接正向影响。

（3）企业组织的吸收能力对工艺创新绩效有显著的直接正向影响，但是对产品创新绩效没有直接的正向影响。

本章的结果证实了并购后企业内部的吸收能力并不会直接提高企业产品的技术创新能力，而知识整合能力可以促进技术创新的发展。这与 Boer 等（1999）指出的知识整合能力对企业内部组织技术创新的重要影响的观点一致。Grand 和 Nayyar（1994）强调，在许多情况下，企业组织内部仅仅有吸收能力是不能创造技术创新上的竞争优势的，必须要通过知识整合能力来弥补吸收能力的不足，才能取得技术竞争上的优势。本章还说明了知识整合能力在并购技术创新中的核心作用。目前对于我国高科技企业而言，企业在从事技术创新合作或者并购的时候，需要更加重视并购后企业内部知识整合问题，应努力通过对内部组织的知识机构和吸收方式等进行组合或重建来提高知识整合的效率，进而促进技术创新的发展，以提升整个企业的技术创新能力和市场核心竞争力。

参 考 文 献

艾凤义，侯光明. 2004. 纵向研发合作中的收益分配和成本分担机制[J]. 中国管理科学，12（6）：86-90

安实，王健，何琳. 2002. 风险企业控制权分配的博弈过程分析[J]. 系统工程理论与实践，（12）：81-87

蔡铂，聂鸣. 2002. 学习、集群化与区域创新体系[J]. 研究与发展管理，14（5）：16-20

蔡宁，杨闩柱. 2003. 论企业集群竞争优势基础的转变[J]. 浙江大学学报，33（6）：42-48

成思危. 1991. 积极而稳妥地推进我国的风险投资事业[J]. 管理世界，（1）：2-8

程学童，王祖强，李涛. 2005. 集群式民营企业成长模式分析[M]. 北京：中国经济出版社

范波，孟卫东，马国旺. 2010. 基于投资溢出的研发联盟政府补贴政策研究[J]. 科技进步与对策，27（16）：89-92

房汉廷，王伟光. 2004. 创业投资产业发展的国际比较及其启示[M]. 北京：经济管理出版社

高巍，田也壮，姜振寰. 2005. 基于供应链联盟的知识研究[J]. 管理工程学报，19（3）：6-9

龚浩，郭春香. 2013. 网络外部性产品在供应链上下游权力不对等情况下的定价策略研究[J]. 软科学，7（23）：66-70

胡汉辉，周治翰. 2001. 试证企业核心能力的知识整合特征[J]. 管理工程学报，15（4）：16-19

黄波，孟卫东，李宇雨. 2008. 基于纵向溢出的供应链上、下游企业 R&D 合作研究[J]. 科技管理研究，（6）：477-479

霍沛军，陈继祥. 2002. 针对国内双寡头的最优 R&D 补贴策略[J]. 系统工程学报，17（2）：115-120

霍沛军，陈剑，陈继祥. 2003. 两层供应链中的上游 R&D 补贴策略[J]. 清华大学学报（自然科学版），43（10）：1297-1300

李娟，黄培清. 2009. 基于供应链间品牌竞争的库存管理策略研究[J]. 管理科学学报，12（3）：71-76

李勇，张异，杨秀苕，等. 2005. 供应链中制造商-供应商合作研发博弈模型[J]. 系统工程学报，20（1）：12-18

刘卫民，陈继祥. 2006. 国际化供应链的上游 R&D 补贴策略[J]. 华中科技大学学报（自然科学版），34（1）：105-107

吕萍. 2012. 总承包商和分包商供应链利益分配研究[J]. 运筹与管理，21（6）：211-216

孟卫东，邱冬阳. 2011. 网络外部性下基于溢出效应的供应链合作研发模型[J]. 系统管理学报，6（20）：670-676

孟卫军，张子健. 2010. 供应链企业间产品创新合作下的政府补贴策略[J]. 系统工程学报，25（3）：359-364

仇保光. 1999. 发展小企业集群要避免的陷阱[J]. 北京大学学报. 36（1）：25-29

生延超. 2008. 创新投入补贴还是创新产品补贴：技术联盟的政府策略选择[J]. 中国管理科学，16（6）：184-192

孙鳌. 2008. 商业模式视角的企业集群的生命周期[J]. 南京政治学院学报，（1）：51-54

孙鳌. 2011. 企业集群的向心力和离心力[J]. 技术经济与管理研究，（2）：70-73

孙红杰，廖成林. 2006. 基于共生理论的供应链利益分配机制研究[J]. 科技进步与对策，5：114-115

唐喜林，李军. 2009. 集群中供应链跨链联盟的链间合作博弈分析[J]. 统计与决策，5：49-51

陶良虎，陈得文. 2008. 产业集群创新动力模型分析[J]. 江海学刊，（2）：210-214

陶冶. 2011. 后金融危机时代我国企业的技术创新[J]. 生产力研究，（2）：155-157

王冰，张子刚. 2003. 基于帕累托原则的供应链企业间创新活动的合作模型[J]. 科研管理，24（2）：36-40

王缉慈，童昕. 2001. 论全球化背景下的地方产业群[J]. 战略与管理，6：28-36

王培宏，刘卓军. 2008. 多阶段风险投资过程中控制权转移范围研究[J]. 中国管理科学，16（6）：29-32

王霄宁. 2005. 基于社会网络分析的产业集群建模及实证检验[J]. 系统工程，23（3）：115-119

魏江. 2003. 产业集群——创新系统与技术学习[M]. 北京：科学出版社

魏修建. 2005. 供应链利益分配研究——资源与贡献率的分配思路与框架[J]. 南开管理评论，8（2）：78-83

谢洪明，金占明，陈盛松. 2005. 产业集群、企业行为与企业竞争力的实证研究[J]. 科学学与科学技术管理，5：90-95

姚丰桥，陈通. 2010. 技术创新企业与风险投资的演化博弈分析[J]. 中国科技论坛，（11）：35-40

尹庆民，许长新. 2007. 知识经济背景下的技术创新与风险资本的博弈分析[J]. 贵州社会科学，209（5）：15-18

张汉江，原作芳. 2010. 两条供应链链间竞争机制及行为绩效分析[J]. 系统工程，28（8）：82-84

张卫国，罗军，吴丙山. 2005. 风险投资中的可转换证券与双重道德风险研究[J]. 管理科学，（4）：27-32

赵修卫. 2003. 组织学习与知识整合[J]. 科研管理，03（24）：53-57

赵炎，陈晓剑. 2003. 不确定环境中风险企业家与风险投资家的博弈分析[J]. 中国软科学，（2）：146-151

郑君君，谭旭，范文涛. 2005. 基于委托-代理理论的股权激励模型的研究[J]. 管理科学学报，8（1）：24-29

Aspremont C，Jacquemin A. 1988. Cooperative and non-cooperative R&D in duopoly with spillover[J]. American Economic Review，78（5）：1133-1137

Atallah G. 2002. Vertical R&D spillovers，cooperation，market structure，and innovation[J]. Economics of Innovation and New Technology，11（3）：179-209

Audretsch D B. 1995. Innovation，growth and survival[J]. International Journal of Industrial Organization，13（4）：441-457

Audretsch D B，Feldman M. 1996. Knowledge spillovers and the geography of innovation and production[J]. American Economic Review，86

Audretsch D，Stephan P. 1996. Company-scientist locational links：the case of biotechnology[J]. America Economic Review，86（3）：641-652

Bair J. 2002. Beyond the maquila model？NAFTA and the mexican apparel industry[J]. Industry and Innovation，26（7）：1414-1434

Banerjee S，Lin P. 2001. Vertical research joint ventures[J]. International Journal of Industrial Organization，31（7）：106-108

Baptista R，Swann G M P. 1999. Do firms in clusters innovate more[J]？Research Policy，35：27-39

Barbara C，Hosimt Q. 2005. Innovation in construction：a sociology of technology approach[J]. Building Research and Information，23（2）：231-246

Beath J，Poyago-Theotoky J，Ulph D. 1998. Organization design and information-sharing in a research joint venture with spillovers[J]. Bulletin of Economic Research，50（1）：47-59

Beaudry C. 2001. Entry，growth and patenting in industrial clusters：a study of the aerospace industry in the UK[J]. International Journal of the Economics of Business，8（3）：405-436

Beaudry C，Bresch S. 2003. Are firms in clusters really more innovative？[J]. Economic of Innovation & New Technology，12（4）：325-340

Boer M，Bosch F A J，Volberda H W. 1999. Management organizational integration in the emerging multimedia complex[J]. Joumal of Management Studies，36（3）：379-398

Bondt R，Slaets P，Cassiman B. 1992. The degree of spillovers and the number of rivals for maximum effective R&D[J]. International Journal of Industrial Organization，10（1）：35-54

Brod A，Shivakumar R. 1999. Advantageous semi-collusion[J]. Journal of Industrial Economics，47（2）：221-230

Bygrave W D，Lange J，et al. 2001. Venture capital investments and the growth of revolutionary new industries[J]. Frontiers of Entrepreneurship Research：523-535

Cairney T H，Sommerlad E，Owen C. 2002. The knowledge based economy：Implications for vocational education and training：A review of literature[R]. Sydney：NSW Board of Vocational Education and Training

Carrincazeaux D，Jacobs J，Greens J. 2001. Patent as economic indicators：a survey[J]. American Economic Review，71（6）：984-1001

Dushnitsky G，Lenox M J. 2005. When do incumbents learn from entrepreneurial ventures？Corporate venture capital and investing firm innovation rates[J]. Research Policy，1（34）：615-639

Feldman M P. 1994. The geography of innovation[M]. Dordrecht: kluwer Academic Publishers

Geert V, De Wit J, Dankbaar B. 2007. Open innovation: the new way of knowledge transfer?[J]. Journal of Business Chemistry, 2: 211-233

Gereffi G. 1999. International trade and industrial upgrading in the apparel commodity chain[J]. Journal of International Economics, 84 (3): 163-183

Gereffi G, Korzeniewicz M. 1994. Commodity Chains and Global Capitalism[C]. Westport: Greenwood Press

Gilbert M S, Cvsa C. 2003. Strategic commitment to price to stimulate downstream innovation in a supply chain[J]. European Journal of Operational Research, 150 (3): 617-639

Glaeser E L, Kallal H D, Scheinkman J A, et al. 1992. Growth in cities[J]. Journal of Political Economy, 100 (6): 116-128

Glaister K W, Buckley P J. 1996. Strategic motives for international alliance formation[J]. Journal of Management Studies, (33): 301-302

Grand N, Nayyar C. 1994. The relation mechanism of technology innovation and firm structure[J]. Economic Studies, 34 (6): 213-228

Habeck J. 2000. Model of M&A resoure allocation and design[J]. Strategic Management Journal, 42: 87-101

Hagedoorn J, Narula R. 1996. Choosing organizational modes of strategic technology partnering: international and sectoral differences[J]. Journal of International Business Studies, Second Quarter, 16 (8) 265-284

Hames D. 1994. The Management Myth[M]. Sydney: Business and Professional Publishing

Hellman T, Puri M. 2000. The interaction between product market and financing stragy: The role of venture capital[J]. The Review of Financial Studies, (4): 959-984

Hellmann T. 1998. The allocation of control rights in venture capital contracts[J]. Rand Journal of Economics, 29 (1): 57-76

Hippel E von. 1988. The Source of Innovation[M]. New York: Oxford University Press

Humphrey J, Schmitz H. 2002. How does insertion in global value chains affect upgrading in industrial cluster? [J]. Regional Studies, 36 (9): 1017-1027

Jaffe A B, Trajtenberg M, Henderson R, 1993. Geographic localization of knowledge spillovers as evidenced by patent citations[J]. Quarterly Journal of Economics, 108: 577-598

Jain B A, Kini O. 1995. Venture capitalist participation and the post-issue operating performance of IPO firms[J]. Managerial and Decision Economics, (5): 593-606

Jeffry A T, William D B. 1986. Venture capital's role in financing innovation for economic growth[J]. Journal of Business Venturing, 8 (1): 161-176

John R, Calantone R, Ray D. 2002. A critical look at technological innovation typology and innovativeness terminology: a literature review[J]. Journal of Product Innovation Management, 19 (2): 110-132

Judd K L. 1997. The optimal tax rate for capital income is negative[R]. NBEF working paper, No. 6004

Kamien M, Muller E, Zang I. 1992. Research joint venture and R&D cartels[J]. American Economic Review, 82 (5): 1293-1306

Kaplan S N, Stromberg P. 2002. Characteristics, contracts and actions: evidence from venture capitalist analyses[J]. The Journal of Finance, (5): 2173-2206

Kaplan S N, Stromberg P. 2003. Financial contracting theory meets the real world: evidence from venture capital contracts[J]. Review of Economic Studies, 70 (2): 281-315

Kim S K, Wang S. 1998. Linear contracts and the double moral-hazard[J]. Journal of Economic Theory, 82: 342-378

Kockesen L, Ozerturk S. 2004. Exclusivity and overinvestment: a model of relationship financing[Z]. Working Paper, Columbia University

Kortun E, Guilhon B, Montchaud S. 2003. Convertible securities and venture capital finance[J]. Journal of Finance, 58 (3): 1139-1167

Lundvall B A. 1988. Innovation as an Interactive Process: from User-producer Interaction to the National System of Innovation[M]. London: Pinter Publishers

Lundvall B A. 1993. National Systems of Innovation[M]. London: Pinter

Malerba F. 2002. Sectoral systems of innovation and production[J]. Research Policy, 81 (5): 110-128

Marquardt M, Reynolds A. 1994. The Global Learning Organization[M]. Illinois: Irwin

Marshall A. 1920. Principle of Economics[M]. London: Macmillan

Neher D V. 1999. Staged financing: an agency perspective[J]. Review of Economic Studies, 12 (8): 34-48

Nelson R R. 1993. National Systems of Innovation: A Comparative Study[M]. New York: Oxford University Press

Nonaka I, Takeuchi H. 1991. The Knowledge Creating Company: How Japanese Companies Create the Dynamics of Innovation[M]. New York: Oxford University Press

Pablo A L. 1999. Determinants of acquisition integration level: a decision-making perspective[J]. Academy of Management Journal, 37 (4): 803-836

Pandit N R, Cook G A, Swann G M P. 2002. A comparison of clustering dynamics in the British broadcasting and financial services industries[J]. International Journal of the Economics of Business, 9 (2):

Porter M E. 1998a. Cluster and the new economics of competition[J]. Harved Business Review, 76 (6): 77-90

Porter M E. 1998b. The Competitive Advantage: Creating and Sustaining Superior Performance[M], New York: Free Press

Poyago-Theotoky J. 1998. R&D competition in a mixed duopoly under uncertainty and easy imitation[J]. Journal of Comparative Economics, 26 (3): 415-428

Qiu L D, Tao Z. 1998. Policy on international R&D cooperation: subsidy or tax? [J]. European Economic Review, 42 (9): 1727-1750

Romano R. 1994. Double moral hazard and resale price maintenance[J]. Rand Journal of Economics, 16 (3): 1101-1122

Rosefield M. 1997. High-technology and the new cluster development[J]. Planning & Practice, 106 (32): 218-230

Sawhney M, Maas C. 2013. Zum stellenwert der netzwerkökonomik in der strategie-Marketingforschung——eine analyse empirischer untersuchungen[R]. Zeitschrift Fur Planung Unternhmenssteuerung.

Spencer B, Brander J. 1983. International R&D rivalry and industrial strategy[J]. Review of Economic Studies, 28 (50): 707-722

Suzumura K. 1992. Cooperative and non-cooperative R&D in oligopoly with spillovers[J]. American Economic Review, 82 (5): 1307-1320

Swann M. 1998. Towards a Model of Clustering in High Technology Industries[M]. New York: Oxford University Press

Swann M., PNEVEZER M. 1996. A Comparison of the dynamics of industrial clustering in computing and biotechnology[J]. Research Policy, 25: 1139-1157

Teece D, Pisano G, Shuen A. 1997. Dynamic capabilities and strategic management[J]. Strategic Management Journal. 18 (7): 509-533

Toshihiro N. 2011. Entrepreneurship, technology and innovation in poverty reduction[J]. Japan Social Innovation Journal, 23 (5): 98-119

William A S. 1990. The structure and governance of venture-capital organizations[J]. Journal of Financial Economics, 27 (2): 473-521

Zhang Q, Vonderembse M A, Lim J S. 2002. Value chain flexibility: a dichotomy of competence and capability[J], International Journal of Production Research, 40 (3): 561-583